野乘问学

白钢 著

中国社会科学出版社

图书在版编目（CIP）数据

野乘问学/白钢著. —北京：中国社会科学出版社，2015.5
ISBN 978 - 7 - 5161 - 5948 - 4

Ⅰ.①野… Ⅱ.①白… Ⅲ.①中国历史—研究—宋辽
金元时代 Ⅳ.①K240.7

中国版本图书馆 CIP 数据核字（2015）第 075078 号

出 版 人	赵剑英
选题策划	郭沂纹
责任编辑	刘志兵
责任校对	刘　娟
责任印制	李寡寡

出　　版	中国社会科学出版社
社　　址	北京鼓楼西大街甲 158 号
邮　　编	100720
网　　址	http：//www.csspw.cn
发 行 部	010 - 84083685
门 市 部	010 - 84029450
经　　销	新华书店及其他书店

印　　刷	北京市大兴区新魏印刷厂
装　　订	廊坊市广阳区广增装订厂
版　　次	2015 年 5 月第 1 版
印　　次	2015 年 5 月第 1 次印刷

开　　本	710×1000　1/16
印　　张	19
插　　页	2
字　　数	326 千字
定　　价	63.00 元

目　录

第 1 辑　宋代二题

第 2 辑　忽必烈研究

第 3 辑　汉学香火

第 4 辑　投石问路

第 5 辑　政坛多舛漫雌黄

自　序

本书取名《野乘问学》。

《孟子·离娄下》载称："孟子曰：王者之迹熄而诗亡。诗亡，然后春秋作。晋之乘，楚之梼杌，鲁之春秋，一也。其事则齐桓、晋文，其文则史。"这里的乘、梼杌、春秋，分别是晋、楚、鲁三个国家史籍的名称。

"野"，即西周遗制——"国野制"中的"野"。"国"指都城及其四郊，是诸侯王直接统治的区域；四郊以外直至边境为"野"，或称野鄙。都城及四郊的居民称为国人，野中居民称为野人或庶人、野甿等。"野"，也可以引申为民间。

"野乘"，就是出自民间的历史书籍，泛指私家编撰的史书，也称稗史，或者叫野史。它与史官纂修的官方史书（后世称"正史"）相对应。《新唐书》卷58《艺文志二》"杂史类"，就堂而皇之地列举了《野史甘露记》二卷和公沙仲穆的《大和野史》十卷作为代表，向世人推荐。可见，在君主专制初期，野史并未因为是私家编撰而受到排斥。唐人陆龟蒙说："自爱垂名野史中，宁论抱困荒城侧"，表明人们对于非官定的史书情有独钟。（陆龟蒙《甫里先生文集》卷13《奉酬苦雨见寄》，四部丛刊本）

金元之际，曾有"野史亭"佳话流传。据郝经《陵川集》卷35《遗山先生墓铭》云："又为金源君臣言行录，往来四方，采撷遗逸，有所得，辄以寸纸细字，亲为记录，虽甚醉不忘；于是杂录近世事至言百万，捆束委积，塞屋数楹，名之野史亭。书未就而卒。"所积累的资料，成为元人修《金史》的重要参考。（《金史》卷126《元好问传》所载略同）

而今700多年过去了，野史亭的故事依然那么扣人心扉。这就是为什么我要把初入道时撰写的部分史学论文结集定名为《野乘问学》的缘故了。

根据入选论文的内容与形式，依次编为五辑。

第 1 辑，宋代二题。一是选择了北宋词作家柳永的"人学"予以论列；二是对扯旗造反的方腊"自号圣公"进行考证。

第 2 辑，忽必烈研究。挑选了 20 世纪 80 年代伊始，从多角度论证元世祖忽必烈"附会汉法"及其治国理政的得与失。

第 3 辑，汉学香火。写的是元初几位杰出人物郝经、刘秉忠、张易、许衡在草原游牧文化与中原农耕文化的激烈碰撞中，应变曲当，与时迁徙，延续汉学香火的种种努力。

第 4 辑，投石问路。辑录了当年叩开史学殿堂大门的敲门砖，虽显稚嫩，但可鉴初识，壮底气，为日后跻身学术界，选定起跑线。

第 5 辑，政坛多舛漫雌黄。这是一组宋辽金元时期历史人物的小传，都是应命文字，在被动状态下写就并分别在中央人民广播电台或相关书刊中发表过。与前四辑论文不可同日而语，但也绝非不着边际的信口雌黄，科学性仍是各篇坚守的底线，只是力求通俗好懂而已。

※　　　　　　※　　　　　　※

此次结集，隐含着对"文化大革命"的跨越。在"逝者无法说，活者不准说"的管制之下，通过对以往论文的检选与分类，再现笔者学术人生的曲折与坎坷。

文不按古，老来倍觉不为空言而期于有用的极端重要性。

东拉西扯，权且当作自序吧。

2014 年 10 月 8 日，
"寒露"时节，雾霾锁城，特记于宜雨亭。

第 1 辑

宋代二题

论柳永的"人学"

柳永，字耆卿，初名三变，祖籍福建崇安，是北宋前期著名的词作家。[①] 过去人们一提起他，总是说："'柳三变'这个名字"是"和'猥词'连在一起的"。说他是"一个没落士大夫阶级的浪子"，"大半生的精力都耗费在追逐功名和'偎红依翠'的生活上面"，在他的笔下，"妓女是充满色情要求的人"，指责他与士大夫对妓女玩弄的态度没有什么"不同"。[②] 就是一些有影响的文学史，也对柳永多加指责，说他"沉醉于妓寮歌院之中，以作词给他们唱为喜乐"，说"他的一生生活，真可以说是在'浅斟低唱'中度过的。他的词大都在'浅斟低唱'之时写成了的，他的灵感大都发之于'偎红依翠'的妓院中的，他的题材大都是恋情别绪，他的作词大都是对妓女少妇而发的，或代少妇妓女而写的"[③]。这些批评，是事出有因的。一则流传至今的柳永的《乐章集》（强村丛书本）所存近二百阕词中，有大量是描写妓女的；二则宋代上层社会，包括仁宗皇帝、宰臣晏殊在内，众口执词，攻击柳永"好为淫冶讴歌之曲"[④]。就是一些自命高雅的封建文人，也往往谓"柳耆卿曲俗"[⑤]。《四库全书总目提要》也指责柳词"颇以俗为病"[⑥]。总之，历来人们对于柳词的题材与内容，多持否定态度，说到他在文学史上的地位时，则多偏重于肯定柳词

---

① 柳永的生卒年不详。1957年《文学研究》第3期刊载唐圭璋《柳永事迹新证》一文估计，柳永大概生于宋太宗雍熙四年（987），死于宋仁宗皇祐五年（1053），终年66岁。中国科学院文学研究所《中国文学史》编写组编写的《中国文学史》第2册第574页述柳永的生卒年时，则书"1004—1054"。两说孰为正确，尚难判断，兹录以备考。

② 《必须用批判的态度对柳永的词重新估价》，《光明日报》1960年7月17日。

③ 郑振铎：《插图本中国文学史》第3册，第474、485—486页。

④ 吴曾：《能改斋漫录》卷16《柳三变》。

⑤ 赵令畤：《侯鲭录》卷7。

⑥ 《四库全书总目提要》卷198。

的艺术上的独创，促进了慢词的发展，如此而已。

　　笔者认为，柳词的题材与内容，是当时封建社会关系的反映。它与我国自中唐以来封建经济关系（主要是剥削关系）的变化有关。仅仅从柳永追求功名而不获，"失意后便沉沦于都市繁华的诱惑中，一心追求偎红倚翠的享乐生活"①上去解释，即从柳永个人的坎坷际遇中去解释，是无法摆脱片面性的。妓女，在封建社会里，是封建压迫与封建剥削关系的畸形产物，她们像雇用女工计件出卖劳动那样出租自己的肉体和技艺，是封建统治阶级玷污与践踏的对象，是封建统治阶级的奴隶，处在社会的最底层。封建统治阶级根本不把她们当作人来看待。然而，柳永的词，写出了对她们的同情和真挚感情，为她们作歌，实际上成为妓女、乐工谋取生活出路的得力帮手。他置身于妓女、乐工中间，同他们建立了深厚的友谊。一言以蔽之，他给妓女以人的地位，这绝非仅仅用人道主义所能说清楚的。因此，他的词作题材与内容，明显地反映出他所特有的"人学"思想而与唐五代以来淫巧侈丽的艳词的主题思想相区别。

　　古往今来，关于人的学说，有人本主义、人性论、人道主义、人民性等。人们在评论文艺作品的思想倾向时，每每使用这些概念。我所说的"人学"，则指的是作家在作品中，如同高尔基所说的那样，用"大写的字母"，给被社会践踏、遗弃了的、失去人格尊严的人，以人应有的地位，并赋予楚楚动人的美的形象。当然，"人学"与人道主义、人民性不是没有内在联系的。它们之间的关系，用一句话来概括，就是，人道主义是"人学"的最低级表现形式；而人民性，则是"人学"发展的必然归宿。

　　基于这样一种认识，笔者认为，柳词的题材和内容反映着强烈的"人学"思想倾向。本文拟就柳永作品中，"人学"思想形成的社会历史条件、主要表现方面及其局限性作一分析，请同志们指正。

一

　　自人类进入阶级社会以后，娼妓作为阶级压迫与阶级剥削的极端表现，就载入史册。中国娼妓的出现，是在奴隶制形成以后。殷代的巫娼，

————————

①　胡云翼：《宋词选》，第 35 页。

可以说是其萌芽。及至西周，正式出现了官妓——"女间"① 和"妇间"②。春秋以后，"女乐"发展起来，女乐即乐妓③。到了战国时期，随着封建制取代了奴隶制，娼妓也随着封建制的确立，而大量出现。有官妓④，也有私娼⑤。汉代的官奴婢，"事同妓妾而无常夫"⑥，显然是一种娼妓。汉武帝时，还始设"营妓"，以待军士之无妻室者，自此而后，历魏晋、唐宋而不衰。⑦ 魏晋南北朝时期，除奴婢娼妓外，又有家妓。例如，晋人谢安在东山蓄妓，"每游赏，必以女妓从"⑧。又如，王宴的从弟王诩，"位少府卿"。"敕未登黄门郎，不得蓄女妓。诩与射声校尉阴玄智坐蓄妓免官，禁锢十年。"⑨ 可见，蓄女妓，在当时是登黄门郎以后的官僚的一种特权。

　　唐宋时代，是我国封建文明高度发展的时代，但同时也是娼妓的鼎盛时期。唐代的娼妓，名目繁多：有营妓、官使妇人、风声妇人、风声贱人⑩、宫妓、官妓、私妓等。仅就宫妓而言，据后周王仁裕所撰《开元天宝遗事·风流阵》说："明皇与贵妃每至酒酣，使妃子统宫妓百余人，帝统小中贵百余人，排两阵于掖庭中，目为风流阵。以霞帔锦被张之为旗帜，攻击相斗，败者罚之巨觥，以戏笑。"在同书《歌直千金》又说："宫妓永新者，善歌，最受明皇宠爱。"皇帝尚且如此，至于官僚、地主，更是相习成风。中唐至五代，随着土地占有关系的变化，藩镇跋扈、战祸频仍，农民失业，阶级分化加剧，娼妓也恶性发展。妓女的来源之一，是人口可以货卖。中唐以后，货卖人口的现象相当普遍。这是妓女恶性发展的前提。例如，在袁州，"男女隶于人者，逾约则没入出钱之家"。⑪ 韩愈在任袁州刺史期间，曾检袁州界内典帖良人，"得七百三十一人"。韩愈

---

① 《战国策》卷2《东周》。
② 《韩非子》卷15《难三十七》。
③ 《史记》卷47《孔子世家》。
④ 《越绝书》卷8《越绝外传记地传第十》"独妇山"条。
⑤ 《史记》卷192《货殖列传》、《汉书》卷28下《地理志》"赵中山地薄人众"条。
⑥ 俞正燮：《癸巳类稿》卷12《除乐户丐户籍及女乐考·附古事》。
⑦ 同上。
⑧ 《晋书》卷79《谢安传》。
⑨ 《南史》卷24《王镇之传》。
⑩ 俞正燮：《癸巳类稿》卷12《除乐户丐户籍及女乐考·附古事》。
⑪ 《旧唐书》卷160《韩愈传》。

为此而感慨地说:"袁州至小,尚有七百余人,天下诸州,其数当更不少。"① 在柳州,"以男女质钱,过期则没入钱主"②。在苏州,大水之后,出现饥馑,"编户男女,多为诸道富家,并虚券质钱,父母得钱数百、米数斗而已"③。在两河之间,"频年旱灾,贫人得富家数百钱、数斗粟,即以男女为之仆妾"④。在福建,罗让为观察使兼御史中丞时,发现有兄妹九人,"皆为人所鬻,其存留者,但老母尔"⑤。在岭南诸州,人民"偪于征税,货卖男女,奸人乘之,倍取其利,至以齿之稚壮,定估高下,窘迫求售,号泣逾时,为吏者恬然不怪,遂使居人男女与犀象杂物,同为财货"⑥。这些被货卖的贫苦人家的儿女,相当一批,沦为家妓。家妓是封建统治阶级的玩物。据有关记载可以看出,中唐至五代,封建统治阶级的各个阶层,上自诸王将相,下至一般豪强地主,都竞相蓄妓以自娱,或用于待客。例如,唐"申王每至冬月有风雪苦寒之际,使妓密围于坐侧,以御寒气,自呼为'妓围'"⑦。"岐王少惑女色,每至冬寒,手冷不近于火,惟于妙妓怀中,揣其肌肤,称为暖手。"⑧"杨国忠于冬月,常选婢妾肥大者行列于前,令避风。盖藉人之气相暖,故谓之肉阵。"⑨南唐孙晟官至司空,每食必设几案,使众妓各执一器,环立而侍,号"肉台盘"⑩。南唐时,陶毂使江南,"韩熙载遣家妓奉盥匜,及旦,以书谢云:'巫山之丽质初临,霞侵鸟道;洛甫之妖姿自至,月满鸿沟。'举朝不能会其辞。熙载因召家妓讯之,云是夕忽当浣濯"⑪。所谓"妓围""暖手""肉阵""肉台盘"乃至"遣家妓奉盥匜",无不说明,中唐至五代,妓女失去了起码的人格尊严,完全变成了封建统治阶级掌上的玩物,甚至可以像物品一样随意转赠他人,也可以恃力抢夺,直至随便杀戮。

　　将妓女随意赠送他人的例子很多,如唐兵部李尚书将其乐妓崔紫云赠

---

① 《昌黎集》卷40。
② 《新唐书》卷168《柳宗元传》。
③ 《册府元龟》卷42,大和八年二月敕。
④ 《册府元龟》卷42,开成元年三月敕。
⑤ 《太平御览》卷600《人事部》。
⑥ 宋敏求:《唐大诏令》卷109,大中九年四月禁岭南货卖男女敕。
⑦ 王仁裕:《开元天宝遗事·妓围》。
⑧ 《开元天宝遗事·香肌暖手》。
⑨ 《开元天宝遗事·肉阵》。
⑩ 朱揆:《钗小志》,说郛,委宛山别堂本。
⑪ 蒋一葵:《尧山堂外记》卷42。

送给杜牧。据称:"崔紫云,兵部李尚书乐妓,词华清峭,眉目端丽。李公罢镇北都,为尹东洛时,方家妓盛列,诸府有宴,台宫不赴。杜紫微时为分司御史,过(遇)公有宴,故留南行一位待之为访,诸妓并归北行,三重而坐。宴将醉(酣),杜公轻骑而来,连引(误,当为'饮')觥,顾北行回顾主人曰:赏闻有能篇咏紫云者,今日万(方)知名不虚得(传)。倘垂一[见],惠无以加焉。诸妓皆回头掩笑。杜作诗曰:华堂今日绮筵开,谁召分司御史来,忽发狂言惊满座,三重粉面一时回。诗罢,升车辊辚而归。李公寻以紫云送赠之。"① 你看,谈笑之间,妓女就被赠予他人。其社会地位之低下,与物品何异?此外,像孟棨《本事诗》所载李绅将歌妓送给刘禹锡、《钗小志》所载郭暧将乐妓镜儿送给李端等,都证明了这一点。

更有甚者,就是可以任意处死妓女。据说,"潞之女伶曰孟思贤,巧黠人也。尝为君侯王制之宠贮焉"。后来,思贤有外遇,私奔后失所,复投王制。这位王制"遂命以短兵关思贤二胫,踏且极捶之"。思贤"不胜其楚毒,再宿而死"。② 类似的例子,还有很多,兹不一一。

据俞正燮考证:"唐书肃宗女和政公主传云:阿布思妻隶掖庭,帝使衣绿衣为娼。是唐以前为奴掖庭即为娼也。"③ 因此,娼妓的法律地位,是与奴隶等同的。按《唐律疏义》卷6《名例六》所载:"奴婢贱人,律比畜产。"同书卷14《户婚下》又云:"奴婢视同资财,即合由主处分。"同书卷26《杂律上》还说:"诸买卖奴婢牛马,已过价不立市券。"既然妓女的地位与奴隶同,那么,她们没有独立的人格、没有自由的意志、任凭主人处分、赠送或出卖,就是不可避免的了。孙棨在《北里志》中说:"凡娼妓之母,多假母也。"所谓"假母",当为后世专门把妓女当作商品来进行经营的鸨母。由于妓女阶层在当时是统治阶级的玩物,完全失去做人的资格,因此,在封建文人的笔下,她们也就成为被玷污的对象。花间南唐那些淫秽的艳词,就是在这样的社会历史条件下出现的。

赵匡胤陈桥兵变,建立宋王朝以后,对中唐以来土地占有方式的变革采取肯定的态度。地主阶级不再是按等级世袭占田,而是用购买的方式来

---

① 王铚:《补侍儿小名录》,稗海本。

② 温豫:《续补侍儿小名录》,稗海本。

③ 《癸巳类稿》卷12《除乐户丐户籍及女乐考·附古事》。

扩大土地占有了。与土地占有方式的变革相适应，宋朝地主对农民的剥削方式，转变为以出租土地榨取实物地租为主，前代的劳役地租形态，已不再是主要的剥削方式了。租佃关系的发展，固然促进了封建经济的大幅度增长，但同时也加速了农民阶级的分化。宋代妓女阶层的扩大，是与封建经济关系的变化联系在一起的。早在赵匡胤搞"杯酒释兵权"的时候，他就在鼓励官僚地主在兼并土地的同时，鼓励官僚地主蓄妓，他对石守信等人所说的"人生驹过隙尔，不如多积金，市田宅，以遗子孙，歌儿舞女，以终天年"①，就是这个意思。

另外，随着租佃关系的发展和中央对财权的集中，官营手工业和商业也有了较大的发展，进而造成了城市的发达。城市作为封建政治、经济、文化的都会，吸引着一些私人手工业者、商人、文人学士迅速向那里集中，一些破了产的农民也流入城市谋生。宋代的开封、杭州、苏州等城市的繁荣，是前代所不能比拟的。而城市的发展又为破了产的下层妇女设下了陷阱，很多人为生活所迫，在走投无路之际，沦为妓女。这也是宋代妓女恶性膨胀的又一重要原因。就以北宋的杭州为例，良家妇女被卖为娼妓者，屡见不鲜。宋仁宗嘉祐年间，沈遘知杭州，民贫不能葬、不能嫁者数百人，良家女为生活所迫被卖入妓院者也为数不少。沈遘"令行禁止"，并将卖入妓院的良家女"夺归其父母"②。可见，在北宋时，民贫无以为计，常常堕为娼妓。

北宋时的妓女，有营妓、官妓，也有家妓和私妓。据邓之诚考证："宋太宗灭北汉，夺其妇女随营，是为营妓之始。后复设官妓，以给事州郡官幕不携眷者。官妓有身价五千，五年期满，归原寮，本官携去，再给二十千，盖亦取之勾栏也。营妓以勾栏妓，轮值一月，许以资觅替，遂及罪人之孥，及良家系狱候理者，甚或掠夺、诬为盗属以充之，最为秕政。"③ 就中，营妓是写入法律的。《宋史》卷9《仁宗本纪》："天圣元年，诏营妇配南北作坊并释之。"同书卷201《刑法三》："妇人应配则以妻窑务或军营致远务卒之无家者，著为法。"

需要着重指出的是，自从"宋初置教坊"以后，乐妓又成为皇帝乃

---

① 《宋史》卷250《石守信传》。

② 《宋史》卷331《沈遘传》。

③ 邓之诚：《骨董琐记》卷4《宋官妓营妓》。

至文武大臣取乐的工具。"教坊本隶宣徽院，有使、副使、判官、色长、色长高班、大小都知，天圣二年，以内侍二人为干辖。"① 吴自牧在《梦粱录》卷 20《乐妓》中也说："旧教坊有筚篥部……色有歌板……但色有色长，部有部头，上有教坊使、副钤辖、都管、掌仪、掌范，皆是杂流命官。……更有小儿队、女童采莲队，其外别有钩容班。……绍兴间废教坊职名。"由于皇帝带头提倡，政府允许，以致妓女在北宋时恶性发展。上自皇帝、文武百官，下至太学生，狎妓成风。一些大都会妓馆林立。例如开封，"出朱雀门东壁，亦人家。东去大楷麦状元楼，余皆妓馆，杀猪巷亦有妓馆"。②

北宋时妓女的社会地位，与唐五代时相比，没有什么变化。她们仍然是封建统治阶级掌上的玩物，因而被货卖、转赠乃至处罚，如同家常便饭。据载："范文正公守鄱阳郡，籾庆朔堂，而妓中有小鬟妓，尚幼，公颇属意，既去，以诗寄魏介曰：'庆朔堂前花自栽，便携官去未曾开，年年长有别离恨，已托东风干当来。'介因鬻以遗公。"③ 这可以说是既被货卖又被转赠的典型事例。至于无端被罚，史籍更是司空见惯。例如："王韶罢枢密副使，以礼部侍郎知鄂州，一日宴客，出家妓奏乐，入夜，席客张绩沉醉，挽家妓不肯，遽将家妓拥之。家妓泣诉于韶，坐客皆失色。韶徐徐曰：此出尔曹，以娱宾，而令宾客失欢，命取大杯，罚家妓。"④ 这还算好的，竟有被投入牢狱，备受箠楚，"委顿几死"者，如《齐东野语》所载官妓严蕊的遭遇，就是证据。

总之，宋代的妓女，仍然没有独立的人格，就以众所周知的苏东坡对妓女的态度为例，据记载，他"有歌舞妓数人，每留宾客必云有数个茶粉虞侯欲出来祗应也"⑤。他在杭州时，"无日不游西湖"，"赏携妓"⑥。他的"休惊岁岁年年貌，且对朝朝暮暮人"的诗句，反映了他及时行乐、以妓女为玩物的态度。最不应该的是，他摄署杭州，曾有一周姓名妓申请脱籍。然而，这位"为民父母"的苏东坡是怎样对待的呢？据记载，苏

---

① 《宋史》卷 143《乐志》。
② 孟元老：《东京梦华录》卷 2。
③ 《宋稗类钞》卷 4《闲情》。
④ 魏泰：《东轩笔录》卷 7。
⑤ 《尧山堂外纪》卷 52。
⑥ 《尧山堂外纪》卷 53。

东坡"惜其去，不许"，竟然判曰："敦召南之化，此意诚可佳，空冀北之群，所请宜不允。"①在苏东坡的心目中，妓女不过是统治阶级玩赏的一匹马，是玩物，是发泄工具。因而滥用职权，视妓女的命运如同儿戏。

柳永则不然，他并不鄙视她们，在他的作品中，给她们以人的应有地位，完全不同于花间南唐某些专门以"香醪绣床"为题材，把妓女当作玩物的词人，形成了他所特有的"人学"思想。在大体雷同的社会历史条件下，柳永所做到的，别人没有做到，这就是柳永的独到之处了。

二

柳永作品的艺术技巧，是大家所公认的，无须多说。分歧在于柳词的题材和思想内容。柳词的题材，大体上可以分为三类：

一类是羁旅行役的作品，为数不少，表达了他一生所"谙尽"的"宦游滋味"。著名的如《八声甘州》：

对潇潇暮雨洒江天，一番洗清秋。渐霜风凄紧，关河冷落，残照当楼。是处红衰翠减，苒苒物华休。惟有长江水，无语东流。

不忍登高临远，望故乡渺邈，归思难收。叹年来踪迹，何事苦淹留？想佳人妆楼颙望，误几回天际识归舟？争知我，倚阑干处，正恁凝愁？

一类是写都市风光的，反映了北宋的开封、杭州、苏州等地的面貌，如《望海潮》：

东南形胜，江吴都会，钱塘自古繁华。烟柳画桥，风帘翠幕，参差十万人家。云树绕堤沙，怒涛卷霜雪，天堑无涯。市列珠玑，户盈罗绮，竞豪奢。

重湖叠巘清嘉，有三秋桂子，十里荷花。羌管弄晴，菱歌泛夜，嬉嬉钓叟莲娃。千骑拥高牙，乘醉听箫鼓，吟赏烟霞。异日图将好景，归去凤池夸。

---

① 赵令畤：《侯鲭录》卷 8；《尧山堂外纪》卷 52。

　　一类是写妓女生活的。这在柳永的作品中所占的比重最大。前述第一类作品中，除了一些属于思乡寄内之作外，也有相当一批是写柳永怀念她们的，因而也可算作是写妓女的。这类作品中，比较出名的如《迷仙引》：

　　　　才过笄年，初绾云鬟，便学歌舞。席上尊前，王孙随分相许。算等闲、酬一笑，便千金慵觑。常祗恐、容易蕣华偷换，光阴虚度。
　　　　已受君恩顾，好与花为主。万里丹霄，何妨携手同归去？永弃却、烟花伴侣。免教人见妾，朝云暮雨。

又如《集贤宾》：

　　　　小楼深巷狂游遍，罗绮成丛。就中堪人属意，最是虫虫。有画难描雅态，无花可比芳容。几回饮散良宵永，鸳衾暖、凤枕香浓。算得人间天上，惟有两心同。
　　　　近来云雨忽西东，诮恼损情悰。纵然偷期暗会，长是匆匆。争似和鸣偕老，免教敛翠啼红。眼前时、暂疏欢宴，盟言在、更莫忡忡。待作真个宅院，方信有初终。

　　柳永写妓女的前提，是把妓女当作人来看待，给妓女以应有的"人"的地位。换句话说，他是在"人学"思想指导之下描写妓女生活的。这主要表现在以下几个方面。
　　第一，柳永自幼与妓女、乐工为伍，把自己置于与妓女、乐工平等的地位。据记载："柳永字耆卿为举子时，多游狭邪，善为歌辞。教坊乐工每得新腔，必求永为辞，始行于世，于是声传一时。"①
　　柳永出身于一个重儒世宦家庭，幼年生活在京都开封。时代环境所给他安排的出路，只能是熟读"圣贤"书，科场逐名利。但是，柳永有"善为歌辞"的天才，于是他冲破封建礼教的束缚，成为妓女、乐工的朋友，为他们作词，有求必应。即所谓"教坊乐工每得新腔，必求永为

---

　　①　叶梦得：《避暑录话》卷下。

辞"。这与一般纨绔子弟青楼买笑不同。纨绔子弟青楼买笑，是玩弄妓女，寻欢作乐。柳永为妓女、乐工作歌辞，既要付出辛勤的劳动，又要在功名用世方面作出一定的牺牲。柳永在进士应试之前，曾写过一阕《鹤冲天》，以"才子词人，自是白衣卿相"自诩，说不必在"黄金榜上""论得丧"，并把"浮名"贬斥得比"浅斟低唱"还不如。全词如下：

> 黄金榜上，偶失龙头望。明代暂遗贤，如何向？未遂风云便，争不恣狂荡？何须论得丧，才子词人，自是白衣将相。
> 烟花巷陌，依约丹青屏障。幸有意中人，堪寻访。且恁偎红翠，风流事，平生畅。青春都一饷，忍把浮名，换了浅斟低唱！

但是，在当时的社会舆论下面，柳永又不得不走应试这条路。据吴曾说："（宋）仁宗留意儒雅，务本理道，深斥浮艳虚薄之文。初进士柳三变，好为淫冶讴歌之曲，传播四方。尝撰《鹤冲天》词云：'忍把浮名，换了浅斟低唱。'及临轩放榜，特落之，曰：'且去浅斟低唱，何要浮名？'"[①] 柳永因为给妓女、乐工作词，宋仁宗不取他，于是他索性"自称云：奉圣旨填词柳三变"以示反抗。《艺苑雌黄》说："当时有荐其才者，上曰：得非填词柳三变乎？曰：然。上曰：且去填词！由是不得志，日与僎子纵游娼馆酒楼间，无复检约。自称云：奉圣旨填词柳三变。"[②] 他在《西江月》中自嘲说：

> 腹内胎生异锦，笔端舌喷长江。纵教匹绢字难偿，不屑与人称量。
> 我不求人富贵，人须求我文章。风流才子占词场，真是白衣卿相。

自此而后，他的词中不止一次地流露出对功名利禄的非议。他在《凤归云》"恋帝里"中，提出了"锱铢名宦"的问题；在另一阕《凤归云》里，又认为："驱驱行役，苒苒光阴，蝇头利禄，蜗角功名，毕竟成

---

① 《能改斋漫录》卷16《柳三变词》。
② 胡仔：《苕溪渔隐丛话》后集39引。

何事?"在《红窗听》中,他又道出了对"名牵利役"的不满。在《尾犯》中,高呼"图利禄,殆非长策"。在《归朝欢》中,对"往来人,只轮只桨,尽是利名客",表示很不以为然。特别值得注意的是,他在《长寿乐》中写与妓女相会,竟和殿试盛典差不多。其曰:"仙禁春深,御炉烟袅,临轩亲试对。"这无疑是对追求功名利禄的一种嘲弄。同时,也表现出妓女在柳永心目中所享有的实际地位。

第二,柳永写妓女的理想与要求,表达了妓女的苦闷和作者对妓女不幸的遭遇的深切同情。他在《燕归来》中,描写被侮辱的妓女的处境时说:"织锦裁篇写意深,字值千金,一回披玩一愁吟,肠成结,泪盈襟,幽欢已散前期远,无聊赖是而今。密凭归雁寄芳音,恐冷落,旧时心。"在《定风波》中,代妓女呼出"恨薄情郎一去,音书无个"的思想愿望。说:"早知怎么,悔当初、不把雕鞍锁。向鸡窗、只与蛮笺象管,拘束教吟课。镇相随,莫相抛,针线闲拈伴伊坐,和我。"前引《迷仙引》中,"万里丹霄,何妨携手同归去?永弃却、烟花伴侣。免教人见妾,朝云暮雨"。揭示了妓女们希望摆脱苦海的理想。《集贤宾》中,"争似和鸣偕老,免教敛翠啼红。眼前时、暂疏欢宴,盟言在、更莫忡忡。待作真个宅院,方信有初终",道出了妓女盼望过正常人所过的夫妻生活的要求。这与苏东坡不准妓女落籍的判词相比,显然不可同日而语。

第三,柳永写妓女的技艺时,是采取歌颂的态度。例如,他在《木兰花》中,描写心娘时说:"心娘自小能歌舞,举意动容皆济楚,解教天上念奴羞,不怕掌中飞燕妒。"在描写佳娘时,说:"佳娘捧板花钿簇,唱出新声群艳伏。"在描写虫娘时,说:"虫娘举措皆湿润,每到婆娑偏恃俊。"在描写酥娘时,说:"酥娘一搦腰肢袅,回雪萦尘皆尽妙。"作者通过这些赞美性的描写,给她们以美的形象。这与南唐李后主笔下的"烂嚼红茸,笑向檀郎唾""奴为出来难,教君恣意怜"之类女流氓的形象,形成了鲜明的对照。

第四,柳永在写他与妓女的关系时,情感比较真切,尤其是写离别,没有虚饰的玩弄态度。请看堪称千古绝唱的《雨霖铃》:

    寒蝉凄切,对长亭晚,骤雨初歇。都门帐饮无绪,留恋处,兰舟催发。执手相看泪眼,竟无语凝噎。念去去,千里烟波,暮霭沉沉楚天阔。

多情自古伤离别，更那堪冷落清秋节！今宵酒醒何处？杨柳岸，晓风残月。此去经年，应是良辰好景虚设。便纵有千种风情，更与何人说？

柳永在《蝶恋花》（《凤栖梧》）中，更写出了他与妓女之间感情的真挚：

伫倚危楼风细细，望极春愁，黯黯生天际。草色烟光残照里，无言谁会凭栏意？拟把疏狂图一醉，对酒当歌，强乐还无味。衣带渐宽终不悔，为伊消得人憔悴。

此外，他还写过大量的怀妓作品，同样表现出他把妓女当作知己的心情。例如，在《洞仙歌》中，他写"共有海约山盟"；在《十二时·秋夜》他写"睡觉来，披衣独坐，万种无憀情意"，"祝告天发愿，从今永无抛弃"。在《木兰花慢》中，他写"见新雁过，奈佳人自别阻音书，空遣悲秋念远，寸肠万恨萦纡"。在《归去来》和《梁州令》中，写"多情不惯相思苦"，感慨无"离愁别恨"，"月不长圆"。在《凤凰阁》中，他写"相思成病，那更潇潇雨落。断肠人在阑干角，山远水远人远，音信难托。这滋味、黄昏又恶"。在《婆罗门令》中，他写"昨宵里恁和衣睡，今宵里又恁和衣睡"，"彼此空有相怜意，未有相怜计"。在《凤衔杯》其一中，写"千里寄、小诗长简，想初襞苔笺，旋挥翠管红窗畔"，"锦囊红窗畔"，"锦囊收，犀轴卷，常珍重、小斋吟玩。更宝若珠玑，置之怀袖时时看"。在其二中，又写"更时展丹青，强拈书信频频看，又争似，亲相见"。在《小石调·法曲献仙音》中，他写"当年便约，于飞比翼。每恨临歧处，正携手、翻成云雨离拆"。在《忆帝京》中，写"系我一生心，负你千行泪"。所有这些，都表明柳永把妓女当作知己的心情。既是知己，那当然是把妓女摆在与自己等同的地位上的。

柳永视妓女为知己，因而也受到了妓女的爱戴。相传柳永"死之日，家无余财，群妓合金葬之"；"每寿日上冢，谓之吊柳七"[①]。还有传说说：

① 祝穆：《方舆胜览》卷11。

每遇清明，妓女、词人"多载酒肴，饮于耆卿墓侧，谓之吊柳会"①。宋人的这些传说，虽不可当作信史，但它们与后来的话本《众名妓春风吊柳七》一样，都表达了妓女怀念柳永的真诚感情，说明妓女是把柳永当作亲人对待的。

毋庸讳言，柳永以妓女为题材的词作中，也有一些风流韵事的描写，甚至有些词句写得不像话，近乎色情。这是柳词中的糟粕。但是，一则这类作品在柳词中所占的比重不大；二则在写风流韵事的时候，柳永也是把妓女置于与自己等同的地位。与花间派词人欧阳炯的《浣纱溪》中"凤屏鸳枕宿金铺""兰麝细香闻喘息"，孙光宪的《菩萨蛮》中"薄寒笼醉态，依旧铅华在，握手送人归，半拖金缕衣"，以及顾夐《荷叶杯》之类玩弄妓女的态度相异趣。

由于柳永通过他的妓情词作，表达了他的"人学"思想，所以，他的词收到了较好的社会效果。尤其是在下层人民中间传播很广。历来的论者，在论述柳词之所以"传播四方"的理由时，都说是因为柳词"尽收俚俗语言"，如清人宋翔凤在《乐府余论》中说："耆卿失意无俚，流连坊曲，遂尽收俚俗语言，编入词中，以便使人传习。一时动听，散播四方。"柳词吸收民间口头文学的营养（俚语），使他的作品通俗好懂，固然是柳词能"散播四方"的一个重要原因。但更重要的恐怕还是柳词中的"人学"思想唤起了广大下层人民的思想共鸣。《后山集》卷29《谈丛》9 称柳词"天下咏之"；《能改斋漫录》卷16《柳三变词》说柳词"传播四方"；《避暑录话》卷下记西夏归朝官说："凡有井水饮处，即能歌柳词"；《高丽史·乐志》中，也载有《雨霖铃》等多首柳词。徐度《却扫编》卷下记有一个故事说："刘季高侍御，宣和间力底抑氏，旁若无人。有老人徐取纸笔，跪于刘前曰：子以柳词为不佳，盖自为一篇示我。刘无以为应。"这个反唇相讥的故事，说明柳词之所以受欢迎，原因并不那么简单。吴曾曾经引用晁无咎的话说："世言柳耆卿之曲俗，非也。如《八声甘州》云：'渐霜风凄紧，关河冷落，残照当楼'，此真唐人语，不减高处矣。"② 赵令畤《侯鲭录》卷7，也有类似的记载，但小有出入。谓此话是苏东坡说的，其云："此语于诗句，不减唐人佳处。"苏东坡还曾询问幕士："我词比柳词何如？"俞文豹

---

① 曾敏行：《独醒杂志》卷4；佚名：《东南纪闻》卷3。
② 《能改斋漫录》卷16《黄鲁直词谓之著腔者》。

《吹剑续录》载："东坡在玉堂，有幕士善讴，因问我词比柳词何如？对曰：柳郎中词，只好十七八女孩儿，执红牙拍板，唱杨柳岸晓风残月。学士词，须关西大汉，执铁板，歌大江东去。公为之绝倒。"① 既然苏东坡让幕士来表态，幕士当然不好悖苏东坡的面子。所以才这样巧妙地回答他。但是，这个故事却表现出，就是赫赫有名的苏东坡，未尝不以柳永为重。不然，他何至于要拿自己的词去与柳词相比呢?! 事实上，柳词并非"只好十七八女孩儿"唱。前引"天下咏之""凡有井水饮处，即能歌柳词"等，便说明了这一点。叶梦得《避暑录话》卷下还载称：苏东坡"常戏云，山抹微云秦学士，露花倒影柳屯田"。大家知道，苏东坡"最善（秦）少游"，"故他文未尝不称善"。而在这里却将柳永与秦少游一样看待，"露花倒影"语出柳永《破阵子》。这说明苏东坡对柳永还是比较器重的。此外，当时有人把柳词比作"离骚"②；有人将柳词与杜诗相提并论，说"学诗当学杜诗，学词当学柳词，杜诗柳词皆无表德，只是直说"③。可见，柳词在当时达到了雅俗共赏的地步。其根源所在，除了艺术上的独创、感人以外，恐怕最主要的，还是柳永采取了现实主义的手法在他的词作中反映出的"人学"思想在起作用。

三

如果说，由于以妓女生活为题材所形成的柳词中的"人学"思想，还不能不带有明显的局限性的话，那么，随着柳永走向社会、生活面的扩大，特别是接触下层劳动人民以后，他的"人学"思想进一步升华，终于写出了极富人民性的优秀的现实主义作品——《鬻海歌》。

如上节所述，柳永由于与妓女、乐工为伍，结果仕途受阻。上自宋仁宗皇帝，下至一般士大夫，百般诋毁他。据说，直到仁宗景祐元年（1034）方才及第，后改名永。④ 先后做过睦州椽⑤、昌国晓峰盐场官⑥、屯田员外郎⑦等

---

① 《吹剑录全编》，第 38 页。
② 王灼：《碧鸡漫志》卷 2。
③ 张端义：《贵耳集》卷上。
④ 《能改斋漫录》卷 16《柳三变词》。
⑤ 《避暑录话》卷下。
⑥ 乾道《四明图经》卷 7《昌国盐场》。
⑦ 《避暑录话》卷下。

小官。元代冯福京等撰大德《昌国州图志》卷6《名宦》，载柳永"尝为晓峰盐场官"一事，并录《鬻海歌》一首。昌国，即今浙江省定海县。宋代隶于两浙路明州。宋仁宗"天圣中，杭、秀、温、台、明各监一"①，监管盐务。其中，明州的一监，就是昌国县晓峰盐场。后来，柳永做过这个盐场的监官。《鬻海歌》就是这个时候写的。兹录于后：

> 鬻海之民何所营？妇无蚕织夫无耕。衣食之原太寥落，牢盆鬻就汝输征。年年春夏潮盈浦，潮退刮泥成岛屿；风干日暴盐味加，始灌潮波增成卤。卤浓咸淡未得闲，采樵深入无穷山；豹踪虎迹不敢避，朝阳出去夕阳还。船载肩擎未遑歇，投入巨灶炎炎蒸，晨烧暮烁堆积高，才得波涛变成雪。自从潴卤至飞霜，无非假贷充糇粮；秤入官中充微值，一缗往往十缗偿。周而复始无休息，官租未了私租逼；驱妻逐子课工程，虽作人形俱菜色。鬻海之民何苦辛，安得母富子不贫！本朝一物不失所，愿广皇仁到海滨。甲兵净洗征输辍，君有余财罢盐铁。太平相业尔惟盐，化作夏商周时节。

这首歌，为《乐章集》所不载，过去不太为人所注意。一般文学史，或一语代过，或根本不提。甚至有人在《必须用批判的态度对柳永的词重新估价》的文章中，顺便提及这首歌时，却指责它"说明做官并不应该就一概否定"②。为了充分理解这首歌的现实意义，我们首先应对宋初的榷盐制度和盐民的境况做些交代。

宋承五代之旧，实行榷盐制度，作为国家财政收入的重要来源之一。史称："宋自削平诸国，天下盐利皆归县官，官鬻、通商，随州郡所宜。"③北宋初年基本上实行"官鬻"制度，"通商"是后来的事情。据南宋人陈傅良说："国初盐荚，只听州县给卖，岁以所入课利申省，而转运司操其赢，以佐一路之费。"④宋真宗咸平四年（1011）直史馆孙冕请放江南、荆湖"通商"，诏吏部侍郎陈恕等议，陈恕等即以有碍于经费为由加以反对。其曰：

---

① 《宋史》卷182《食货下四·盐中》。
② 《光明日报》1960年7月17日《文学遗产》。
③ 《宋史》卷181《食货下三·盐上》。
④ 《文献通考》卷15《征榷》引陈止斋语。

江湖之地，素来官自卖盐，禁绝私商，良亦有以。盖由近煮海之地，（欲）息犯禁之人，官得缗钱，顾资经费。且江湖之壤，租赋之中，谷帛虽多，钱力盖寡。每岁买茶入榷，市铜铸钱，准粮斛以益运输，平金银以充贡入。乃至京师便益，南土支还，顾其赡用之名，实籍盐钱之助。居常广费，犹或阙供，今若悉许通商，则必顿无储拟。未有别钱备用，盐法讵可改更？且变制易图，事非细故，若匪官盐住卖，则又私商不行，即令住卖官盐，立乏一年课额。①

可见，盐之官卖制度，关系重大。直到宋仁宗时代，仍无改变。宋代的卖盐息钱，都有定额，其用途也有规定。属于末盐类的海盐，息钱除供军费开支外，余则归地方官府掌握。即如沈括所说："唯末盐岁自抄三百万，供河北边籴，其他皆给本处经费而已。"②

宋代"鬻海为盐"者，"曰京东、河北、两浙、淮南、福建、广南，凡六路。其鬻盐之地，曰亭场，民曰亭户，或谓之灶户。户有盐丁，岁课入官。受钱或折租赋，皆无常数。两浙又役军士，定课鬻焉"③。宋制，海盐由盐场拘籍亭户煮盐，官给煎盘草荡，而计丁输课，官给以盐本钱。煮出来的盐，必须全部卖给官府，而官府压低价格，每斤只付四文钱左右。等到官府再以高价卖出，则转手可获利十倍。《宋史·食货志》载称："东南盐利，视天下为最厚，盐之入官，淮南、福建、两浙之温、台、明斤为钱四，杭、秀为钱六，广南为钱五。其出，视去盐道里远近，而上下其估，利有至十倍者。"④ 关于官给亭户本钱的问题，宋初规定："盐场亭户，实无牛具者，许令买置，召三人以上作保，赴都盐仓监官处印验验收入帐簿，给与为主，依例克纳盐贷，不得耕犁私田、借赁于人。"宋真宗咸平二年（999）敕：牛值每钱一千，折纳盐二石，谓之"牛盐"。⑤ 然而，事实上，官府常常不能按时支付给亭户本钱。相反，却常常是"买纳到盐出卖，获利称息数倍，乃犹占吝，不肯给还元价，纵

---

① 《宋会要辑稿》食货23之26。
② 《梦溪笔谈》卷11。
③ 《宋史》卷181《食货三下·盐上》。
④ 《宋史》卷182《食货四下·盐中》。
⑤ 《宋会要辑稿》食货23之3。

或支偿，十未一二，几于白纳而后已"①。以至"亭户困乏尤甚"。所以，到宋仁宗皇祐年间以后，"屡下诏书，辄及之，命给亭户官本钱皆以实钱，其售额外盐者，给粟帛必良。亭户逋岁课，久不能输者，悉蠲之"。②但，事实上，不过是一纸空文，而"鬻盐与官为市，盐场不时偿其直，灶户益困"③的事情，时有发生。至于盐场收购亭户的盐时，减克盘剥，名目繁多。或以大秤、或交秤迟缓，甚至"盐场官自将钱物诈作他人，或令亲戚及纵亲随放债与亭户取利，却将支到本钱在外抑勒就还"④。另外，亭户虽然不事耕作，没有田土，但仍需缴纳二税。宋代实行："亭户二税，依条以盐折纳。"⑤本来规定亭户所纳之钱，系以额外盐钱，并且由官代纳。然而，实行起来，却不加区别，由官府一例扣除。《宋会要辑稿》食货27之21说："止有二税又折盐钱，官为代纳。在法所纳钱合于煎出额外盐数别项折纳，今则不然，但于合买正数衮同克折，不复分额之内外。"亭户卖盐，所入本来无几，再加上这么许多额外剥削，其境况就可想而知了。史载："亭户输盐应得本钱，或无以给，故亭户贫困，往往起而为盗贼"；或者走投无路，转徙他乡；甚至迫于监官逼"催盐债，至有母杀子者"⑥。

当我们粗略地考察了宋代榷盐制度及亭户的境遇之后，再回过头来读一读《鬻海歌》，便不难看出，它是一篇杰出的现实主义作品，没有半点的虚夸。在这首歌里，柳永站在亭户的立场上，大声疾呼："鬻海之民何苦辛！"既痛切地道出了亭户生产和生活的艰难及其悲惨命运，又抨击了官府对亭户的残酷剥削。同时还提出了"甲兵净粉征输辍"、"罢盐铁"、恢复夏商周三代之治的社会理想。老实讲，作为晓峰盐场监官的柳永，不是站在官府的立场上为虎作伥，替官府敲剥亭户进行粉饰，而是站在亭户的立场上唱出了亭户的酸辛，这实在是难能可贵的。它可以与元代王冕所写的《伤亭户》⑦媲美，是我国古代诗歌中，为数不多的描写盐民苦况的最优秀的作品之一。当然，柳永毕竟是一个封建知识分子，他不可能提出

① 《宋会要辑稿》食货28之57。
② 《宋史》卷182《食货四下·盐中》。
③ 同上。
④ 《宋会要辑稿》食货27之5。
⑤ 《宋会要辑稿》食货26之1。
⑥ 《宋史》卷128《食货四下·盐中》。
⑦ 《竹斋诗集》卷1。

社会革命的思想来变革现实。所以他提出了"愿广皇恩到海滨",幻想恢复"三代之治",这也是无可厚非的。至于因为柳永写了这么一首好诗,因而责怪他,说他是向人们"说明做官并不应该就一概否定",未免就太荒唐了。这种逻辑思维方式,简直可以说,连某些封建文人都不如。清人朱绪曾在评论《鬻海歌》时,还誉为"洞悉民瘼,实仁人之言"。并且写了一首诗说:"积雪飞霜韵事添,晓风残月画图兼;耆卿才调关民隐,莫认红腔昔昔盐。"① 朱氏的评赞,是对柳永的《鬻海歌》的公正评价。如果说,柳永的"人学"思想是从与妓女打交道、关心妓女命运开始形成的话,那么,《鬻海歌》这样具有鲜明人民性的作品的出现,则是柳永"人学"思想发展的必然结果。而"耆卿才调关民隐,莫认红腔昔昔盐",正道出了两者之间的辩证关系。

原载《宋史论集》,中州书画社 1983 年 8 月版

---

① 《昌国典咏》卷 5。

"圣公"考

"圣公"溯源

自从中国历史上第一次大规模的农民战争——陈胜吴广起义开始，历代农民起义的领袖在建立短暂的农民政权时，大都自称"王"或"皇帝"，而北宋末年的江浙农民起义，农民领袖方腊却"自称圣公"。方勺在《泊宅编》中写道：

> 腊自称圣公，改元永乐，置偏裨将，以巾饰为别，自红巾而上，凡六等，无甲胄。

杜大珪《名臣碑传琬琰之集》上编卷13，所载赵雄撰《韩忠武王世忠中兴佐命定国元勋之碑》云：

> 会妖人方腊起桐庐，自号圣公。

周南《山房集》卷8《杂记》记载缙云陈箍桶响应方腊起义时，"自号圣公阴兵"。

《宋史》卷468《童贯传附方腊传》说：

> 方腊者，睦州青溪人也，世居县堨村，托左道以惑众……宣和二年十月起为乱，自号圣公，建元永乐，置官吏将帅，以巾饰为别，自红巾而上凡六等。

此外，像《青溪寇轨》《宋史纪事本末》《金华贤达传》等，均有关于方腊自号圣公的记述。

淳熙《新安志》卷10《记闻》说：

> 始方腊来寇，时歙县人程叔清家避地于城，有女年十七……明日散处东塘山中，女适为贼所遇。贼奸谓曰："吾以尔归圣公，勿忧不富贵。"女曰："尔欺天害人，狗彘之不若，何圣公也？"

可见，不仅方腊自称"圣公"，而且他的部下也称之为"圣公"。

在封建社会里，起义农民领袖的称号，要受封建生产关系的制约。尽管几千年来农民阶级前赴后继对封建的经济剥削和政治压迫进行过千百次的流血斗争，但是，由于农民阶级不是新的生产力的代表，所以他们始终不曾以真正的社会革命者的身份出现，不曾提出过切实可行的改革社会的方案。方腊起义也不例外。方腊之所以自号圣公，大致与他的乡籍及宗族有关。本文拟就这一问题，略作考辨。

"圣公"一词，不见于经传。最早取号"圣公"者，一是东汉人刘玄。《后汉书·刘玄刘盆子列传》云："刘玄字圣公。"一是被歙、淳一带方氏奉为"百十二世"祖的东汉人方储。关于方储，《后汉书》无传。唐左台监察御史张行成写过《方仙翁庙碑》，此碑文已在唐代的文献中查不到了，只能在后人的撰述中窥见其大概。北宋真宗大中祥符（1008—1016）中，曾颁李宗谔所修《（歙州）新图经》简称《祥符经》，曾在"仙释"条下，载有方储事迹。但是，据南宋孝宗淳熙三年（1176）罗愿所说：由于方腊起义，"官府顷罹"，《祥符经》"又失"而不传。目前所能见到的关于方储的文献，散见于南宋初年陈公亮撰的《严州图经》、罗愿编纂的《新安志》、南宋末年严州守臣方回的《桐江集》、明弘治《徽州府志》、明嘉靖《淳安县志》以及笔者在浙江淳安征集到的明写本《方氏族谱》等之中。

一个被神化了的偶像

《严州图经》卷3《淳安县·祠庙》条下，载有"真应庙""南部行事庙""都督庙""五龙庙"的兴废，其中均提到方储。其云：

真应庙在县内，其神方储，相传后汉时以贤良方正仕和帝，后为洛阳令，卒赠歙县侯，立庙名洛阳。唐垂拱四年，为狄梁公焚毁，后邑人复立之。国朝政和七年，县人方适、方奕与父老状其灵异列于转运使，转运使为清于朝，赐今额。其后裔方间、方闻，今皆历显官。

南部行事庙在县西，相传为方储之兄名侪。后汉时封关内侯，补南部行事，在任有恩及民，因为立庙。

都督庙在县前渡南濒江，相传为方储弟俨。后汉时为大都督，既死为立庙。其后见梦于人，人为更庙于南山，因名都督山。

五龙庙在县东五里，相传其神为方储之子名观之。

同书同卷"古迹"条下，有"轩清溪"，其曰：

轩清溪在县东五十一里。新安记云：洛阳今方储乘鹤轩，至此登船，遂以名溪。后人复立庙以祀仙翁，名轩驻，言鹤轩尝驻此也。

罗愿在《新安志》卷8《仙释·方储》中写道：

方储，字圣公，歙县人。后汉时，历句章长，郡五官录，母丧，负土成坟，种松柏嘉木数千本，致鸾鹤白兔之瑞。后对策天下第一，拜洛阳令。夜辄还寝室，向晓而去，不动户枢，尝遗只履于牖下，母命藏去。章帝以储善天文，当郊祭问之。储劝帝毋往。其日风景明淑，帝遂行。储称疾不从。比发雨雹如斗，死者千计。使召储，已死。帝甚伤之。丧至家，母启视之，无尸，唯有只履。因取前履合之，良是。宋明帝尝祠以太宰，追封龙骧将军黟县侯。（按：《严州图经》唐左台监察御史张行成撰《方仙翁庙碑》称：储兄侪，关内侯，行南郡太守。弟俨，忠烈太守丹阳五官云麾将军。又载储所历官，及言驾鹤乘空等，多舛不可据，今祇从《祥符经》，载其略。）

方回的《桐江集》卷1《石峡书院赋》说：

歙、睦两郡之方氏，皆东汉贤良真应仙翁之后，墓在淳邑，庙则歙亦多有，而此邑本歙之东乡。

同书同卷载有方回写的《歙县柳亭真应仙翁庙记》一文，其曰：

　　吾宗方氏，得姓远自黄帝之世。周有方叔、汉有方赏，而东都有洛阳令赠太常方公，按《新安志》及唐左台监察御史张行成所撰碑，又参以他传记，公名储、字圣公，祖纮，本河南人，汉大司马府长史，以王莽乱，避地江左，遂为丹阳郡人，家歙县之东乡。公幼失父，明孟氏易，善星文图谶，太守周歆举孝廉为郎中，出为句章长，迁阜陵阳翟令。母丧，负土成坟，种松柏佳木数千本。元和中，太尉郑宏、司空第五伦、举贤良方正对策第一。今刘昭补注后汉五行志，两见公对策言雨旱事拜博士，迁议郎，寻为洛阳令。章帝当郊祭，以公知天文，问之。公劝毋往。帝发时，风景明淑，公称疾不从行。既而雨雹如斗，死者千计。使者召，公已死。帝哀丧之，赠太常。丧归家发视之，惟只履，与旧所遗履合。又，公令洛阳时，尚书张林，使窦宪杀人诬吏，公发白其奸。今回以史所书同时官爵姓名年数旁证之，大概良是。公既归葬，民世世祠之。宋明帝时，赠龙骧将军，祀之以太牢。政和七年，赐庙额曰真应。汉丹阳之歙之东乡，今为建德府淳安县，而今之歙之南曰柳亭者，旧有公庙。歙、续（？绩）溪两邑民，水旱祷必应。进士许君民尝买田募僧守视，又一新其庙，以妥灵焉。俾回记之。回谓公本明经学、兼图谶，而其死近乎世所云神仙尸解者，此一时习俗所渐，而公独精其业，上下世变，何特于公？此所谓可变者也。若其孝于亲，忠于君，与夫不畏强御之大节，则天理之在人心所不可变者，不与彼而俱变也。呜呼！风气日降，习俗移人，而天理人心不可泯者如此。使后世天资之高者，皆得生于三代盛时，而其学一出于先生之正，则其所成立，又岂止如今兹所观而已哉？

明弘治《徽州府志》卷8《人物二·宦业》转录了元人李孝光所写《洛阳令方圣公传略》一文，其曰：

　　方储，字圣公，歙人。讲孟氏易，精通图谶。建初五年举，直言极谏，除郎中，出外句章令。断讼人以为神明，迁阜陵，又迁丹阳。母丧，负土成坟，种松柏嘉木数千木，致鸾鹤白兔之瑞。元和初，举贤良方正，对策为天下第一。拜博士，迁议郎，转洛阳令。尚书张林娭储，教功曹宪杀人，夜置储寺门，诬奏收，储觉，捕宪。宪扣头曰：宪真杀人矣。和帝永元五年六月，以储善天文，当郊祭，问之。储劝帝毋往。其日风景明淑，帝遂行。诏诘其欺，储曰：臣受书先师，推步萌兆，今咎时且至，愿乘舆疾还。使者去，储叹曰：为人臣，耻蒙不忠之名，遂自杀。比驾还，雨雹大如雁子，卤簿后乘士皆疾驰去，帝大惊。使召储，储已死。帝甚伤之，追官太常尚书令，封黟侯，诏护其丧，还葬歙。既葬，世皆言：圣公飞而上天，于是民庙祀之。兄侪，南郡太守。弟俨，丹阳太守，其刚果皆类储。旧志以储入仙释下。准祥符经载，储母丧成坟及出身履历不一，又载其拜洛阳令，夜辄还寝室，迟明而去，不动户枢，遗只履牖下，母命藏去。及后丧至家，母启视无尸，惟有只履，因取前履合之，良是。又注称：《严州图经》唐左台监察御史张文成《方仙翁庙碑》言：驾鹤乘空等，多舛不可据。今以祥符经观之，既云母丧成坟，又云储丧至家，母启视无尸，其语自相矛盾，尤舛不可据。惟一统志载储于严州府人物中，注称歙人。又云世传其仙去，盖出于附会，其说当矣，故今撮元李秘书孝光所撰《汉洛阳令方圣公传略》，如右云。

以上，我们从宋、元人对方储生平事迹的考述中可以看到，从罗愿、方回，到李孝光，都曾见到过唐人张行成所撰《方仙翁庙碑》一文。考诸唐代文献，张行成的撰文，已湮没不存。李孝光以迄明人，不书"张行成"，而书"张文成"，实属笔误。查新旧两唐书，唐代无张文成其人。《旧唐书》卷78、《新唐书》卷104，均有《张行成传》，是为初唐人，官位累迁。在唐高祖李渊时代，曾"补殿中侍御史，纠劾不避权戚"；唐太宗时，"迁侍中，兼刑部尚书"；后又"拜尚书左仆射，太子少傅"。因此，从罗愿、方回到李孝光，所说的张行成，当是此人。罗愿、方回、李孝光，均认为方储取字"圣公"。尽管他们的行文当中，颇多舛误，互有纠正，但是，有一点可以肯定，就是东汉人方储，至少从初唐起，就是一位被神化了的人物。直到北宋徽宗政和年间，即方腊起义前四五年，清溪的方氏家族的后代，如方适、方奕等，均奉方储为祖。宋徽宗准其为之立庙，并御笔赐以"真应庙"之额。说明方储这个人在歙、淳一带民间，已经被偶像化，而且影响很大，人皆以"方圣公"呼之。

"歙之东乡"今何地？

方储究竟是哪里人？其说不一。陈公亮的《严州图经》载有方储三兄弟的祠庙，均在淳安。罗愿的《新安志》称"方储，字圣公，歙县人"。方回则谓："公名储，字圣公，祖纮，本河南人，汉大司马府长史，以王莽乱，避地江左，遂为丹阳郡人，家歙县之东乡。"又说："歙睦两邑之方氏，皆东汉贤良真应仙翁之后，墓在淳邑，庙则歙亦多有，而此邑本歙之东乡。""汉丹阳之歙之东乡，今为建德府淳安县。"李孝光记述得比较含糊，他说："方储，字圣公，歙人。"并说《元一统志》"载储于严州府人物中，注称歙人"。总之，这里有"歙县人""歙之东乡""今建德府淳安县人""歙人"之差。因此，弄清歙、淳一带的地理沿革，就成为十分必要的事情。

南宋初年编定的《严州图经》卷1《历代沿革》载谓：

严州新定郡遂安节度（治建德县），禹贡扬州之南境，春秋时属吴。……汉兴以隶吴郡及丹阳郡。东汉仍隶两郡，至建安十三年，孙武遣威武中郎将贺齐击定山越，始分丹阳郡之歙县，立始新（今淳安县）、新定（今遂安县）犁阳、休阳（吴孙休更名休阳曰海宁。……隋开皇十八年改为休宁）四县，合黟与歙，为县六，置新都郡，治始新。晋太康元年平吴，改郡曰新安，而县改新定，曰遂安。……隋开皇九年，平陈废郡，为新安县，并入婺州，而置歙州，以黟、歙、海宁三县隶焉（今为徽州）。仁寿三年，割杭州之桐庐，并复立遂安县，即新安故城。置睦州统县三（新安、遂安、桐庐）。大业初，改新安县曰雉山，而改睦州为遂安郡，以歙州为新安郡。唐武德四年，平汪华，复为睦州，隶歙州总管，而析桐庐为严州，睦州止领县二（雉山、遂安），七年废严州，复以桐庐来属，名东睦州。八年去东字，正（本字犯仁宗嫌名）观元年，分天下为十道，睦州隶江南道（开元二十一年，分江南为东、西道，睦州隶东道，采访使治于苏州）。永淳二年，复置建德县，合为县四。文明元年，复改雉山县日新安。……开元二十年，改新安县为还淳。天宝元年，改睦州为新定郡，乾元元年，复为睦州。……永正（本字犯仁宗嫌名）元年，改还淳日青溪。……太平兴国三年纳土始入版图，诏复以桐庐下属于口，分天下为十九路，睦州隶两浙西路，自唐以来，为睦州军。国朝建隆元年，太宗以亲王领防御使，大中祥符及治平间，又赏设团练官而仍为军事州。政和八年，诏升为建德军节度。宣和三年平方腊，改日遂安军，改州日严州，而县改青溪日淳安，中兴因之。

同书卷 3《淳安县·历代沿革》又称：

淳安县，本歙县东乡新定里之地。孙权既定山越，分歙县为始新县，隶新都郡，而县为郡治。晋平吴，改郡日新安，而县仍旧名。历宋齐梁陈不改。隋开皇九年，郡废，改县日新安，隶婺州。仁寿三年，置睦州，县复隶焉，仍为州治，大业初，改县日雉山，隶遂安郡，又为郡治。唐武德四年，郡复为睦州。文明元年，复改县日新安。神功元年，州治自县徙建德。开元二十年，改日还淳。永正（本字犯仁宗嫌名）元年，改日青溪，历唐末五代及钱氏汔国朝无所改易。宣和三年平方腊，诏改日淳安。唐志为上县，国史九域志为望县。

我们从上述材料可以看出，历史上歙、淳一带的地理沿革繁复，淳安县的归属与县名屡易。乃有始新、新安、雉山、还淳、清溪、淳安之别。南宋初年的陈公亮认为"淳安县，本歙县东乡新定里之地"。因此，方回考诸《新安志》及张行成所撰碑文，认为方储"家歙之东乡""汉丹阳之歙之东乡，今为建德府淳安县"，应当是可信的。因为方回本人系方氏之后代，居家歙县，1262 年以别院省元登第，调随州教授。历充江东提举及江淮都司幕府，皆得誉声。尝一再除国子正及太学博士、安吉州通判，皆遭论罢。1275 年贾似道鲁港丧师，方回独首上书，劾其罪有十可斩。后迁知建德府，有吏才，于用兵之际，颇能安定境内。元兵入，以城降，最为士大夫所不耻。改授建德路总管兼府尹，前后在任七年。1281 年归乡，不复仕，徜徉山水二十余年，讲学以终。卒年八十一。方回不仅宦海沉浮，是宋、元之际建德路地方官，而且是歙、睦一带知名的学者，他对这些地方的地理沿革及社会知识，应当是熟谙的。所以，他所写的《歙县柳亭真应仙翁庙记》，绝不可能是信口胡诌。他考诸以前的文献，认定方储字"圣公"，用"歙之东乡"——今淳安县人，当属可信。

前面我们曾经提到，唐人张行成所撰《方仙翁庙碑》，已在唐代文献中查不到一事。但从罗愿、方回到李孝光所写的方储传略或庙记中可以看出，他们都是见过这个庙碑全文的。明嘉靖《淳安县志》卷7《坛庙·真应庙》条下，曾有这样一段文字，其曰：

> 唐左台监察御史张文（按：系行之误）成撰文载：
>
> 神姓方，讳储，字圣明。祖，汉大司马府长史汝南尹纮。因官吴中，避地江左，遂家歙之东乡，故今为丹阳郡人。太守周歆举孝廉，汉帝试解棼丝，众莫能理，公拔剑斩断，天子壮之，举贤良方正，对策为天下第一，除郎中，补章句令，除大常卿，兼洛阳令，封黔侯，食邑三百户。汉和帝有事南郊，公以卜日有变，更择时，上不从。已而天清气敛、雾廓烟澄，郊还，责公欺罔，饮鸩而卒。又云：公预知休咎逆辨吉凶，有制追赠尚书令，赐东园秘器以葬。

在此段文字前后，还有大段文字。因此，这段文字，是否是张行成所撰庙碑的原文，不得而知。这里不仅连张行成的名字都抄错了，而且，将"句章令"，书成"章句令"。尽管如此，这里有两点不容忽视：

第一，他说方储"字圣明"，这一点与前引不合。笔者收藏的明写本《方氏宗谱》载有方雄三子：方俦，"雄公之长子，字圣德"；方储，"雄公之次子，字圣明"；方儇，"雄公之三子，字圣威"。方雄三子的行次，与《严州图经》合，这就是说，嘉靖《淳安县志》与明写本《方氏宗谱》的看法是一致的，认为方储字"圣明"。但嘉靖《淳安县志》中，在称方储字圣明之后，又多次称其为"公"，如"公以卜日有变"，"公预知休咎逆辨吉凶"云云。"公"者，祖也。《史记·外戚世家》有"封公昆弟"一说。《索隐》注曰："公亦祖也。谓同祖之昆弟也。"这样一来，问题就解决了。称方储字为"圣明"，那是从方储昆弟三人字号有别的角度而言的；称方储为"圣公"，则是由于方储的事迹被神化以后，方氏后裔均奉方储为祖，故简称方储字"圣公"。明抄本《方氏宗谱》卷首，有东汉章帝元和元年三月九日发布的"句章令方储转除洛阳令"的"圣谕"

一道；又有东汉和帝永元九年"御赐洛阳开国公储公受恩勅"的"勅"书一封，其文为："皇帝赐曰：仙翁故臣方储雒，谥号仙翁像讚：明物察幽御灾捍患天泽，下沛为民忧早摘伏除奸明。"此外，还有南宋孝宗淳熙元年八月七日"勅"赐"储公像讚"："云溪授受神仙术，多化施为役鬼神；不容奸党诛窦宪，黟侯血食永留名。"显而易见，从东汉到南宋，方储千真万确，是一个被神化了的人物，所以歙、淳一带，"民庙祀之，百世永叹"。明写本《方氏宗谱》的修撰人，自称是方储之弟方俨的后代，所谓"本枝讳俨，字圣威"是也。为了划清支派界限，称方储为"圣明"，而不书其为"圣公"，这也是好理解的。

第二，嘉靖《淳安县志》说方储"遂家歙之东乡，故今为丹阳郡人"。据《后汉书·地理志·郡国》云："丹阳郡，秦鄣郡，武帝更名，雒阳东二千一百六十里。"东汉因循西汉武帝的更名，仍叫丹阳郡。汉献帝建安十三年"始分丹阳郡之歙县，立始新（今淳安）、新定（今遂安）、犁阳、休阳"。因此，方储生活的时代，今淳安县，隶属于歙县之下。所以嘉靖《淳安县志》引唐人张行成的撰文时说，方储"遂家歙之东乡"。淳安的方位，在今歙县正东，谓淳安为"歙之东乡"，合情合理。明写本《方氏宗谱》载有《方仙翁事实》，其曰：

> 方储少孤，勤学有聪敏。通诸经图民识，尤善易，能阴事吉凶，稍得仙道，事母温清孝。汉章帝建初四年间，丹阳太守周歆，举孝廉，有茂才，对策第一，出为句章令。建初六年，迁阜陵。七年，迁阳翟令。丁母丧，负土成墓葬。三年所植松柏甚盛，有丹凤栖其上，白兔游其下，遣椽曹官王歆赞之曰：凡厥称孝，或降祯祥，鲜有鸾鸣，有高冈，敢是致之。惟新曰方来仪之应，岂徒圣王？元和三年，佐大匠卿，兼洛阳令，往来乘鹤。时人谓之："朝为洛阳客，暮作新安人。"和帝永元司空第五伦奏曰："大匠卿方储，秀异才、至孝、通神，在县称职，宜加爵赏。"遂拜常卿，封黟县侯。汉和帝尝出郊，储奏曰："今日有灾变。"和帝不信，一出遽曰：名有变异。诏责储曰：卿不尽忠，而出欺诈也。方储对曰：臣受先师圣术，推步萌兆，芮然实不虚言。陛下速还。交时未至，今日巳时，灾当应耳。臣性正直而得欺伪也？名古人耻获不忠之谤，宁杀身以成名，无贪生而毁行。臣卒之后，陛下当信臣言思为政也，即饮鸩而卒。少顷风雨大

至，天落石雹。帝亟储，储卒死矣。帝感痛，恨不与此人同生，拜二品三台之位，与朕共治天下。于朕恨焉。追赠尚书令、开国公，礼送棺柩归葬。初到钱塘，拟葬绍兴府延山，忽大风吹舟。从浙江上至建德路，又拟葬于东阳。大风复吹，上新安江，至清溪，风息遂葬，后为神。宋明帝太始元年，九州反。令勑遣钟景耀以大牢拜赠龙骧将军、洛阳郡开国公。政和六年十二月初一日，勑赐真应庙方仙翁庙额。政和七年二月□日，奉议高伯振状申尚书部施行。

该族谱在另一个地方，关于方储葬地的记载，与这里完全相同。尽管执笔者千方百计地予以神化，但方储最后葬在清溪，这是可以肯定的。所谓"落叶归根"是也。

总括以上考释，我们可以得出三点结论：（1）最早取号"圣公"者，乃是被歙、淳一带方氏奉为祖先的东汉人方储；（2）方储是被民间神化了的一个偶像，在方腊起义前，歙、睦一带，颇有影响，所在多有民庙祀之；（3）方储家"歙之东乡"，即北宋末年的浙西清溪。

"方十三"即方腊

如是，这些与方腊起义究竟有些什么关系呢？我们不妨从方腊的身世说起。

关于方腊身世，目前学术界分歧很大。有的学者根据《桂林方氏宗谱》《歙淳方氏柳山真应庙会宗统谱》等有关谱牒中所保留的记述，认为方腊出身为"佣人"即雇工。有的论者则认为"《桂林方氏宗谱》不可信"。还有人认为，持"佣人"说的论者是受"'四人帮'文化专制主义的束缚"，或者是受"当时盛行的'血统论'、'唯成分论'的影响和压力"，从而把一个"中小地主出身的方腊"，打扮成"雇农"。这些论者的根据，无非《青溪寇轨附容斋逸史》《独醒杂志》和《续宋编年资治通鉴》之类杂史或野史。说方腊"家有漆林之饶"、"家本中产"，"又为里胥"。但是，他们却往往忽略或者漠视一个极其重要的事实，即宋代官方文书及蔡絛史补多次称方腊为"方十三"，究竟意味着什么？

杨仲良的《皇朝通鉴长编纪事本末》卷128《花石纲》，在"宣和二年十一月戊戌朔，方腊僭号"条下，载有"蔡絛史补云"：

睦寇方十三，攻陷六州三十九县，童贯因命其属董耘作手诏，称为御笔，四散牓文，几若罪己。然且曰自今花石，更不取，人情大悦。方寇亦用是无辞，后遂擒破，三年之秋，贯平方腊而归云云。

同书卷 141《讨方贼》，在宣和三年正月"丁巳"条下又载：

御笔处分已立赏状，捕凶贼方十三及一行徒党，尚虑赏轻，诸色人未肯用命掩杀，增立下项：一生擒或杀获为首方十三，白身特补横行防御使，银、绢各一万匹两，钱一万贯，金五百两。次用事人，每名曰身特补武翼大夫，银、绢五千匹两，钱五千贯，金三百两。有名目头首，每名白身特补敦武郎，银、绢各一千匹两，钱三千贯，金一百两。已上愿补文官者听。……一系贼中徒伴，购杀前项人，将首级或能生擒赴官，并特与免罪，一切不问，亦赏格推恩支赐。

《宋会要辑稿》刑法 6 之 23—24，保留了宋徽宗宣和三年五月十五日的诏书一道。其曰：

宣和三年五月十五日，通判睦州叶居中特贷命免真次刺配，长流琼州，令所在州军枷项，差大使臣一员、禁军二十人、将校二人，管押前去，逐州交替。坐部领下巡尉弓兵同杭、越将兵二千五百余人，收捕凶贼方十三等，致损折军兵人数甚多，仍被贼徒入城放火。居中自陈，有母亲陈氏年老，见病，别无依倚，又自缘撷损腰脚，见求医将理待罪，乞赐宽宥，故有是诏。

毫无疑问，上引史料中所说的"方十三"就是方腊。其史料价值远为《容斋逸史》《独醒杂志》等杂史所不能比拟。这是自不待言的问题。既称方腊为"方十三"，这就表明，方腊的家世，不可能是什么"中小地主"，或者"家有漆林之饶"，"又为里胥"。我们知道，宋代的平民百姓，没有上过学，没得功名，是既没有学名，也没有官名的，更谈不上取字号。清人俞樾在《春在堂随笔》中曾引宋洪迈《夷坚志》所载宋时杂事，认为"疑宋时里巷细民，固无名也"。宋时里巷细民，多以排行数字取名。尤其在今天的安徽、浙江、江西、山西、湖北等地为盛。例如，兴国军民熊二，鄱阳城民刘十二，南城田夫周三，鄱阳小民隗六，符离人从四，楚州山阳县渔者尹二，解州安邑池西乡民梁小二，临川人董小七，徽州婺源民张四，黄州市民李十六、仆崔三，鄱阳乡民郑小五，金华孝顺镇农民陈二，等等①。方腊原叫"方十三"，显然是以排行数字取名的。至于"方十三"的行次，是按一个父亲生的子女次序排列，还是按祖父所生孙儿女的次序排列，抑或是按同族同辈兄弟年龄的大小顺序排列，目前尚无确切材料判定，只好暂存阙疑。但是，"方十三"这个名字本身表明，方腊的出身，肯定是比较微贱的，属于"里巷细民"之列，这应当没有问题。因为宋代的老百姓还有一种以财富多寡的数字取名的。像《清明集》户婚门就载有很多，如沈亿六秀、徐宗五秀、金百二秀、黎九六秀之类。方十三当不属于这一类。另外，南宋人张端义在《贵耳集》中还提供这样一种说法，即：

　　方腊旧名朕，此童贯改曰腊，后亦不知所终，就擒者非腊也。

　　张端义的说法，笔者一贯认为，他主要表达了方腊起义故乡的人民对自己领袖的怀念。所谓"就擒者非腊也"，并不一定是事实。但是，他所说的"方腊旧名朕，此童贯改曰腊"，起码可以说明，方腊在起义前的名字究竟叫什么，是有商量余地的。前引宋徽宗有两道诏书三处称方腊为"方十三"，蔡絛的史补也有一处称其为"方十三"，这就不是孤证了，而应视作信史。这样，《桂林方氏宗谱》卷7所载元人徐直之写的《忠义彦通方公传》说："有佣人方腊者，其初歙人，来隶公家"，及该谱卷6所载刘彭寿写的《宋故承信郎彦通公墓亭记》中说："有歙人名腊者，来佣于家"，就是事出有因，而不是什么"是胡诌的东西"了。还有一件事值得一提，就是元末明初成书的《水浒传》第九十回说方腊"原是歙州山中樵夫"。这当然是小说家言。但是，这里边有没有个历史的真实与艺术的真实统一的问题呢？它们与宋代官方文书中称方腊为"方十三"，难道没有一点内在的联系吗？

　　杨仲良的《皇朝通鉴长编纪事本末》卷141《讨方贼》中说：

---

　　①　参见吴晗《灯下集·宋元以来老百姓的称呼》。

宣和二年十月丁酉，睦州青溪县有洞曰帮源，广深约四十余里，群不逞往往囊橐其间。方腊者，因以妖术诱之，凶党稍集。是月丙子，杀里正方有常，纵火大掠，还处帮源。遣其党四出侵扰，鼓扇星云神怪之说，以眩惑众听，从之者几万人。

对于这条史料，很少有人表示过疑义，大都认为是信史。那么，在起义前，方腊至少被认为是"不逞"之徒中的一个；起义则以"杀里正方有常"开始，又"纵火大掠，还处帮源"。《宋史》卷447《李邈传》谓"方腊小丑一呼，屠七州四十余县"云云，均向我们表明，起义前的方腊，在宋代统治阶级及其代言人的眼里，属于"群不逞之徒"，属于"小丑"之列。这与《山郭里方氏宗谱一》称方腊为"方赖"可以互为补证。一般认为，腊、赖同声，而在当地的方言中，声、韵一样，所以误书方腊为"方赖"。还有的同志援引当地民间传说，认为方腊因小时候害过"癞痢"，所以称为"方赖"。当然，这些都不失其为一种解释。但是，这个"赖"字，似不应看作粗通文墨者的误笔。他明明是以鞭笞的笔法，诬方腊为"无赖"。"无赖"者，旧谓贫穷而强横妄为者也。方氏家族的后裔这样称呼他，绝不可能是无缘无故的。

值得特别重视的是，方腊起义后，不仅"逢庙即烧"，而且将方氏族谱付诸丙丁。《桂林方氏宗谱》卷1所载嘉靖甲寅版的"序"文称："宣和庚子，腊寇猖厥……谱皆煨烬"。用山西毛头纸书写的明写本《方氏族谱》在《迁来太祖坟墓地名于后》条下，又载有方腊掘方有常的祖坟"一十三穴"，将"骨殖"挖起，投入"粪池中浸一日一夜"，然后"用粪杓泼于地上，用白灰火将骨殖尽数炼化"，盛之于竹筒，拿到山上撒去，骨灰"风散无踪"。这就表明，方腊对于方氏家族的无限痛恨。其之所以如此，恐怕只能作一种解释，那就是方腊由于出身微贱，加上善以"妖术"聚众，在他起义前被方姓家族开除出籍。因而，方腊起义才从"杀里正方有常"开始，用《桂林方氏宗谱》所录元人徐直之的话来说，叫作"首屠公（指方有常）家而起"。

这样一来，问题就再明白不过了：方腊起义后"自号圣公"，这是对方氏家族将他除籍的一种反抗行动。由于"歙、睦两郡之方氏，皆东汉贤良真应仙翁之后"，所以，方腊自称"圣公"，实际上是向方氏家族宣布：你们不是把我除籍吗？那么好吧，只有我方腊才是方氏的正宗，是东汉方仙翁储的后代。于是索性取这个被神化了的方氏祖先的"字"为自己的"号"，寓意方仙翁——"圣公"再世。这是可以理解的。

唯其如此，所以，方腊起义失败后，到了南宋初年（建炎、绍兴年间）开始重修的各种版本的方氏族谱，均不载方腊世系。又因为方腊自号"圣公"，而最早的方圣公——方储，系"歙人"，家居"歙之东乡"，今浙江淳安，所以后人就由方腊自称"圣公"而引申出他是"歙人"的结论。如元人徐直之的《忠义彦通方公传》称："有佣人方腊者，其初歙人，来隶公家。"刘彭寿写的《宋故承信郎彦通公墓亭记》也说："有歙人名腊者，来佣于家。"这里的所谓"歙人"，似不应解释为"歙县"人，而应当是"歙之东乡新定里之地"，即方腊起义时的浙西青溪。方腊是青溪人。

原载《中国农民战争史论丛》第 3 辑，河南人民出版社 1981 年 4 月版

第 2 辑

忽必烈研究

忽必烈的"治国安民之道"简论

　　13世纪顷，蒙古族崛起漠北，成吉思汗统一蒙古诸部，建立了奴隶制的大蒙古国。但进入漠南汉地之后，正如郝经所说，成吉思汗没有及时"正纪纲、立法度，改元建号……使天下一新"，既不能"比隆前代"，又无"汉唐之举"，结果造成"法度废则纲纪亡，官制废则政事亡，都邑废则宫室亡，学校废则人才亡，廉耻废则风俗亡，纪律废则军政亡，守令废则民政亡，财赋废则国用亡，天下之器虽存，而其实则无有"的局面①。直到13世纪50年代蒙哥汗统治时期，情况仍无多大改变。蒙哥甚至"自谓遵祖宗之法，不蹈袭他国所为"②。落后的奴隶制统治方式，与先进的汉地农业生产力发生了尖锐的矛盾，社会动荡不已，人民群众无法按正常的生活方式活下去。正是在这种情况下，政治敏感而又有宏大抱负的王子忽必烈，便向他的幕僚中的一批汉族地主阶级知识分子提出了"天下当何以治之"的问题。于是在13世纪四五十年代，大蒙古国如何进行"经国安民""治国安民"就成了忽必烈与幕僚们热烈讨论的一个中心议题。

　　忽必烈生于1215年（元太祖八年），幼年时代与耶律楚材父子很接近。他的母亲庄圣太后，是汉化比较深的人，经常让汉族地主阶级知识分子到和林去，对忽必烈影响较大。史称："上（指忽必烈）之在潜邸也，好访问前代帝王事迹，闻唐文皇为秦王时，广延四方文学之士讲论治道，终至太平，喜而慕焉。"③ 1241年元太宗窝阔台死后，翌年皇后乃马真称制，1244年夏五月，耶律楚材又死了。这时，29岁的忽必烈，便以唐太宗为楷模，密切注视着政治形势的变化，积极创造条件，准备参与政治活

---

① 《陵川文集》卷32《立政议》。
② 《元史》卷3《宪宗纪》。
③ 《元朝名臣事略》卷12之1。

动。《元史·世祖纪一》中说："帝在潜邸，思大有为于天下，延藩府旧臣及四方文学之士，问以治道。"就在这一年，忽必烈派遣赵璧、许国桢首先跑到保州去聘请王鹗，"朝夕接见，问对非一"。王鹗将"修身、齐家、治国、平天下之道"统统讲给忽必烈听。忽必烈说："我今虽未能即行，安知它日不能行之耶？"表明忽必烈十分留心搜罗人才，积累统治经验。1247年，忽必烈又召张德辉北上，讨论儒教在汉族封建统治中的地位与作用，怎样治理中原地区，以及军政方面用何人得当等问题。张德辉这次在忽必烈的"潜邸"逗留了一年多的时间，可以说是张德辉向忽必烈传授统治经验的重要一课。由于忽必烈礼贤下士，接受张德辉的推荐，延纳了魏璠、元裕、李冶等二十余个汉族地主阶级知识分子作为顾问。张德辉告辞前，又向忽必烈举荐了白文举、郑显之、赵元德、李进之、高鸣、李槃、李涛数人。这些人又辗转推荐，以至在忽必烈周围，迅速集中了一大批有丰富统治经验的地主阶级知识分子为其出谋划策。例如，1250年，魏璠被"征至和林，访以当世之务"。魏璠"条陈便宜三十余事，举名士六十余人以对"，忽必烈"嘉纳，后多采用焉"①。李谦在描述当时的延揽人才盛况时说：忽必烈"始居潜邸，召集天下英俊，访问治道，一时贤士大夫，云合辐凑，争进所闻"②。因此，可以说：忽必烈此间与汉族地主阶级知识分子的接触，是他在政治上逐渐成熟的时期，大体上确立了他以后"治国安民"的基本方略。其主要内容为：

第一，立法度，正纲纪。李冶在回答"天下当如何而治"的问题时说："盖有法度则治，控名责实则治，进君子退小人则治"；"无法度则乱，有名无实则乱，进小人退君子则乱"。因此，"为治之道，不过立法度、正纲纪而已"。由于李冶的话击中了时弊，因而很受忽必烈的赏识，均被采纳。③刘秉忠强调只有"纪纲正于上，法度行于下"，天下才能"不劳而治"④。姚枢的进言更为具体。他说：首先，要"立省部"，使"庶政出一"，"纲举纪张，令不行于朝而变于夕"；其次，要"定法律，审刑狱"，"收生杀之权于朝"，使"诸侯不得而专"，这样才能做到"丘山之罪不致苟免，毫发之过免罹极法，而冤抑有伸"；最后，"设监司、

---

①　《元史》卷164《魏璠传》。
②　《元文类》卷57。
③　《元朝名臣事略》卷13之2。
④　《元史》卷157《刘秉忠传》。

明黜陟",使"善良奸宄可得举刺","田里不知行营往复之扰攘"。如是,才能"救时之弊"。忽必烈"奇其才,由是动必见询"。①

第二,广开言路。刘秉忠在写给忽必烈的书面建议中说:"君子不以言废人,不以人废言,大开言路,所以成天下、安兆民也。"他曾运用形象的比喻,对大开言路的重要性作了进一步的阐述:"天地之大,日月之明,而或有所蔽。且蔽天之明者,云雾也;蔽人君之明者,私欲佞说也。常人有之,蔽一心也;人君有之,蔽天下也。常选左右谏臣,使讽谕于未形,恃画于至密也。"忽必烈对此十分重视,"嘉纳焉"②,并在其后几十年的政治生涯中,身体力行。所以,当代人每每将其虚心纳谏,比之于唐太宗,说他"有汉唐英主之风",看来并非完全出于奉承。

第三,行仁政,不嗜杀。针对蒙古贵族集团在攻城略地的战争过程中,常常实行野蛮的屠城政策,相当一批应召入对的汉族地主阶级知识分子向忽必烈进谏"以马上取天下,不可以马上治"的道理,要忽必烈行仁政,不嗜杀。例如1251年,忽必烈奉蒙哥之命,率师攻大理。翌年夏,至曲先脑儿之地,夜宴,姚枢向忽必烈陈述了宋太祖遣曹彬取南唐,不杀一人,市不易肆的故事。第二天,忽必烈据鞍呼曰:"汝昨夕言曹彬不杀者,吾能之,吾能为之!"1253年,师及大理城,忽必烈"饬公(姚枢)尽裂囊帛为帜,书止杀之令,分号街陌。由是其民父子完保,军士无一人敢取一钱直者"。③ 1259年,忽必烈率师攻宋,曾召宋子贞至濮,"问以方略"。宋子贞对曰:"本朝威武有余,仁德未洽。所以拒命者,特畏死尔,若投降者不杀,胁从者勿治,则宋之郡邑可传檄而定也。"忽必烈"善其言"。④ 张文谦与刘秉忠则言:"王者之师,有征无战,当一视同仁,不可嗜杀。"忽必烈说:"期与卿等守此言。"既入宋境,"分命诸将毋妄杀,毋焚人室庐,所获生口悉纵之"。⑤ 由野蛮的"屠城",转变为讲仁政,不嗜杀,这对于蒙古统治者来说,是一个重大的转变。后来忽必烈在灭南宋的整个过程中,曾三令五申,"降不杀人之诏",减少了对宋境广大人民群众的屠戮。

---

① 《元文类》卷60。
② 《元史》卷157《刘秉忠传》。
③ 《元文类》卷60。
④ 《元史》卷159《宋子贞传》。
⑤ 《元史》卷157《张文谦传》。

　　第四，"政贵得人，不贵多官"。这是针对"官制废则政事亡"和"守令废则民政亡"两个弊端而言的。用现代的话来说，叫作精简机构，精兵简政。当时不少富有统治经验的汉族地主阶级和知识分子，从不同角度向忽必烈提出这个问题。忽必烈问李冶："今之臣有如魏征者乎？"答曰："今以侧媚成风，欲求魏征之贤，实难其人。"接着，李冶又阐述了"辨奸邪、去女谒、屏谗慝"的重要性，忽必烈"嘉纳之"。刘秉忠向忽必烈指出："明君用人，如大匠用材，随其巨细长短，以施规矩绳墨。""尽其才而用之，成功之道也。"又说："相以领百官，化万民"，"将以统三军，安四域"，要慎重选择。"亲民莫近于县宰"，"县宰正，民自安矣"。最后他得出结论说：在机构设置和用人问题上，"不在员多，惟在得人焉耳"，赢得了忽必烈的赞许。① 中统年间，马亨上书指出："任相惟贤，官不必备，今宰相至十七员，宜加裁汰"；"左右郎署毗赞大政，今用豪贵子弟，岂能赞襄"；"建元以来，便民条画已多，有司往往视为文具，宜令宪司纠举，务在必行"。忽必烈至为赞赏，立即召见马亨，并问："卿比安在，胡不早言？"② 忽必烈接受了幕僚们的建议，于至元年下令"减并路府州县官员"。后来，"中书、枢密事多壅滞，言者请置督事官各二人"，高鸣提出反对，他说："官得人，自无滞政，臣职在奉宪，愿举察之，毋为员外置人也。"这个"毋为员外置人"很重要，至少是对日益膨胀的封建官僚机构，是一种限制性的尝试，得到了忽必烈的采纳。至元七年，议立三省，高鸣上书表示疑义。他说："政贵得人，不贵多官，不如一省便。"忽必烈"深然之，议遂罢"。③

　　第五，罢世侯、行迁转，击豪强、黜赃吏，整顿和改革吏制。我们知道，大蒙古国的统治者推行"裂土分民"的分封世袭制，并将这一制度推广到中原地区。结果"自一社一民，各有所主，不相统属"④。"诸侯王与十功臣，既有土地人民，凡事干其城者，各遣断事官自司。"⑤ 他们不仅"擅自征敛"，而且"私置牢狱"。更有甚者，掠良为奴。到忽必烈上

------

① 《元史》卷157《刘秉忠传》。

② 《元史》卷163《马亨传》。

③ 《元史》卷160《高鸣传》。

④ 《元文类》卷57。

⑤ 《元文类》卷59。

台时，"诸色占役，五十余万户"①。因此，刘秉忠向忽必烈指出：应当"（严）禁私置牢狱"；又说："今百官自行威福，进退生杀惟意之从，宜从禁治。"宋子贞也指出："今州县官相传以世，非法赋敛，民穷无告，宜迁转以革其弊。"姚枢要忽必烈"罢世侯，置牧守"，"选人以居职，颁俸以养廉，去污滥以清政"。忽必烈对此也比较清醒，他在后来一次与臣僚的谈话中也承认："今任职者多非材，政事废弛，譬之大厦将倾，非良工不能扶。"② 忽必烈即位后，重用史天泽，"置之相府，授以政柄"，"内立省部，以杜政出多门，斜封墨敕之权。外设六道宣抚司，以削郡县官吏世袭专擅之弊"。"禁贿赂请托，使官吏一心奉公，而不敢为徇情枉法之私。"史谓："纪纲法度，粲然一新。"③ 这虽然不免有溢美之词，但它却反映了忽必烈对整饬吏制是十分重视的。忽必烈在其幕僚们督催之下，于至元二年"始罢州县官世袭"，实行"迁转之制"，并且任命了一批有远见的官吏，如张德辉为河东南北路宣抚使，"击豪强，黜赃吏，均赋役"。此外，还对那些把人民"强抑为奴"的诸侯、将帅、势家，采取了相应的措施，释放了被他们掠去的大批奴隶。由此可见，忽必烈与幕僚们的议论"治道"，是议而决、决而行的。

第六，"劝农桑以富民"。早在 1247 年，忽必烈召见张德辉时就曾提出"农家作劳，何衣食之不赡"的问题。张德辉答道："农桑，天下之本，衣食之所从出。男耕女织，终岁勤苦，择其精美者输之官，余麤恶者将以仰事俯育。而新民之吏复横敛以尽之，民则鲜有不冻馁者矣。"④ 刘秉忠在写给忽必烈的书面报告中也说："宜差劝农官一员，率天下百姓务农桑，营产业，实国之大益。"姚枢也以"重农桑、宽赋税、省徭役"规劝忽必烈。1252 年忽必烈奉蒙哥之命，主管漠南汉地，有机会接触到中原地区的社会实际，进一步了解到由于农桑遭到战争及诸侯长吏的破坏，而造成"汉地不治"的严重结局，认识到劝课农桑对于安定民生的重要意义。因此，1254 年 6 月，忽必烈出王秦中，便以姚枢为劝农使，"教民畊植"，1260 年忽必烈即位之初，便"命各路宣抚司择晓农事者，充随处

---

① 《元文类》卷 58。
② 《元史》卷 163《张雄飞》。
③ 《元文类》卷 58。
④ 《元朝名臣事略》卷 10 之 4。

劝农官"。第二年,"立劝农司,以陈邃、崔斌等八人为使"①,并且规定:
"今后有能安集百姓、招诱逃户、比之上年增添户口、差发办集、各道宣
抚司关部申省,别加迁赏;如不能安集百姓,招诱逃户,比之上年户口减
损,差发不办,定加罪黜"②。1264 年,又提出用"户口增、田野辟、词
讼简、盗贼息、赋役平"作为考核官吏的标准。"五事备者为上选,内三
事成者为中选,五事俱不举者黜"③。1270 年,又"申严畜牧损坏禾稼桑
果之禁";"立司农司";"申明劝课农桑赏罚之法"。后来,又改"司农
司"为"大司农司"。忽必烈说:"司农非细事,朕深谕此。"④ 同年,还
颁"农桑之制一十四条"。封建史家对此评价极高,谓为"其用心周悉若
此,亦仁矣哉"。不久司农司又编定《农桑辑要》一书,颁行于世,用以
指导农业生产。忽必烈由于接受了幕僚们"劝农桑以富民"的建议,采
取了一系列可行的措施,对于促进元初社会经济的恢复与发展起到了一定
的作用。

必须指出,忽必烈与幕僚讨论"治国安民之道"的内容和范围远不
止于此。但就以上所举有限的几条来看,忽必烈比他的前任(成吉思汗、
窝阔台、贵由、蒙哥)都要高明得多。聚集在他周围的一批汉族地主阶
级知识分子,帮助他制定了一整套符合中原地区社会实际的治国办法,迅
速摆脱了奴隶制的束缚,使中原地区高度发展的封建文明,得以保存和继
续下来。正如恩格斯所指出的那样:"在长时期的征服中,比较野蛮的征
服者,在绝大多数情况下,都不得不适应征服后存在的比较高的'经济
情况';他们为被征服者所同化,而且大部分甚至还不得不采用被征服者
的语言。"⑤ 这是一条客观的历史规律。

原载《光明日报·史学》第 184 期,1980 年 7 月 15 日;

《新华月报》1980 年第 10 期转载

---

① 《元史》卷 93《食货一·农桑》。
② 《元典章》卷 19《荒闲田地给还招收逃户》。
③ 《元典章》卷 2《圣政一·饬官吏》。
④ 《元史》卷 7《世祖纪》。
⑤ 《马克思恩格斯选集》第 3 卷,第 222 页。

忽必烈为什么能战胜阿里不哥

　　1259 年七月，大蒙古国的第四代大汗蒙哥，在进攻南宋的合州（今四川合川）时战死。翌年三四月，忽必烈与幼弟阿里不哥分别在开平、和林先后自立为大汗。其后，双方展开了长达四年之久的大内战。阿里不哥终于在 1264 年战败，投降了忽必烈。关于忽必烈为什么能够战胜阿里不哥以及这一历史事件的性质问题，前几年有一种说法颇为流行，即认为忽必烈"坚持统一，反对分裂"，所以取胜；忽必烈与阿里不哥的斗争，是所谓"统一"与"分裂"之争①。笔者认为，这是不符合历史事实的。鉴于史学界迄今尚无专文论及，愿略抒管见，请方家先进批评指正。

　　大汗，是大蒙古国的最高首领，有权统领全国的军队。同时，他还拥有对被征服地区的支配权力。正如 19 世纪英国的自由主义思想家约翰·阿克顿爵士的一句名言所说："权力必致腐败，绝对的权力绝对的腐败。"在阶级社会中，权力角逐，始终是统治集团内部的一项主要斗争内容。大汗的权力，在大蒙古国时代是无以匹俦的。因此，自成吉思汗死后，汗位就一直成为大蒙古国军事奴隶主贵族集团内部各派力量之间争夺的一个对象。

　　早在成吉思汗的晚年，争夺汗位的斗争就已经萌芽了，出现了察哈台与术赤争夺汗位继承权的苗头。由于他们的争执，窝阔台被确定为汗位继承人。成吉思汗死后，拖雷监国。后来窝阔台做了大汗。但是，依照蒙古的幼子守土的习惯法，第四子拖雷继承了蒙古本土和成吉思汗的绝大部分军队。那些主张由拖雷继承汗位的蒙古军事奴隶主贵族对窝阔台继承汗位大为不满，由此而展开了激烈的斗争。窝阔台生前曾指定其孙失烈门为汗位继承人。但是，等到窝阔台死后，皇后脱列哥那临朝称制，她却主张自

---

① 　见《武汉大学学报》1974 年第 4 期及《北京大学学报》1974 年第 6 期的有关文章。

己的儿子贵由继承汗位，并施展了阴谋手段，召开"忽里勒台"（大会），结果贵由登上了汗位的宝座。贵由死后，围绕汗位的继承问题，窝阔台系的失烈门与拖雷系的蒙哥之间的争夺十分激烈。由于蒙哥掌握了绝大部分蒙古军队，又得到术赤系的拔都等的全力支持，经过一番激烈的斗争，战胜了窝阔台系的失烈门，夺得了大汗的继承权，并厉行镇压。汗位从窝阔台系转移到拖雷系，孕育了大蒙古国军事奴隶主贵族集团内部的不和，加深了他们之间的裂痕。

忽必烈正是在这样的时代条件与社会环境中成长并登上政治舞台的。在蒙哥与失烈门争夺汗位的斗争中，他亲自参与其间，支持蒙哥，在政治上得到了锻炼。1251 年，蒙哥上台后，又派遣忽必烈统治漠南汉地，使他从汉族地主阶级知识分子那里学习到的统治方法有得到实践的机会。[①] 他大胆刷新政治，真正任用了一批有经验的汉族地主阶级知识分子。在邢州、关中、怀孟，推行"汉法"，治理得井井有条，深得中原汉地的民心。于是，以忽必烈为代表的一部分蒙古贵族与汉族地主阶级相联合，在中原封建经济基础上，形成一个新的强大的蒙汉封建势力集团，奠定了忽必烈在蒙哥汗死后与阿里不哥争夺汗位的斗争中取胜的基础。忽必烈之所以能够战胜阿里不哥，就在于他在政治上、军事上、经济上得到了汉族地主阶级的支持。

经济是基础。忽必烈的胜利，首先是因为他是以中原高度发展的封建经济为基础，是以中原汉地为根据地的。1256 年三月，忽必烈命刘秉忠在桓州东、滦水北，建立新的政治中心——开平。忽必烈肩负着灭南宋的主要任务，势力达到长江、淮河流域。他在这里整顿经济、筑仓储粮，令军队在江北屯田，派人劝农，大力恢复农业生产，从而加强了他的经济实力。这样，当他同阿里不哥作战时，就有足够的粮饷和战略物资源源不断地运往开平。1260 年五月"命诸路市马万匹送开平府"。六月"诏燕京、西京、北京三路宣抚司运米十万石，输开平府及抚州、沙井、净州、鱼儿泺，以备军储"。接着，又"诏十路宣抚司造战袄、裘、帽，各以万计，输开平"。秋七月，又"敕燕京、北京、西京、真定、平阳、大名、东平、益都等路宣抚司，造羊裘、皮帽、裤、靴，皆以万计，输开平"。冬

---

① 参见拙作《忽必烈的"治国安民之道"简论》，《光明日报》1980 年 7 月 15 日及《新华月报》（文摘版）1980 年第 10 期。

十月，又"雇在京橐驼，运米万石，输行在所"。① 1261 年九月，又"敕燕京、顺天等路续制人甲五千、马甲及铁装具各二千"②，运往开平。使忽必烈的前线，有充分的军需物资，保证了战争的顺利进行。这是忽必烈能够战胜阿里不哥的物质基础。

在政治上，忽必烈豁达大度，"虽在潜邸，久符人望，而又以亲则尊，以德则厚，以功则大，以理则顺，爱养中国，宽仁爱人，乐贤下士，甚得夷夏之心，有汉唐英主之风"，"聘起诸儒，更定制度"③。在漠南汉地"遵用汉法"，启用了像刘秉忠、杨惟中、商挺、姚枢、张文谦、刘肃、李简、赵璧、王鹗、李冶、李昶、王磐、徐世隆、高鸣、李德辉、张础、马亨、张德辉、廉希宪、许衡、张雄飞、雷膺、袁裕、许国桢、陈思济④等一批有才干的封建地主阶级政治家或知识分子，进行管理，政治上出现了安定的局面。当蒙哥汗的死讯传来，忽必烈便立即采纳郝经的建议：一方面派军队去迎蒙哥的灵车，接受大汗的宝玺；一方面又与南宋贾似道签订议和密约，然后才从鄂州率师北上。这就使忽必烈与阿里不哥开战后，有了一个比较可靠的大后方，从而免除后顾之忧。忽必烈重用汉人，就与汉地的封建地主阶级结成比较巩固的联盟。越是与汉地的封建地主阶级结成联盟，就越要以农业为主体的中原汉地为后盾；越是依靠中原汉地，就越是要采用"汉法"进行经营。这是历史的辩证法。

在军事方面，忽必烈"地广众盛，将猛兵强"，"一时豪杰，云从景附，全制本国，奄有中夏。挟辅辽右、白霫、乐浪、玄菟、秽貊、朝鲜；面左燕、云、常、代，控引西夏、秦陇、吐蕃；云南，则玉烛、金瓯未为玷缺。藩墙不穴，根本固强，倍于金源，五倍于契丹。纵彼小有侵轶，则塔察国一王旅，虽以平荡。……矧于中国诸侯，如史、如李、如严、如张、如刘、如汪等，大者五六万，小者不下二三万，虓将劲卒，茌习兵革，骑射驰突，视蒙古、回鹘尤为猛鸷"⑤。由于忽必烈承担了进攻南宋的主要责任，因此，他的麾下，集中了最大量、最精锐的蒙古军队。同时，他又控制了一批汉地军阀，如史天泽、汪良臣等人。这些军阀所拥有

① 《元史》卷 4《世祖纪》。
② 同上。
③ 郝经：《复与宋国丞相论本朝兵乱书》，《郝文忠公陵川文集》卷 38。
④ 以上诸人的事迹，分别见《元史》本传及《元史》有关传记。
⑤ 郝经：《复与宋国丞相论本朝兵乱书》，《郝文忠公陵川文集》卷 38。

的兵力，数量多、实力强，有所谓"甲仗精锐，所向无敌"之誉。他们都参与了忽必烈对阿里不哥的作战。这就造成了在军事力量的对比上，忽必烈占了绝对的优势。

所有这些条件，都是阿里不哥所不具备的。阿里不哥当时留居在漠北的蒙古旧部，"以众则寡、以地则偏，兵食不足，素无人望"。"夫开平至和林四千里，彼所拒之地，又去和林西北三千余里，在金铁山下，其极北则骨利干等，西南则火石林牙诸回鹘也。乃汉西突厥北，偏地穷荒，徽阴寒，少水草，薄土瘠，大抵皆沙石也。其所从之人，惟是西域近左大小部族为所胁制者。"① 哈剌和林，又是消费城市，物资来源完全抑给于中原地区。史称："哈剌和林之食粮、饲料，皆自汉地转运而至。忽必烈合罕乃下令禁绝粮道，其地遂困于饥馑。"② 而且，阿里不哥内部，不相统一。自从1264年三月阿里不哥肆戮阿鲁忽无辜之兵民后，"大启衅乱，其诸将皆寒心，托词叛去。咸言曰：'蒙古士卒，成吉思汗所集，奈何如此纵加杀戮，吾曹何以顾惜而不谋去乎？'"1264年阴历三、四月间，"阿力麻里大饥，士卒以小麦代大麦饲马，人民食刍秣，死者甚众，阿力麻里之长老亦多饥饿以死。人民无计，群祷于天，言兵士残暴横行，求上苍护祐。一日阿里不哥方纵游宴，狂风忽起，其朝会大帐之钉千数尽拔，帐柱亦折，与会者皆伤。其国相及诸大臣见此不祥之兆，皆知灾祸将降于阿里不哥，乃决弃背之，相率引去。阿里不哥与阿速带二人，独以残余之士卒留，其窘迫之情状可知。居此饥馑困顿之中，苟且偷生"。③ 因此，尽管阿里不哥在初期的行动部署居于主动而优于忽必烈，但从根本条件上看，却劣于忽必烈。这样，当忽必烈采取断然的军事行动之后，阿里不哥就招架不住了。"阿里不哥将士离叛，诸王亦纷弃之无以为计，乃于穷蹙窘迫之中，归命合罕（即忽必烈），时鼠儿年（1264）即回历六六二年也。"④

忽必烈与阿里不哥的战争，表面上看，是蒙古统治集团内部争夺大汗继承权的斗争。但是，忽必烈战胜阿里不哥以后，虽然攘获了大汗的名义，然而，对于大蒙古国来说，忽必烈的这个大汗，却今非昔比，不能和

---

① 郝经：《复与宋国丞相论本朝兵乱书》，《郝文忠公陵川文集》卷38。
② 拉施德丁：《史集·忽必烈合罕本纪》，本段引文用邵循正译文，见《清华学报》第14卷第1期。
③ 同上。
④ 同上。

成吉思汗、窝阔台汗、贵由汗、蒙哥汗同日而语，只不过是徒具虚名罢了。从此，西方的四个汗国，逐步地方化，大汗对于他们已经失去了支配和控制的权力。易言之，大汗已不再是绝对的霸主，大蒙古国实际上已经解体了。从这个意义上说，用"统一"与"分裂"之争来概括忽必烈与阿里不哥之间的斗争性质，显然是没有根据的。

忽必烈与阿里不哥的战争，实质上是漠南新生的蒙古封建势力联合汉族地主阶级，与漠北落后的蒙古奴隶主军事贵族集团之间的一场大搏斗。斗争的结果，是忽必烈所代表的蒙汉封建地主阶级大获全胜，从而巩固了刚刚建立的元王朝。但是，这时的元王朝，也还是仅仅据地北中国的半壁河山。由于蒙、宋战争尚未结束，因此，就整个中国而言，忽必烈也谈不上统一的问题。从这个意义上讲，用"统一"与"分裂"之争，来概括忽必烈与阿里不哥之间的斗争性质，也是说不通的。

原载《史学月刊》1981 年第 4 期

关于忽必烈"附会汉法"的历史考察

　　1857 年，马克思在《〈政治经济学批判〉导言》中曾经指出："所有的征服有三种可能。征服民族把自己的生产方式强加于被征服的民族（例如，本世纪英国人在爱尔兰所做的，部分地在印度所做的）；或者是征服民族让旧生产力方式维持下去，自己满足于征收贡赋（如土耳其人和罗马人）；或者是发生一种相互作用，产生一种新的、综合的生产方式（日尔曼人的征服中一部分就是这样）。"①

　　其实，世界各国的历史是千差万别的。除了马克思所讲的这三种类型之外，在中国历史上，还出现过另外一种类型：这就是征服民族尽可能地保留自己的生产方式和统治方式，有条件地吸收被征服民族的生产方式和统治方式，从而形成一种两者相混合的结构。虽然，征服民族无法迫使广大被征服地区脱离原来的轨道前进，但是它却在原来比较先进的生产方式和统治方式中，掺进许多落后的内容，从而延缓了历史车轮的进程。忽必烈建立之元朝，即其一例。这种类型，与马克思所讲的日尔曼人征服罗马后，"发生一种相互作用，产生一种新的、综合的生产方式"大相径庭。日尔曼人征服罗马后，产生的是一种新的封建生产方式，即如马克思所说："在日尔曼蛮族，用农奴耕作是传统的生产，过的是乡村孤独生活，他们能够非常容易地让罗马各省服从这些条件，因为那里发生的土地所有权的集中已经完全推翻了旧的农业关系。"② 忽必烈建立元朝后的情况则不然，他是在汉族传统的封建生产方式和统治方式中，加进奴隶制的生产方式和统治方式的内容。因此，我们说他是属于马克思所概括的"所有的征服有三种可能"之外的另一种类型。

---

① 《马克思恩格斯选集》第 2 卷，第 100 页。
② 同上。

　　然而，流行的看法，却认为忽必烈建立之元朝属于被"汉化"，接受被征服的汉族的一套生产方式和统治方式这一类型。譬如，有的学者说："蒙古的征服……无力对其（指中原地区——引者）施加影响，以产生另一种新的、综合的制度"，"唯一的途径便是：作为征服者蒙古贵族，迅速改变旧有的统治制度，改行'汉法'"①。也有的学者说："蒙古人的接受'汉法'……不仅仅是指中国传统的封建剥削方式，更主要的是它包括一整套先进的生产方式和与之相适应的全部上层建筑。它是与保守落后的'旧俗'相对立而存在，相比较而产生的一个概念。"② 由此出发人们对忽必烈的历史地位及作用的评价也很高。

　　笔者不赞成这些流行的看法，因为它们与忽必烈建立元朝的实际情况不符。本文拟就这个问题作一探讨，失误之处，敬请史学界的师友们指正。

一

　　成吉思汗的孙子忽必烈，生于 1215 年，在蒙哥汗合州战死之后，于 1260 年在塔察儿、穆相哥、大合丹、赤因铁木儿、爪都及木华黎之后忽林池等人的支持下，在开平毅然宣布即汗位，到 1294 年死去，在位凡 34 年。

　　众所周知，成吉思汗统一蒙古诸部，东征西讨，"灭国四十"，是横跨欧亚大陆的大蒙古国的开国大汗；而忽必烈虽然是继成吉思汗、窝阔台汗、贵由汗、蒙哥汗之后第五个称大汗的人，但是，忽必烈即汗位后，大蒙古国已经解体，而忽必烈自从 1251 年受蒙哥汗的委托，主管"漠南汉地军国庶事"后，就立志南进，统一中国，所以，忽必烈即汗位，实际上成为元朝的开国皇帝。

　　大蒙古国时期，从成吉思汗到蒙哥汗的不断南下，曾经把游牧奴隶制的统治方式强加给华北地区，造成这一地区社会历史的逆转。郝经曾一针见血地指出："窃惟国家封建制度，不独私强本干，与亲贤共事，示以大公，既分本国，使诸王世享，如殷周诸侯；汉地诸道，各使侯伯专制本

---

　　① 见《中国社会科学》1981 年第 2 期，第 103、100 页。

　　② 朱绍侯主编：《中国古代史》下册，第 20—21 页。

道，如唐之藩镇；又使诸侯分食汉地，诸道侯伯各有所属，则又如汉之郡国焉。"① 至于蒙古军队所至"屠城"、变耕地为牧场，以及掠良为奴等行为，更是史不绝书，造成了封建生产关系的大破坏和社会生产力的锐减。这种局面，对于"思大有为于天下"的忽必烈来说，确实是十分严重的。所以，早在1244年，忽必烈在"潜邸"就"延藩府旧臣及四方文学之士，问以治道"②，网罗了一批汉地地主阶级知识分子组成一个庞大的幕僚集团作为顾问。这些人纷纷劝谏忽必烈"附会汉法"：

中统元年（1260）郝经所上《立政议》中说："（应）以国朝之成法，援唐宋之故典，参辽金之遗制，设官分职，立政安民，成一代王法。"他要求忽必烈"奋扬乾纲，应天革命"，"下诏蠲苛烦，立新政，去旧汙，登进茂异，举用老成，缘饰以文，附会汉法"。③

至元元年（1264）徐世隆对忽必烈说："陛下帝中国，当行中国事。"④

至元三年（1266）儒学大师许衡所上《时事五事》之一《立国规摹》中也说："北方奄有中夏，必行汉法，可以长久。故后魏、辽、金历年最多，其它不能实用汉法，皆乱亡相继，史册具载，昭昭可见也。"许衡进一步论证说："以是论之，国家当行汉法无疑也。然万国世俗，累朝勋贵，一旦驱之，下从臣仆之谋，改就亡国之俗，其势有甚难者。"因此，"以北方之俗，改用中国之法也，非三十年不可成功"。⑤

上述诸人对忽必烈的劝谏中，以郝经的"附会汉法"说提出得最早，对忽必烈的影响也最大。这一点，我们可以从忽必烈于中统元年（1260）四、五月间先后颁布的《即位诏》与《建元诏》中得到印证。

郝经的《立政议》主要强调三点：（1）应当"以国朝之成法"为基础，也就是说，以蒙古旧制为基础；（2）"援唐宋之故典，参辽金之遗制"，"设官分职，立政安民"，就是吸收中原传统王朝的组织办法；（3）"缘饰以文，附会汉法"，就是加强文治。这三点，可以说是正中忽必烈下怀的。忽必烈采纳了郝经的建议，形成了自己的建国思想。所以，他在

---

① 郝经：《河东罪言》，《陵川集》卷32。
② 《元史》卷4《世祖纪一》。
③ 郝经：《立政议》，《陵川集》卷32。
④ 《元史》卷160《徐世隆传》。
⑤ 《元文类》卷13；《鲁斋遗书》卷7。

《即位诏》中开宗明义："朕惟祖宗肇造区宇，奄有四方，武功迭兴，文治多缺，五十余年于此矣。"明确要加强"文治"。"爰当临御之始，宜新弘远之规。祖述变通，正在今日。务施实德，不尚虚文"。表示要对祖宗旧制加以继承和改革。为了避免蒙古勋贵们的误会，忽必烈特别强调："呜呼！历数攸归，钦应上天之命；勋亲斯托，敢忘烈祖之规？"[1] 申明他决不会辜负蒙古勋贵们的嘱托，绝不敢忘记"烈祖之规"。所谓"烈祖之规"，显然是指的蒙古旧制。他在《建元诏》中又重申："朝廷草创，未遑润色之文；政事变通，渐有纲维之目。朕获缵旧服，载扩丕图，稽列圣之洪规，讲前代之定制。"[2] 这个"稽列圣之洪规，讲前代之定制"，明白无误地向我们表明，忽必烈建立元朝，既不是完全抛弃大蒙古国的旧制，也不是全盘照抄中原传统王朝的一套成法，而是合二为一，把元朝的统治制度搞成一个蒙古旧制与中原汉族封建制度相混一的结合体。用郝经的话来说，叫作"以国朝之成法"，"附会汉法"。

　　"附会汉法"是历史的必然。我们知道，蒙古族是一个草原游牧民族，当时处在奴隶制的历史发展阶段。进入中原汉地以后，随着经济基础的变化，迫使他们的统治制度不得不作某些调整，否则，他们就很难在内地立住脚跟。关于这一点，忽必烈的幕僚中有人是有所认识的。陈佑所上《三本书》说得明白："天下者，太祖（成吉思汗）之天下也；律令者，太祖之法令也。陛下岂欲变易旧章，作为新制，以快天下之耳目之观听哉？诚以时移事变，理势当然，不得不尔，期于宗社之安而已矣。"[3] 所谓"诚以时移事变，理势当然，不得不尔"，用现代的话来说，就是认识到了"附会汉法"的历史必然性；所谓"期于宗社之安而已矣"，就是看到了"附会汉法"对于巩固蒙古贵族在汉地的统治至关重要。

　　对于忽必烈"附会汉法"，当时守旧的西北藩王是不理解的。他们希望忽必烈走成吉思汗的老路，把蒙古传统的统治制度强加给汉地。所以，他们对忽必烈提出了诘难。史称："会西北藩王遗使入朝，谓：'本朝旧俗与汉法异，今留汉地，建都邑城郭，仪文制度，遵用汉法，其故如何？'"[4] 对此，忽必烈不得不派遣高智耀为使臣前去"以析其问"。高智

---

① 《元史》卷4《世祖纪一》。
② 同上。
③ 《元文类》卷14。
④ 《元史》卷125《高智耀传》。

耀临行前，"帝问所答，画一敷对，称旨，即日遣就道"。可见，忽必烈本人对为什么要"附会汉法"是胸有成竹的。西北诸王的质问，反映了当时忽必烈要全盘接受"汉法"是不可能的。即如郝经所说：要"累朝勋贵"，"下从臣仆之谋，改就亡国之俗，其势有甚难者"。[①] 所以，他强调只能"附会汉法"。"何谓附会，谓总文理，统首尾，弥纶一篇，使杂而不越者也。"[②] 这本来是指文章的布局联络，义为会合。用在此处，则是牵强凑合的意思。既然是牵强凑合，那就不可能是什么全盘接受汉族的"一整套先进的生产方式和与之相适应的全部上层建筑"。这一点，只要我们深入地考察一下忽必烈建立元朝的一系列典章制度，便不难辨明。

<h2 style="text-align:center">二</h2>

"祖述变通"是忽必烈建国的指导思想的核心。所谓"祖述"，就是继承祖宗陈规。忽必烈反复强调"（不）敢忘烈祖之规"，"稽列圣之洪规"，就是这个意思。用我们今天的话来讲，就是尽可能地保留蒙古旧制。忽必烈建立元朝所沿用的蒙古旧制有：

第一，分封采邑制。分封采邑制，是成吉思汗确立的大蒙古国的统治方式。文献记载说："太祖皇帝初建国时，哥哥弟弟每商量来：取天下了呵，各分地土，共享富贵有。"[③] 他的几个儿子的份地大致在金山以西，幼子托雷守本土[④]；他的几个弟弟的份地在蒙古本土东侧[⑤]。此外，勋臣及外戚也都有自己的份地[⑥]。自成吉思汗开始的这种分封采邑制，使大蒙古国内部，实际上存在着许多国中之国。他们各自为政，设官治理，大汗不予干涉。因而孕育着不安定的因素。

到了窝阔台汗时期，随着蒙古势力的南下，中原地区也被分封得七零八落。1236年秋七月，窝阔台"诏以真定民户奉太后汤沐，中原诸州民户分赐诸王、贵戚、斡鲁朵：拔都，平阳府；茶合带，太原府；古舆，大

---

① 郝经：《立政议》，《陵川集》卷32。
② 《文心雕龙·附会》。
③ 《元典章》卷9《改正投下达鲁花赤》。
④ 参见志费尼《世界征服者传》第1卷，第42—43页，1958年 J. A. 波伊勒英译本。
⑤ 参见拉施德《史集》第1卷第2册，第52、54、56页，1952年斯密尔诺娃俄译本；《元史》卷117《别里古台传》。
⑥ 《元史》卷118《特薛禅传》。

名府；孛鲁带，邢州；果鲁干，河间府；孛鲁古带，广宁府；野苦，益都、济南二府户内拨赐；按赤带，滨、棣州；斡陈那颜，平、滦州；皇子阔端、驸马赤苦、公主阿剌海、公主果真、国王查剌温、茶合带、锻真、蒙古寒札、按赤那颜、圻那颜、火斜、术思，并于东平府户内拨赐有差。"① 分封采邑制在中原推行的结果，造成"自一社一民，各有所主，不相统属"② 的局面。

忽必烈上台以后，虽然于至元元年（1264）十二月，"始罢诸侯世守，立迁转法"③，但是，投下封邑制以及对贵族、官僚的赐田，却依然十分盛行。《元史》载谓："元之为制……凡诸王及后妃公主，皆有食采份地。其路府州县得荐其私人以为监，秩禄受命如王官，而不得以岁月通选调。其赋则五户出丝一斤，不得私征之，皆输诸有司之府，视所当得之数而给与之。其岁赐则银币各有差，始定于太宗（窝阔台）之时，而增于宪宗（蒙哥）之日。及世祖平江南，又各益以民户。时科差未定，每户折支中统钞五钱，至成宗复加至二贯。其亲亲之义若此，诚可谓厚之至矣。至于勋臣亦然，又所以大报功也。"④ 关于诸王、后妃、公主、勋臣所拥有的食采份地、岁赐、五户丝、江南户钞的数量，《元史·食货志·岁赐》已详细列出，兹不一一赘述。分封采邑制作为蒙古旧制而有别于"汉法"，忽必烈承继了这一制度，这就表明，他的"附会汉法"，是有选择的。由于分封采邑制对蒙古贵族集团有利，所以忽必烈有意识地保留这一制度。

第二，达鲁花赤的设置。达鲁花赤是蒙古语，译成汉语，意即掌印官。元太宗窝阔台七年（1235）七月，"诏以真定民户奉太后汤沐，中原诸州民户分赐诸王、贵戚、斡鲁朵"。耶律楚材"言非便，遂命各位止设达鲁花赤"。⑤ 这时的达鲁花赤，实际上是诸王、贵戚、斡鲁朵在其份地的代理人，职责是维护诸王、贵戚、斡鲁朵的权益。忽必烈灭南宋统一全国之后，继承了这一制度，并将它推广。在各局、院、司、所及地方政权机构——府、州、县——之中，遍设达鲁花赤。⑥ 达鲁花赤的设置，与诸

① 《元史》卷2《太宗纪》。
② 宋子贞：《中书令耶律公神道碑》，《元文类》卷57。
③ 《元史》卷5《世祖纪二》。
④ 《元史》卷95《食货志三》。
⑤ 《元史》卷2《太宗纪》。
⑥ 参见《元史》卷85—90《百官志》。

官以蒙古人为之长是相符的。《元史·百官志》称："世祖……定内外之官……官有常职，位有常员，其长则蒙古人为之，而汉人、南人贰焉。于是一代之制始备，百年之间，子孙有所凭藉矣。"清人赵翼在考察了有元一代的官制之后说："故一代之制，未有汉人、南人为正官者。"① 忽必烈在用人问题上，坚持以蒙古人为正官的原则，这是因为他把天下看作蒙古贵族的天下，为了使"子孙有所凭藉"，所以便把蒙古旧制——达鲁花赤的设置，当作重要原则来坚持。达鲁花赤的普遍推广，既体现了忽必烈处处维护蒙古贵族的特权，坚持民族压迫，防止大权旁落；又体现了他在官制问题上"附会汉法"，是掺杂了蒙古旧制的成分的。

　　第三，蓄奴制度。按社会发展的形态来看，大蒙古国处于奴隶制的历史阶段。攻城略地，掠夺人口为奴隶，是大蒙古国的基本国策，这一点，对忽必烈建立的元朝，产生了深广的影响，造成了元朝蓄奴制度的盛行。元朝"南北风俗不同，北方以买来者谓之驱口，南方以受役者为奴婢"②。奴隶的来源，如陶宗仪所说："今蒙古色目人之臧获，男曰奴，女曰婢，总曰驱口。盖国初平定诸国日，以俘到男女匹配为夫妻，而所生子孙永为奴婢。又有曰红契买到者，则其元主转卖与人，立券投税者是也。故买良为驱者有禁。又有曰陪送者，则摽拨随女出嫁者是也。"③ 奴隶被使用于各个领域：第一种，生产军需用品。所谓"蒙古汉军分成江南，全籍各家驱丁，供应一切军需"④，就是证据。第二种，应用于手工业生产，如"（吕）侯连岁出征，夫人躬自蚕织，家僮数十人称工艺廪食之，无惰游者"⑤。第三种，是为数最多的，被应用于农业生产。例如，"荆湖行省阿里海牙以降民三千八百户没入为家奴，自置吏治之，岁责其租"⑥。此外，奴隶还被投放市场，进行买卖。这样的例子，在元代史籍中，是俯拾皆是的。我们知道，蓄奴制度在中国历史上，几乎与封建社会相终始，但像元朝这样盛行，以及被应用于各个部门，却是不多见的，从而给元代的经济制度打上奴隶制残余的烙印也特别深。这显然是受蒙古旧制影响的结果。

---

① 《廿二史札记》卷30《元制百官皆蒙古人为之长》。
② 《历代名臣奏议》卷67《治道门》。
③ 《南村辍耕录》卷17《奴婢》。
④ 《元典章》卷34《兵部一》。
⑤ 陆文圭：《武节将军吕侯墓志铭》，《墙东类稿》卷12。
⑥ 《元史》卷163《张雄飞传》。

岂止是受影响?! 老实说，它是蒙古旧制在某种程度上推行的结果。在忽必烈时期，一些攻宋将领，往往旧习不改，"利其剽夺，而快心于屠城也"①。至于掳掠人口为"家奴"，更是屡见不鲜。不少地方，在蒙古大军过后，"屠民多依庇豪右，及有以身佣藉衣食，岁久掩为家奴"②。甚至，还出现了一批新的奴隶主分子。如至元十四年（1277），"江南新附，诸将市功，且利俘获，往往滥及无辜，或强籍新民以为奴隶"③。此外，蒙古贵族还大量掠夺民田，以作牧场。在山东，"时行营军士多占民田为牧地，纵牛马坏民禾稼桑枣"④。东平布衣赵天麟上《太平金镜策》云："今王公大人之家，或占民田千顷，不耕不稼，谓之草场，专放孳畜。"⑤"安西旧有牧地，圈人恃势，冒夺民田十万余顷。"⑥ 诸如此类，显然是蒙古旧制的继续沿用。

　　第四，斡脱制度，即官商制度。据翁独健先生考证，斡脱是突厥语 Ortag 的译音，意思是"同僚""伙伴"，专指突厥人或回教徒的商帮和商帮成员。蒙古人本来不会做生意，从大汗以至诸王、公主等，都将掠夺来的银两交给回回去放高利贷、做买卖，而坐享其利息。从成吉思汗时代起，"斡脱每的勾当"就开始活跃，到蒙哥汗二年（1252），大蒙古国还设立了专门机构，命大臣专管斡脱事。因此，它是一种蒙古旧制。忽必烈建立元朝后，斡脱凭借蒙古统治者的支持，操纵了元代的商业，并享有种种特权，诸如货物不纳税钱，携带军器、行船鸣锣击鼓、行船不依开闸时刻、办买盐引欺凌仓官、旅行住宿受特别保护、不预差役、与诸特殊户计如僧、道、也里可温、答失蛮等受同等待遇，等等，成为"元时之官商"⑦。元朝政府还为他们设置官府，称"斡脱所""斡脱局""斡脱总管府"等。斡脱钱的利息很高，所以又称作"羊羔息"，就像母羊生羔羊那样，越生越多。这种斡脱制度，不仅阻碍工商业的发展，而且对整个社会经济起着破坏作用，是落后的蒙古旧制中的一项重要经济制度，忽必烈却把它继承下来了。

---

　　① 《元史》卷163《张德辉传》。
　　② 同上。
　　③ 《元史》卷170《雷膺传》。
　　④ 《元史》卷167《姜彧传》。
　　⑤ 《文献通考》卷1《田赋传》。
　　⑥ 《元史》卷154《郑鼎传》；参见袁桷《郑公行状》，《清容居士集》卷32。
　　⑦ 翁独健：《斡脱杂考》，《燕京学报》第29期。

　　第五，科差制度。忽必烈时代科差制度，是按照大蒙古国的一套老办法办的，但略有增损。史称："科差之名有二：曰丝科，曰包银。其法各验其户之上下而科焉。丝科之法，太宗丙申（1236）年始行之。每二户出丝一斤，并随路丝线、颜色于官；五户出丝一斤，并随路丝线、颜色输于本位。包银之法，宪宗乙卯（1255）年始定之。初汉民科纳包银六两，至是止征四两，二两输银，二两折收丝绢、颜色等物。逮及世祖，而其制益详。""中统元年（1260），立十路宣抚司，定户籍科差条例。然其户大抵不一，有元管户、交差户、漏籍户、协济户。于诸户之中，又有丝银全科户、减半科户、止纳丝户、止纳钞户；外又有摊丝户、储也速歹儿所管纳丝户、复业户，并渐成丁户。户既不等，数也不同。……然丝料、包银之外，又有俸钞之科，其法亦以户之高下为等，全科户输一两，减半户输五钱。于是以合科之数，作大门摊，分为三限输纳。被灾之地，听输他物折焉，其物各以时估为则。凡儒士及军、站、僧、道等户皆不与。"中统二年（1261），"复定科差之期，丝料限八月，包银初限八月，中限十月，末限十二月。中统三年（1262），又命丝料无过七月，包银无过九月。及平江南，其制益广。至元二十八年（1291），以《至元新格》定科差之法，诸差税皆司县正官监视人吏置局均科。诸夫役皆先富强，后贫弱；贫富等者，先多丁，后少丁"。① 显而易见，忽必烈所实行的科差制度，并没有脱出窝阔台汗、蒙哥汗所制定的科差制度的俗套，仍然是以户为单位，进行征摊的，只不过是"其制益详"、"其制益广"罢了。

　　第六，军事长官的世袭制。大蒙古国的典兵之官，视兵数多寡，为爵秩崇卑。"长万夫者为万户，千夫者为千户，百夫者为百户"。他们都是世袭的。到忽必烈时代，"内立五卫，以总宿卫诸军。卫设亲军都指挥使；外则万户之下置总管，千户之下置总把，百户之下置弹压，立枢密院以总之。……万户、千户、百户分上中下。……万户、千户死阵者，子孙袭爵，死病则降一等。总把、百户老死，万户迁他官，皆不得袭。是法寻废，后无大小，皆世其官，独以罪去者则否"。② 同书《镇戍》条又曰："国制，郡邑镇戍之卒，皆更相易置……既平江南，以兵戍列城，其长军

---

① 《元史》卷93《食货志一·科差》。
② 《元史》卷98《兵志一》。

之官，皆世守不易。"①

以上，是忽必烈"稽烈圣之洪规"即沿用蒙古旧制的主要方面。此外，像"撒花"制度等，也是蒙古旧制。在政治制度、经济制度、军事制度方面，不同程度地保留了这么多蒙古旧制，一则表明忽必烈在《即位诏》中所宣布继承祖宗陈规即"祖述"，不是随便说说，而是身体力行了的，二则表明作为蒙古贵族代表的忽必烈，具有一定的保守性。据此，那种认为忽必烈"迅速改变旧有的统治制度"的观点，那种认为忽必烈所采用的"汉法"，"不仅仅是指中国传统的封建剥削方式，更主要的是它包括一整套先进的生产方式与之相适应的全部上层建筑"的观点，显然是与史实不符的了。

三

在忽必烈的"祖述变通"建国思想中，"祖述"与"变通"是相辅相成的。单单指出忽必烈"祖述"的一面还不够，还必须承认他有所"变通"。所谓"变通"，忽必烈把它解释成"讲前代之定制"，这里的"前代"，是指中国传统王朝唐、宋，用郝经的话说，就是"附会汉法"。那么，忽必烈究竟讲了哪些"前代之定制"，或者说，究竟"附会"了哪些"汉法"呢？忽必烈"附会汉法"的主要方面，是"采取故老诸儒之言，考求前代之典，立朝廷而建官府"②。其中包括：

1. 改元建号。自成吉思汗起，取国号为大蒙古，而无年号，直到第四汗蒙哥时，仍然如此。忽必烈于 1260 年阴历三月在开平"即皇帝位"后，五月十九日便"建元中统"。中统五年（1264）八月，又下诏"改中统五年为至元元年"。至元八年（1271）十一月，下诏"建国号曰大元，盖取《易经》'乾元'之义"。③ 所以，《经世大典》的编纂者说："盖闻世祖皇帝，初易大蒙古国之号而为大元也，以为昔之有国者，或所以起之地，或因所受之封，为不足法也，故谓之无焉。元也者大也，大不足以尽之，而谓之元者，大之至也。"④

① 《元史》卷99《兵志二》。
② 《经世大典·叙录·官制》，《元文类》卷40。
③ 《元史》卷4—7《世祖记》。
④ 《经世大典·叙录·帝号》，《元文类》卷40。

2. 在汉地建都城。大蒙古国的国都设在蒙古本土哈喇和林。忽必烈自从登上政治舞台之后，就把注意力放在漠南汉地，并于1256年"命（刘）秉忠相地于桓州东、滦水北，建城郭于龙冈，三年而毕，名曰开平"。1260年即于此地即位，同时宣布将开平"升为上都，而以燕为中都"。至元四年（1267）"又命秉忠筑中都城，始建宗庙宫室"。至元八年（1271），刘秉忠"奏建国号曰大元，而以中都为大都"。① 从此，大都被定为元朝的都城。

3. 吸收中原汉族传统的王朝组织形式定内外之官。"世祖即位，登用老成，大新制作，立朝仪，造都邑，遂命刘秉忠、许衡酌古今之宜，定内外之官。其总政务者曰中书省，秉兵柄者曰枢密院，司黜陟者曰御史台。体统既立，其次在内者，则有寺，有监，有卫，有府；在外者，则有行省，有行台，有宣慰司，有廉访司。其牧民者，则曰路，曰府，曰州，曰县。官有常职，位有常员，其长则蒙古人为之，而汉人、南人贰焉。于是一代之制始备。"②

据此看来，忽必烈在建立元朝的过程中，采用了一些"汉法"，是没有问题的。那么，为什么郝经却强调"附会"二字呢？除了上一节我们缕述的继续沿用大量的蒙古旧制以外，忽必烈在采用"汉法"的过程中，还有一个突出的问题，就是南北异制。

所谓南北异制的"南"，大体上是指淮水以南，原南宋统治地区；"北"，则是指的淮水以北，原金朝统治地区。蒙古征服金朝在先，统治北方的时间较长；忽必烈征服南宋在后，占领南方的时间较短。一般说来，北方因循的蒙古旧制多于南方。这样，就造成了南北的典章制度并不划一，呈现出南北异制的局面。其主要为：

第一，税粮制度③。元代的税粮制度，北方分丁、地税两种，大体上是窝阔台时开始实行的。忽必烈遵循了窝阔台的成法，史谓："丁税、地税之法，自太宗始行之。初，太宗每户科粟二石，后又以兵食不足，增为四石。至丙申（1237）年，乃定科征之法，令诸路验民户成丁之数，每丁岁科粟一石，驱丁五升，新户丁驱各半之，老幼不与。期间有耕种者，

① 《元史》卷157《刘秉忠传》。
② 《元史》卷85《百官志一》。
③ 陈高华：《元代税粮制度初探》，《文史》第6辑。

或验其牛具之数，或验其土地之等征焉。丁税少而地税多者纳地税，地税少而丁税多者纳丁税。工匠、僧、道验地，官吏、商贾验丁。……逮及世祖，申明旧制，于是输纳之期、收受之式、关防之禁、会计之法，莫不备焉。""[中统]五年，诏僧、道、也里可温、答失蛮、儒人凡种田者，白地每亩输税三升，水地每亩五升。军、站户除地四顷免税，余悉征之。""[至元]十七年（1280）遂命户部大定诸例：全科户丁税，每丁粟三石，驱丁粟一石，地税每亩粟三升。减半科户丁税，每丁粟一石。新收交参户，第一年五斗，第三年一石二斗五升，第四年一石五斗，第五年一石七斗五升，第六年入丁税。协济户丁税，每丁粟一石，地税每亩粟三升。"①由此可以看出，北方赋役制度的特点，是按户口摊派征收的。而南方则不然。据危素所说："大抵江、淮之北，赋役求诸户口，其田（南）则取诸土田。"②

所谓"其南则取诸土田"，就是说，南方的税粮制度是按田亩征摊的。《元史·食货志·税粮》云："秋税、夏税之法，行于江南。初，世祖平宋时，除江东、浙西，其余独征秋税而已。至元十九年（1282），用姚元之请，命江南税粮依宋旧例，折输绵绢杂物。是年二月，又用耿左丞言，令输米三之一，余并入钞以折焉。以七百万锭为率，岁得羡钞十四万锭。其输米者，止用宋斗斛，盖以宋一石当今七斗故也。"这里说得分明：元代南方的税粮制度与北方迥然不同，它是"依宋旧例"，按田土摊纳。《元典章》所载有关则例也进一步说明了这一点。其称江南"田地有高低，纳粮底则例有三、二十等，不均匀一般"③。总而言之，忽必烈所建立的元朝，在国家的最基本税收制度上，呈现出南北异制的局面。这种南北异制的形成表明，忽必烈始终不曾想全盘接受"中国传统的封建剥削方式"，而是在保证蒙古贵族集团根本利益的原则下，不得不因地区而异，"附会汉法"。

第二，军人待遇上的南北异制。忽必烈时期，军人的待遇，全国不相统一，基本上分南北两类。北方的军户免赋役，主要有两项：一是中统五年忽必烈下诏宣布的"军、站户除地四顷免税，余悉征之"④。二是免杂

---

① 《元史》卷93《食货志一·税粮》。
② 危素：《休宁县尹唐君覆田记》，《危太朴文集》卷2。
③ 《元典章》卷24《户部十·租税》。
④ 《元史》卷93《食货志一·税粮》。

泛差役。至元十九年（1282）二月，"诸侯王阿只吉遣使言：'探马赤军凡九处出征，各奥鲁内复征杂泛差役，不便。'诏免之，并诏有司毋重役军户"①。以上情况，大体上在原金朝统治区内实行。至于南方，军人则"依旧例月支钱粮"。至元十四年（1277）十二月，"枢密院臣言：'收附亡宋州城，新附请粮官军，并通事马军人等，军官不肯存恤，多逃散者，乞招诱之。'命左丞陈岩等，分拣堪当军役者，收系充军，依旧例月支钱粮。其生券不堪当军者，官给牛具粮食，屯田种养"②。特别是灭南宋以后，在原南宋辖区的军人，基本上是因循宋制，按月发给钱粮。军人待遇上的南北异制，说明忽必烈在一些最基本的制度上，连全国划一都没有办到，这对于一个统一的国家来说，的确是耐人寻味的。

第三，刑法制度。元代的法制不健全，没有完整体系的法律条文，唯以案例为典制。据记载："元兴，其初未有法守，百司断理狱讼，循用金律，颇伤严刻。及世祖平宋，疆理混一，由是简除繁苛，始定新律，颁之有司，号曰《至元新格》。仁宗之时，又以格例条画有关风纪者，类集成书，号曰《风宪宏纲》。至英宗时，复命宰执儒臣取前书而加损益焉，书成，号曰《大元通制》。其书之大纲有三：一曰诏制，二曰条格，三曰断例。凡诏制为条九十四，条格为条一千一百五十有一，断例为条七百十有七，大概纂集世祖以来法制事例而已。"③ 所以，郑介夫说："今天下所奉以行者，有例可援，无法可守；内有省部，外而郡府，抄写格例，至数十册，遇事有难决，则检寻旧例，或中无所载，在旋行议拟，是百官莫知所守也。"④ 这样一种情况，造成弊端百出。《元史》的编纂者说："然其弊也，南北异制，事类繁琐，挟情之吏，舞弄文法，出入比附，用谲行私，而凶顽不法之徒，又数以赦宥获免；至西僧岁作佛事，或恣意纵囚，以售其奸宄，俾善良者喑哑而饮恨，识者病之。"⑤ 这里所说"南北异制"的问题，在北方，"循用金律"；在南方，则没有说。我们知道，忽必烈制定《至元新格》，是在灭南宋之后，对于元朝统治者来说，最直接的借鉴，当是南宋的刑法。如果把《元史·刑法志》与《宋史·刑法志》作

① 《元史》卷98《兵志一·兵制》。
② 同上。
③ 《元史》卷102《刑法志一》。
④ 《历代名臣奏议》卷67《治道门》。
⑤ 《元史》卷102《刑法志一》。

一比较，便不难发现，忽必烈在南方所实行的刑法制度，大体上是在南宋刑法制度的基础上有所损益，或者说，是依宋旧例。

刑法制度上的南北异制，反映了忽必烈时代法制的混乱，尤其是忽必烈的立法，还特别注重保护蒙古人的特权，使有元一代的法制带有民族压迫的性质。例如，忽必烈曾经明令"禁汉人聚众与蒙古人斗殴"①，"诸蒙古人与汉人争，殴汉人，汉人勿还报"②。"诸蒙古人因争及乘醉殴死汉人者，断罚出征，并全征烧埋银"而不用偿命③。如果"诸蒙古人斫伤他人奴，知罪愿休和者听"④。同时，三番五次"申严汉人军器之禁"⑤。甚至规定，蒙古官人犯法，论罪既定，必须由蒙古人来断案："诸蒙古人居官犯法，论罪既定，必择蒙古官断之，行杖亦如之。诸四怯薛及诸王、驸马、蒙古、色目之人，犯奸盗诈伪，从大宗正府治之。"⑥ 这样一来，蒙古官人可以官官相护而逃脱法网，而对汉人，则完全是另外一种态度。众所周知，忽必烈是把国人分成蒙古人、色目人、汉人和南人四个等级对待的。既然他把汉人、南人看作是低于蒙古人、色目人的第三、第四个等级，并且在各个方面加以限制和歧视。这就表明，忽必烈对汉人是始终存有戒心的。那么，还能设想他会无条件地全盘采用"汉法"吗？

南北异制，是忽必烈时代典章制度的一大特征。它的存在与实行，影响于有元一代。南北异制本身表明，忽必烈对于"汉法"，是"附会"而不是"遵用"。"遵用汉法"，是西北藩王诘难忽必烈的话，忽必烈本人并没有讲过这样明确的话。恰恰相反，忽必烈继续大量沿用蒙古旧制表明，他的立场是相当顽固的，他的"变通"是有条件的。所以，用"附会"来表述忽必烈对于"汉法"的态度，是准确的、符合实际的。"附会汉法"是造成南北异制的必要前提；南北异制，是"附会汉法"的必然结果。"附会汉法"与沿用蒙古旧制相结合，就构成忽必烈"祖述变通"建国思想的全部内容。因此，我们认为，忽必烈所确立的统治制度，是一个尽可能地保留蒙古旧制，有条件地吸收汉族传统王朝的统治制度的混合体。

---

① 《元史》卷 7《世祖纪四》。
② 《元史》卷 105《刑法志四·斗殴》。
③ 《元史》卷 105《刑法志四·杀伤》。
④ 《元史》卷 105《刑法志四·斗殴》。
⑤ 《元史》卷 12《世祖纪九》。
⑥ 《元史》卷 102《刑法志一·职志上》。

四

忽必烈及其所代表的一部分蒙古贵族，进入中原特别是建立元朝以后，不得不"附会汉法"，这是历史的必然，在历史上曾经起过一定的进步作用。但是，由于他的立足点是"附会"，以致造成有元一代的典章制度呈现出蒙古旧制与金制、宋制兼容并蓄的局面。这种诸制并举本身，反映了"附会汉法"带有很大的局限性。同历史上北方游牧民族进入中原后"一以汉法为政"（如鲜卑族拓跋氏所建立的北魏等）相比，却黯然失色。

郝经当年在劝导忽必烈"附会汉法"的时候，曾经要忽必烈向北魏和金朝学习。他说："昔元魏始有代地，便参用汉法，至孝文迁都洛阳，一以汉法为政，典章文物灿然与前代比隆，天下至今称为贤君。王通修元经，即为正统，是可以为鉴也。金源氏起东北小夷，部曲数百人，渡鸭绿取黄龙，便建位号，一用辽、宋制度，取二国名士置之近要，使藻饰王化，号十学士，至世宗与宋定盟，内外无事，天下晏然，法制修明，风俗完厚。真德秀谓金源氏典章制度在元魏右，天下亦至今称为贤君，燕故老语及先皇者，必为流涕，其德泽在人之深如此，是又可以为鉴也。"郝经还说："今有汉唐之地而加大，有汉唐之民而加多，虽不能便如汉唐，为元魏、金源之治亦也可也。"①

郝经要求并不高。按说，北魏与金朝君主能办到的，忽必烈也应该能办到。但是，由于忽必烈及其所代表的一部分蒙古贵族，有意识地要把元朝搞成一个蒙古旧制与汉族封建制的结合体，所以，他的"变通"与北魏和金朝的改革，大相径庭。

首先，我们就忽必烈的"变通"与北魏孝文帝（元宏）的改革②略作比较：

第一，从官制上看。太和十八年（494）元宏在突破了鲜卑贵族的保守势力所设置的重重障碍，把首都从平城迁到洛阳后，"一以汉法为政"，大刀阔斧地进行了改革，打破民族界限，积极学习中原地区的先进的汉族

---

① 郝经：《立政议》，《陵川集》卷32。
② 参见王仲荦《魏晋南北朝隋初唐史》，第398—400 页。

封建文化。在改官制的同时，扫除拓跋王朝的鲜卑成分。北魏初年的官名，大多是鲜、汉杂用。迁洛后，用王肃改定官制，机构设置一依魏晋南朝制度，过去拓跋王朝的鲜卑成分，一扫而光。而忽必烈在建立元朝"定内外之官"时，却有意识地保留了相当一批蒙古官名，如"怯里马赤"、"蒙古必阇赤"、"玉典赤"、断事官（札鲁忽赤）、"达鲁花赤"、万户、千户、百户、怯薛等。这些官名存在于有元一代，它是保留蒙古旧制成分的见证。

第二，从习俗上看。鲜卑旧俗，编发左衽；妇人冠帽著夹领小袖短袄。迁都同年，下令禁胡服，服装从汉俗。忽必烈建立元朝后，蒙古服装习俗不改。《永乐大典》服字韵载蒙古冠服引《析津志》云："'罟罟'以大红罗幔之胎，以竹凉胎者轻，上等大，次中，次小。用大珠穿结龙凤楼台之属，饰于其前后。复以珠缀长条，衭饰方弦，掩络其缝，又以小小花朵插带，又以金累事件，装嵌极贵宝石塔形在其上。顶有金十字，用安翎筒，以带鸡冠尾，出五台山，今真定人家养此鸡，以取其尾甚贵。罟罟后，上插朵朵翎儿，染以五色，如飞扇样，先带上紫罗'脱木华'。"①《元史·舆服志》规定"服色等第"时明确宣布："蒙古人不在禁限，及见当怯薛诸色人等，亦不在禁限。"又说："今后汉人、高丽人等投充怯薛者，并在禁限。"② 可见元朝在服饰上，蒙、汉人之间是有严格界限的。

第三，从语言上看，北魏初定中原，鲜卑人自然使用本族的语言；军中号令，也都用鲜卑语。汉人仕宦拓跋王朝，也都学习鲜卑语，或置"传译"。魏孝文帝早就想"断诸北语，一从正音（汉语）"③。迁都后，索性下诏说："不得以北俗之语，言于朝廷，若有违者，免所居官。"④ 魏孝文帝是想通过消除鲜卑、汉族在语言方面的隔阂，来逐步消灭民族间的隔阂，以达到其汉化的最终目的。然而，忽必烈的做法却相反，他是千方百计地保留蒙、汉人在语言文字方面的差别，不使蒙古人被汉族所同化，至元六年（1269）二月，忽必烈"诏以制蒙古字，颁行天下"⑤。诏书说："我国家肇基朔方，俗尚简古，未遑制作，凡施用文字，因用汉楷及畏吾

① 引自胡敬《南熏殿图像考》卷下。
② 《元史》卷78《舆服志一》。
③ 《魏书》卷2上《咸阳王禧传》。
④ 《魏书》卷7下《高祖孝文帝纪下》。
⑤ 《元史》卷6《世祖纪三》。

字，以达本朝之言。……故特命国师八思巴创为蒙古新字，译写一切文字，期于顺言达事而已。自今以往，凡有玺书颁降者，并用蒙古新字，仍各以其国字副之。"①《元史·程钜夫传》说："初，书诏令皆用蒙古字。"至元十九年（1282），"定路设教授国字，在诸字右"②。我们知道，元代尚右，蒙古字居右，在诸字之上，为"国字"。早在至元八年（1271）春正月，忽必烈就"下诏立京师蒙古国子学，教习诸生，于随朝蒙古、汉人百官，及怯薛歹官员，选子弟俊秀者入学，然未有员数。以《通鉴节要》，用蒙古语言译写教之。俟生员习学成效，出题试问，观其所对精通者，量授官职"③。京师学如此，地方学亦不例外。至元六年（1269）"定制命诸路府官子弟入学。上路二人，下路二人。府一人，州一人。余民间子弟。上路三十人，下路二十五人，愿充生徒者，与免一身杂役"。以蒙古字译写汉文典籍为课本的做法，其结果，不仅是蒙古官员的子弟不识汉字而只会蒙古语，而且驱使汉族官员的子弟也必须学会蒙古字。在这个问题上，我们同样看不出忽必烈有汉化的意向。

　　第四，从姓氏上看。鲜卑人一般是二三字的复姓，与汉人差异很大，影响鲜卑、汉贵族的合作，"魏主下诏，以为北人谓土为拓，后为跋。魏之先出于黄帝，以土德王，故为拓跋氏。夫土者黄中之色，万物之元也。宜改姓元氏。诸功臣旧族，自代来者，姓或重复，皆改之"④。又下令鲜卑贵族死于洛阳者，即葬于洛阳北邙山，不得还葬平城；并且，改其籍贯为河南郡洛阳县人。在改姓氏的同时，还确认了早已形成的汉族门阀制度，并将其推广到鲜卑贵族之中。太和十九年（495），孝文帝亲自拟定条例，规定鲜卑穆、陆、贺、刘、楼、于、嵇、尉八姓士人同汉人的头等族崔、卢、李、郑四大姓门第相当，不得授以卑官。而忽必烈则不以为然。在他当政的时期，汉人多取蒙古名。他特别喜欢赐给汉人以蒙古名。例如，刘思敬赐名哈八儿都；王昔刺，保定人，赐名昔刺拔都；张惠，新繁人，赐名兀鲁忽讷特；许宸，曲沃人，赐名忽鲁火孙；燕公楠，赐名囊加带；还有一赐再赐者，如刘哈刺拔都鲁，本河东人，初赐名哈刺翰脱赤，后以功又赐名察罕翰脱赤，最后才赐现名。清人赵翼说："自有赐名

---

① 《元史》卷 202《释老传·八思巴》。
② 《续通考》卷 50《学校考四》。
③ 《元史》卷 81《选举志一·学校》。
④ 《资治通鉴》卷 140《齐纪六》。

之例，汉人皆以蒙古名为荣，故非赐者亦多仿之。……金则国族多有汉名，元则汉人多有蒙古名，两代习尚各不同。盖金自太祖开国，其与辽往复书词，即募有才学者为之，已重汉文，至熙宗以后，无有不通汉文者。熙宗尝读《尚书》及夜观辽史，自悔少时失学。海陵才思雄横，章宗词藻绵丽，至今犹传播人口。有元一代诸君，惟知以蒙古文字为重，直欲令天下臣民，皆习蒙古语，通蒙古文，然后便于奏对，故人多学之。既学之，则以为名耳。"① 至于元代诸帝、后，死则还葬漠北，更表示其不与汉人相混一的原则立场。

总之，元宏的改革与忽必烈的"变通"，是两种完全不同的类型。前者"一以汉法为政"，全盘推行汉化，属于马克思所说的"三种可能"中的第二种类型；后者，则尽可能多地保留蒙古旧制，有条件地"附会汉法"，严防蒙古族被汉族同化，属于完全不同于马克思所说的"三种可能"的另外一种类型。

其次，再将忽必烈"附会汉法"与金朝的情况加以比较：女真贵族入主中原的初期，曾大量掠买汉人及其他各族人民为奴隶，使北方的社会经济遭到很大的破坏。这一点，与大蒙古国时期，蒙古贵族在中原的做法差不多。但是到了金世宗、金章宗统治时期，封建的租佃关系却取代了奴隶制的剥削方式。② 原先使用奴隶生产的猛安谋克户，这时却"往往以田租人"，"取租而已"。女真贵族转化为封建地主："随处官豪之家，多请占官地，转与它人种田，规取课利。"明昌元年（1190）三月曾下令"军人所受田，止令自种，力不足者方许承佃，亦止随地所产纳租，其自欲折钱输纳者，从民所欲，不愿承佃者毋强"。③ 泰和四年（1204）九月，又"定屯田户自种及租佃法"④。大定二年（1162），"诏免二税户为民"⑤。到了明昌二年（1191）二月，又更定奴诱良人之法。⑥ 由于猛安谋克户迁入中原，"棋布星列，散居四方"⑦，久而久之，与汉族逐渐融合。女真人讲汉话、改汉姓、与汉人通婚。金朝通过这些措施，以实现汉化的目的。

---

① 《廿二史札记》卷30《元汉人多作蒙古名》。
② 参见朱绍侯主编《中国古代史》中册，第422—423页。
③ 《金史》卷47《食货志》。
④ 《金史》卷12《章宗纪》。
⑤ 《金史》卷46《食货志》。
⑥ 参见《金史》卷9《章宗纪》。
⑦ 《大金国志》卷8《太宗纪》。

如果把金朝的这些措施，同忽必烈大量沿用蒙古旧制相比，显而易见，忽必烈在各个方面都有自己的原则。特别是忽必烈时期，蒙古贵族大量掠良为奴，并把奴隶用于各个生产部门，以及强制推行民族歧视政策，在蒙古人与汉人、南人之间挖出一道道鸿沟等，这不能不说是忽必烈有意防范蒙古人汉化的措施。

通过对忽必烈建立元朝与北魏、金朝的情况所作的简单类比，可以断言，作为元朝开国皇帝的忽必烈，根本就没有打算全盘汉化。所以，他的"附会汉法"，是有选择的、不彻底的、牵强的。以致造成有元一代诸制并举的局面。而诸制并举的结果，又导致了社会秩序的紊乱和社会生产力的破坏，迫使广大汉族劳动人民不得不隐匿逃亡、举家南迁或用武装起义的形式进行反抗。

据《元典章》的记载，至元二十一年（1284）十一月一日，忽必烈曾下诏说："这里的汉儿蛮子田里去了的多少有，各城子里出榜教要数目者，隐匿的人有罪过者，钦此。"于是，"都省咨请钦依圣旨事意，行下取勘上项户计，原籍州县村坊见住出处、根脚、应当是何差役，造册咨来，仍出榜省谕，无得隐匿，如有违犯之人，断罪施行"。① 政府出面禁止隐匿，说明人民逃亡的情况已相当严重，至于北方劳动人民向江南流徙，更是史不绝书。例如，至元十九年（1282）真定饥民"流移江南"②。至元二十年（1283）北方人民流徙江南者，"已十五万户"③。所以，至元二十三年（1286）元朝当局因"汉民就食江南者多"，不得不"设脱脱禾孙于黄河、江、淮诸津渡"，严加禁断④。大量北人南迁，反映了元代南北异制，北方地区奴隶制因素多于南方，以致社会动荡，民不堪命，不得不背井离乡，举家南徙。

如果说隐匿逃亡和举家南徙，还是比较消极地反抗的话，那么，发动武装起义，则是积极的反抗了。据记载，早在至元十三年（1276），"民初附，盗贼所在蜂起"⑤。用姚燧的话来说，"大或数万，少或数千，在在

---

① 《元典章》卷17《户部三·户计·籍册·照勘汉儿户计》。
② 《元史》卷12《世祖纪九》。
③ 《元史》卷173《崔彧传》。
④ 《元史》卷14《世祖纪十一》。
⑤ 《元史》卷171《吴澄传》。

为群"①。从至元二十年（1284）起，江南各族人民的反抗斗争，也风起云涌。据元朝官方统计，至元二十年这一年之内，江南"相挺而起"的农民起义"凡二百余所"②。到了至元二十六年（1289）更激增为"四百余处"③。忽必烈是至元十六年（1279）灭南宋的。在他灭南宋以后，立即把一些蒙古的旧制推广到江南地区，比如本文第二节中曾经引述的"诸将市功""强籍新民以为奴隶"以及南下的蒙古大军所至"多杀戮"④和肆无忌惮的掳掠行为，等等，造成了江南地区社会矛盾的全面激化。与此同时，忽必烈灭南宋之后，又多"承宋旧弊"，把南宋时生产关系中的腐朽环节也继承下来。比如将南宋时的官田，颁赐于诸王、公主、驸马、百官宦者、寺观之属，就是一例。文献记载说："天下官田……累朝以是田分赐诸王、公主、驸马，及百官宦者、寺观之属……其受田之家，各任土著奸吏为赃官，催甲斗级，巧名多取，又且驱迫邮传，征求饩廪，折辱州县，闭偿逋负，至仓之日，变鬻以归。官司交忿，农民窘窘。"⑤ 因而，仅仅十余年间，各地人民的反抗斗争就掀起了高潮，出现了一年之间，人民起义竟多达数百次，遍及各个地区的局面。

忽必烈的诸制并举，造成了社会制度的极端混乱，它是社会不安定的基因。各种矛盾丛集的结果，使国无宁日。元朝之所以不足百年而亡，不能说与忽必烈有意识地保留大量蒙古旧制没有关系。在有一千多年封建社会历史的汉族地区，推广蒙古旧制，不能不激起人民的反抗，不能不造成社会动荡。因此，笔者认为，忽必烈的"附会汉法"，由于是在"稽列圣之洪规"的前提下进行的，所以不宜估计过高。

原载《中国史研究》1981 年第 4 期

---

① 姚燧：《贾公神道碑》，《牧庵集》卷 5。
② 《元史》卷 173《崔彧传》。
③ 《元史》卷 15《世祖纪十二》。
④ 程钜夫：《何文正公神道碑》，《雪楼集》卷 8。
⑤ 《元史》卷 157《张珪传》。

忽必烈与元初的社会改革

中华民族是富于革新传统的民族,历史上曾涌现出许多著名的改革家。他们之中,既有汉族,也有少数民族。尽管他们所处的历史条件不同,各自所进行的改革也差异很大,但由于改革都是针对时弊而发的,因而都在不同程度上促进了历史的发展。

一般说来,历史上的改革可以区分为三种类型:一种是不同社会形态递嬗过程中的改革,如战国时代的各国变法。另一种是同一社会形态内部的改革,如唐朝杨炎的两税法、宋代王安石的变法等。还有一种是北方后进民族入主中原而成为统治民族之后,面对汉族先进的经济条件,不得不适应新的情况所进行的改革,如北魏孝文帝、金代的完颜雍、元代的忽必烈等人的改革。后一种改革具有二重性:一方面,对于北方后进民族来说,它摒弃了某些落后的奴隶制的"旧俗",采用了先进的"汉法",不同程度地推动了本民族历史发展的进程,所以,它也是一种改革。另一方面,对于中原汉族来说,它只是恢复了被后进民族先辈破坏了的封建传统,因而似乎又算不上改革。但是,由于入主中原的后进民族是统治民族,又控制了广袤的国土,他们先辈的倒行逆施在全国曾经产生了恶劣的影响,所以他们实行更张现状的措施,不仅促进了本民族的进步,而且还使全国各族都得到实惠,特别是对于促进统一多民族国家的历史发展,具有重大意义,故而不能不承认其改革的实质。元代忽必烈实行的改革,就是这种改革的一个例子。

忽必烈(1215—1294)是成吉思汗的孙子。父拖雷(睿宗),母唆鲁禾帖尼(庄圣太皇)。史蒙哥(宪宗),弟旭烈兀、阿里不哥。1259年蒙哥汗在合州战死,次年,忽必烈在开平、阿里不哥在和林,先后宣布即汗位,于是在他们之间爆发了长达四年的争战。忽必烈依靠汉地封建地主阶级在人力和物力上的支持,于1264年最后战胜了阿里不哥,1271年建国号大元。

忽必烈是继承成吉思汗建立的横跨欧亚大陆的大蒙古国的第五代大汗。但是，他即汗位之后，大蒙古国已经解体。而他自 1251 年蒙哥汗即位伊始，就受命主管"漠南汉地军国庶事"，立志南进，统一中国，所以，他的即位，实际上是元朝的开国皇帝。他是大蒙古国嬗替为元王朝的关键人物。在这一嬗替过程的前前后后，他顺应历史发展的潮流，推行了一些改革，客观上起到了一定的进步作用。

大蒙古国的弊政

1206 年，成吉思汗统一蒙古诸部所建立的大蒙古国，是以游牧经济为基础的军事奴隶主贵族专政的国家。游牧经济的特点，是不需要过多的劳动力；军事奴隶主贵族的特点，是其惊人的掠夺性。他们往往不是靠扩大奴隶生产来增长社会财富，而是向周围邻近的部落、民族和国家发动战争。正如恩格斯所说，他们"像蝗虫一样袭击了许多城市，沿途所过，无不吞噬一光"[1]。成吉思汗及其后继者，1218 年灭西辽，1227 年灭西夏，1234 年灭金，统一了中国的北部。接着又马不停蹄，发动了对大理和南宋的攻伐。直到 1279 年忽必烈最后消灭逃到崖山的南宋小朝廷，统一全国为止，蒙古军事奴隶主贵族集团所发动的征服战争，在中国境内持续了七十余年。

蒙古统治者在征服过程中，推行杀掠、屠城、强占民田为牧场，以及变俘虏为奴隶的政策，严重地破坏了早已进入高度发展的封建社会的中原地区的社会政治秩序和经济结构，使先进的封建制度濒临破灭的边缘，整个社会面临着可能倒退到奴隶制的危险。这是当时最大的弊政。

杀掠。1205 年，攻打西夏，破力吉里寨，经落思城（在河套外），"大掠人民及其橐驼而还"[2]。在攻打金国的过程中，"自贞祐元年（1213）冬十一月至二年（1214）春正月，凡破九十余郡，所破无不残灭，两河、山东数千里，人民杀戮几尽，金帛子女牛羊马畜席卷而去，屋

---

① 《马克思恩格斯全集》第 12 卷，第 58 页。
② 《元史》卷 1《太祖纪》。

庐焚毁，城郭邱墟矣"①。1235 年，"曲出围枣阳，拔之，遂徇襄、邓，入郢，虏人民牛马数万而还"②。类似的记载，史不绝书。

屠城。蒙古"旧制，凡攻城邑，敌以矢石相加者，即为拒命，既克，必杀之"③。例如，1213 年秋"复命木华黎攻密州，屠之"。1219 年秋，"木华黎克岢、岚、吉、隰等州，进攻绛州，拔其城，屠之"。④ 1235 年，窝阔台的儿子阔出"帅师伐宋，德安（今湖北安陆）以尝逆战，其民数十万，皆俘戮无遗"⑤。到忽必烈统治初期，一些蒙古军将领还仍旧"利其剽夺，而快心于屠城也"⑥。

强占民田为牧场。窝阔台时，中使别迭等金言："虽得汉人，亦无所用，不若尽去之，使草木畅茂，以为牧地。"⑦ 别迭的建议，后来各地曾不同程度地加以实施。例如在山东，"行营军士多占民田为牧地，纵牛马坏民禾稼桑枣"⑧。东平布衣赵天麟上《太平金镜策》云："今王公大人之家，或占民田千顷，不耕不稼，谓之草场，专放孳畜。"⑨ 在安西，"旧有牧地，圈人恃势，冒夺民田十万余顷"⑩。

掳掠人口为部曲、家奴。窝阔台时期，"东平将校，占民为部曲户，谓之脚寨，擅其赋役，几四百所"⑪。后来，阿里海牙在荆湖地区，一次就"以降民三千八百户没入为家奴"⑫。不少地方在蒙古大军过后，"孱民多依庇豪右，及有以身佣藉衣食，岁久掩为家奴"⑬。甚至到 1277 年，还继续掠良为奴，如"江南新附，诸将市功，且利俘获，往往滥及无辜，或强籍新民以为奴隶"⑭。

---

① 《建炎以来朝野杂记》乙集卷 19《鞑靼款塞》。
② 《元史》卷 2《太宗纪》。
③ 《元史》卷 146《耶律楚材传》。
④ 《元史》卷 1《太祖纪》。
⑤ 《元史》卷 189《赵复传》。
⑥ 《元史》卷 163《张德辉传》。
⑦ 《元文类》卷 57《中书令耶律公神道碑》。
⑧ 《元史》卷 167《姜彧传》。
⑨ 《续文献通考》卷 1《田赋考》。
⑩ 《元史》卷 154《郑鼎传》。袁桷《清容居士集》卷 32《郑公行状》记载略异，谓夺民田三十万顷。
⑪ 《元史》卷 159《宋子贞传》。
⑫ 《元史》卷 163《张雄飞传》。
⑬ 《元史》卷 163《张德辉传》。
⑭ 《元史》卷 170《雷膺传》。

　　大蒙古国时期社会的另一大弊政，是推行分封采邑制。这是成吉思汗确立的大蒙古国的统治方式。"太祖皇帝初建国时，哥哥弟弟每商量来：取天下了呵，各分地土，共享富贵有"①。他的几个儿子如术赤、察哈台、窝阔台的封地，大致在金山以西，幼子拖雷守本土②；他的几个弟弟的份地在蒙古本土东侧③。此外，勋臣及外戚也都有自己的份地④。这种"裂土分民"的分封采邑制，使大蒙古国内部实际上存在着许多国中之国，彼此各自为政，设官分职，大汗不予干涉。

　　窝阔台汗时期，随着蒙古势力的南下，中原地区也被分封得七零八落。1236 年秋，窝阔台"诏以真定民户奉太后汤沐，中原诸州民户分赐诸王、贵戚、斡鲁朵：拔都，平阳府；茶合带，太原府；古舆，大名府；孛鲁带，邢州；果鲁干，河间府；孛鲁古带，广宁府；野苦，益都、济南二府户内拨赐；按赤带，滨、棣州；斡陈那颜，平、滦州；皇子阔端、驸马赤苦、公主阿剌海、公主果真、国王查剌温、茶合带、锻真、蒙古寒札、按赤那颜、坏那颜、火斜、术思，并于东平府户内拨赐有差"⑤。分封采邑制在中原推行的结果，造成"自一社一民，各有所主，不相统属"⑥ 的局面。

　　在蒙金战争中，投降蒙古的一批金朝大军阀也纷纷据地称雄。著名的如"严实之在郓州，则有山东之兵；史天泽之在真定，则有河东、河北之兵；张柔之在满城，则有燕南之兵；刘黑马之在天城，则有燕蓟山后之兵……"⑦ 这些人投降蒙古之后，"皆因其旧而命官"。如严实"授金紫光禄大大、行尚书省事"，又"授东平行军万户"⑧。张柔为万户⑨。史天泽"授真定、大名、河间、济南、东平五路万户"、"河南经略使"⑩。刘

---

①　《元典章》卷 9《改正投下达鲁花赤》。

②　志费尼：《世界征服者传》卷 1，第 42—43 页，1958 年 J. A. 波伊勒英译本。

③　拉施德：《史集》卷 1 第 2 册，第 52、54、56 页，1952 年斯尔佶娃俄译本；《元史》卷 117《别里古台传》。

④　《元史》卷 118《特薛禅传》。

⑤　《元史》卷 2《太宗纪》。

⑥　《元文类》卷 57《中书令耶律公神道碑》。

⑦　彭大雅：《黑鞑事略》。

⑧　《元朝名臣事略》卷 6 之 2《万户严武惠公》。

⑨　《元朝名臣事略》卷 6 之 3《万户张忠武王》。

⑩　《元朝名臣事略》卷 7 之 2《丞相史忠武公》。

黑马"为万户，佩虎符，兼都元帅"①。此外，还有得万户、元帅、副元帅、总帅、行省等头衔者多人，他们都可以世袭官职与领地。例如，李全叛宋，举山东州郡归附，被拜为山东淮南楚州行省，而以其兄李福为副元帅。后来李全攻宋扬州败死，其子李璮遂袭为益都行省，"仍得专制其地"，凡三十余年，"朝廷数征兵，辄诡辞不至"②。这些大军阀数十年专制一方，成为大大小小的割据势力。

如上所述，蒙古灭金后，形式上虽然统一了北中国，实际上却存在着严重的分裂。即如郝经所说："窃惟国家封建制度，不独私强本干，与亲贤共享，示以大公，既分本国，使诸王世享，如殷周诸侯；汉地诸道，各使侯伯专制本道，如唐之藩镇；又使诸侯分食汉地，诸侯道伯各有所属，则又如汉之郡国焉。"③ 分封采邑和汉地军阀的割据，造成了政出多门、赋敛丛集的混乱局面。不用说要发展生产是不可能的，就是人民群众想按原来的方式活下去，都是很困难的。

大蒙古国的弊政，延缓了历史车轮的前进，导致了严重的社会危机。早在贵由汗时，就由于"法度不一"，造成"内外离心"④。对于南下的蒙古统治者来说，像蒙哥那样"自谓遵祖宗之法，不蹈袭他国所为"⑤，而还想在全国站稳脚跟，巩固他们的统治，显然是不行了。政治敏感而又有宏大抱负的王子忽必烈，率先意识到这个问题的重要性。于是，一场比较系统的社会改革，便在他的领导下展开了。

忽必烈领导的社会改革

忽必烈幼年时代与耶律楚材父子接触较多。耶律楚材出身于契丹贵族，但他的家族从他的八世祖起，就充分地汉化了。他们祖孙父子四代，都是汉族封建社会中典型的士大夫。耶律楚材先后事成吉思汗、窝阔台汗两朝，力图用儒治影响大蒙古统治者改变旧的统治方式和剥削方式，以适应被征服地区的封建农业经济状况。他的儿子耶律铸也追随忽必烈而被重

---

① 《元史》卷149《刘黑马传》。
② 《元史》卷206《李璮传》。
③ 《郝文忠公文集》卷32《河东罪言》。
④ 《元史》卷2《定宗纪》。
⑤ 《元史》卷3《宪宗纪》。

用。忽必烈的母亲庄圣太后也是汉化较深的人。她经常让汉族地主阶级知识分子到和林去，同忽必烈讲论治道。"上（忽必烈）之在潜邸也。好访问前代帝王事迹，闻唐文皇为秦王时，广延四方文学之士讲论治道，终致太平，喜而慕焉。"① 1244 年耶律楚材死后，忽必烈便以唐太宗为楷模，密切注视着政治形势的变化，积极创造条件，准备参与政治活动。"帝在潜邸，思大有为于天下，延藩府旧臣及四方文学之士，问以治道。"② 先后召聘王鹗、张德辉等，听取"修身、齐家、治国、平天下之道"，讨论儒教在汉族封建统治中的地位和作用，金亡的原因，"祖宗法度俱在"，怎样统治中原地区，以及军政方面用何人为宜等问题，并接受张德辉的推荐，延纳了魏璠、元裕、李冶、白文举、郑显之、赵元德、李进之、高鸣、李槃、李涛等数十人为其出谋划策。③ 当时被忽必烈召见的汉地地主阶级知识分子人数众多，李谦在描述当时的盛况时说："世祖皇帝，始居潜邸，招集天下英俊，访问治道，一时贤士大夫，云合辐凑，争进所闻。"④ 忽必烈与汉族知识分子的接触，促使他在政治上逐渐趋向成熟，大体上确立了他以后的社会改革方案。1251 年，他奉蒙哥汗之命，主管漠南汉地，有机会接触到中原地区的社会实际，进一步坚定了他的改革决心。1260 年春，忽必烈即汗位之后，立即着手进行改革。

忽必烈的改革，是在汉族地主阶级知识分子的推动下进行的。1260年，郝经上《立政议》，要求忽必烈"奋扬乾纲，应天革命"，"以国朝之成法，援唐宋之故典，参辽金之遗制，设官分职，立政安民"，"下诏蠲苛烦，立新政，去旧汗，登进茂异，举用老成，缘饰以文，附会汉法"⑤。1264 年，徐世隆也劝忽必烈"帝中国，当行中国事"⑥。1266 年，许衡上《时事五事·立国规摹》，告诉忽必烈："北方奄有中夏，必行汉法，可以长久。故后魏、辽、金历年最多，其它不能实用汉法，皆乱亡相继，史册具载，昭昭可见也"。许衡又进一步论证说："以是论之，国家当行汉法无疑也。然万国世俗，累朝勋贵，一旦驱之，下从臣仆之谋，改就亡国之

---

① 《元朝名臣事略》卷 12 之 1《内翰王文康（鹗）公》。

② 《元史》卷 4《世祖纪一》。

③ 《元史》卷 163《张德辉传》；《元朝名臣事略》卷 10 之 4《宣慰张公》。

④ 《元文类》卷 57《中书右丞相张公（文谦）神道碑》。

⑤ 《郝文忠公文集》卷 32。

⑥ 《元史》卷 160《徐世隆传》。

俗，其势有甚难者。"因此，"以北方之俗，改用中国之法也，非三十年不可成功"。① 忽必烈采纳了这些人的建议，确立了他的"祖述变通"的建国思想。正如他在《即位诏》中所说："朕惟祖宗肇造区宇，奄有四方，武功迭兴，文治多缺，五十余年于此矣。"明确表示要加强"文治"。"爰当临御之始，宜新弘远之规。祖述变通，正在今日。务施实德，不尚虚文"，表示要对祖宗旧制加以继承和改革。② 他的所谓改革，就是郝经所说的"附会汉法"。

忽必烈的改革，大体上可以分为两大类：一类属于政治体制方面的改革；一类属于发展生产与剥削方式方面的改革。

（一）政治体制方面的改革

一是改元建号。1206 年，成吉思汗统一蒙古诸部，以族名为国号，建立大蒙古国。即如彭大雅所说："黑鞑之国，号大蒙古国。沙漠之地，有蒙古山，鞑语谓银曰蒙古。"③ 但无年号，其纪年则取动物名。孟珙说："珙每见其所行文字，犹曰大朝。又称年号为兔儿年、龙儿年……"④ 这种情况，一直延续到第四代汗蒙哥。忽必烈于 1260 年阴历三月"即帝位"，五月十九日便"建元中统"。中统五年（1264）八月，又下诏"改中统五年为至元元年"。至元八年（1271）十一月，下诏"建国号曰大元，盖取《易经》'乾元'之义"⑤。所以，《经世大典》的编纂者说："盖闻世祖皇帝，初易大蒙古国之号而为大元也，以为昔之有国者，或所以所起之地，或因所受之封，为不足法也，故谓之无焉。元也者大也，大不足以尽之，而谓之元者，大之至也。"⑥

二是在汉地营建都城。大蒙古国的国都设在蒙古本土哈喇和林。忽必烈登上政治舞台之后，就把注意力放在漠南汉地，并于 1256 年"命（刘）秉忠相地于桓州东、滦水北，建城郭于龙冈，三年而毕，名曰开平"。1260 年即于此地即位，同时宣布将开平"升为上都，而以燕为中

① 《元文类》卷 13；《鲁斋遗书》卷 7。
② 《元史》卷 4《世祖纪一》。
③ 《黑鞑事略》。
④ 《蒙鞑备录》。
⑤ 《元史》卷 4—7《世祖纪》。
⑥ 《元文类》卷 40《经世大典·叙录·帝号》。

都"。1267 年"又命秉忠筑中都城，始建宗庙宫室"。1271 年，刘秉忠"奏建国号曰大元，而以中都为大都"。① 从此，大都被定为元朝的都城。

三是取法中原汉族传统王朝的组织形式定内外之官。"世祖即位，登用老成，大新制作，立朝仪，造都邑，遂命刘秉忠、许衡酌古今之宜，定内外之官。其总政务者曰中书省，秉兵柄者曰枢密院，司黜陟者曰御史台。体统既立，其次在内者，则有寺，有监，有卫，有府；在外者，则有行省，有行台，有宣慰司，有廉访司。其牧民者，则曰路，曰府，曰州，曰县。官有常职，位有常员，其长则蒙古人为之，而汉人、南人贰焉。于是一代之制始备。"②

围绕体制上的改革，忽必烈还采纳了幕僚的建议，确定了一系列改革的措施，主要有：

1. 立法度，正纲纪。郝经所上的《立政议》云：成吉思汗建立的大蒙古国，由于没有及时"正纲纪、立法度、改元建号……使天下一新"，所以，既不能"比隆前代"，又无"汉唐之举"，结果造成"法度废则纲纪亡，官制废则政事亡，都邑废则宫室亡，学校废则人材亡，廉耻废则风俗亡，纪律废则军政亡，守令废则民政亡，财赋废则国用亡，天下之器虽存，而其实则无有"③ 的局面。李冶也指出："今则大官小吏，下至编氓，皆自纵恣，以私害公，是无法度也。有功者未必得赏，有罪者未必被罚，甚则有功者或反受辱，有罪者或反获宠，是无赏罚也。法度堕，纪纲坏，天下不变乱，已为幸甚。"④ 他们的进谏，都切中时弊，指出"立法度、正纪纲"的必要性，因而受到了忽必烈的赏识与采纳。特别是姚枢的进言更为具体。他说：首先要"立省部"，"使庶政出一"，"令不行于朝而变于夕"。其次要"定法律，审刑狱"，"收生杀之权于朝"，使"诸侯不得而专"。最后要"设监司、明黜陟"，使"善良奸窳可得而举刺"；"阁征敛"，使"部族不横于诛求"；"肃军政"，"使田里不知行营〔往复〕之扰攘"。忽必烈"奇其才，由是动必见询"。⑤

2. 罢世侯，行迁转；击豪强，黜赃吏。如上所述，大蒙古国的"裂

---

① 《元史》卷 157《刘秉忠传》。
② 《元史》卷 85《百官志一》。
③ 《郝文忠公文集》卷 32。
④ 《元朝名臣事略》卷 13 之 2《内翰李文正公》。
⑤ 《元文类》卷 60《中书左丞姚文献公神道碑》。

土分民"的分封采邑制，使中原地区"自一社一民，各有所主，不相统属"①。"诸侯王与十功臣，既有土地人民，凡事干其城者，各遣断事官自司。"② 他们不仅"擅自征敛"，而且"私置牢狱"，甚至掠良为奴。到忽必烈上台时，"诸色占役，五十余万户"③。广大人民怨声载道，哭诉无门。因此，刘秉忠指出："今百官自行威福，进退生杀惟意之从，宜从禁治。"建议"禁私置牢狱"。④ 宋子贞也进言："今州县官相传以世，非法赋敛，民穷无告，宜迁转以革其弊。"⑤ 姚枢奏请"罢世侯，置牧守"，"选人以居职，颁俸以养廉，去污滥以清政"⑥。忽必烈对此也比较清醒，他在后来一次与臣僚的谈话中也承认："今任职者多非材，政事废弛，譬如大厦将倾，非良工不能扶。"⑦ 即位后重用史天泽，"置之相府，授以政柄"，"内立省部，以杜绝政出多门、斜封墨勒之权。外设六道宣抚司，以削夺郡县官吏世袭专擅之弊。给百官俸禄，使在官者有以自赡，而得保清廉之节。禁贿赂请托，使官吏一心奉公，而不敢为徇情枉法之私"。因而"纪纲法度，粲然一新"。⑧ 这虽不免有溢美之嫌，但反映了忽必烈对整饬吏制的重视。至元元年（1264），忽必烈下令实行一种州县官调动的政策，即所谓"迁转之制"⑨。至元二年（1265）"始罢州县官世袭"⑩，并任命了一批有远见的官吏，如以张德辉为河东南北路宣抚使，"击豪强，黜赃吏，均赋役"⑪。此外，对那些把人民"强抑为奴"的诸侯、将帅、势家，采取了相应的措施，释放了被他们掠去的大批奴隶。

3. 在用人问题上，确定了"政贵得人，不在多官"和"不以言废人，不以人废言，大开言路"的原则，采取裁汰冗员、"减并路府州县官员"、"毋为员外置人"等措施，以防止"滞政"。刘秉忠向忽必烈建议说："君子不以言废人，不以人废言，大开言路，所以成天下，安兆民

---

① 《元文类》卷 57《中书令耶律公神道碑》。

② 《元文类》卷 59《平章政事忙兀公神道碑》。

③ 《元文类》卷 58《中书右丞相史公神道碑》。

④ 《元史》卷 157《刘秉忠传》。

⑤ 《元史》卷 159《宋子贞传》。

⑥ 《元史》卷 158《姚枢传》。

⑦ 《元史》卷 163《张雄飞传》。

⑧ 《元文类》卷 58《中书右丞相史公神道碑》。

⑨ 《元史》卷 160《李昶传》。

⑩ 《元史》卷 159《宋子贞传》。

⑪ 《元史》卷 163《张德辉传》。

也。"他运用形象的比喻，对大开言路的重要性，作了进一步阐述："天地之大，日月之明，而或有所蔽。且蔽天之明者，云雾也；蔽人之明者，私欲佞说也。常人有之，蔽一心也；人君有之，蔽天下也。常选左右谏臣，使讽谕于未形，恃画于至密也。君子之心，一于理义，怀于忠良；小人之心，一于利欲，怀于谗佞。君子得位，有容于小人；小人得势，必排于君子。明君在上，不可不辨也。孔子曰：'远佞人'，又曰'恶利口之覆邦家者'，此之谓也。"忽必烈"嘉纳之"。①

针对"官制废则政事亡"和"守令废则民政亡"的弊端，当时不少富有统治经验的汉族地主阶级知识分子，从不同角度向忽必烈阐述"政贵得人，不贵多官"的意义。例如，李冶应召入对时，忽必烈问："魏征、曹彬何如？"李冶答道："征忠言谠论，知无不言，以唐净臣观之，征为第一。彬伐江南，未尝妄杀一人，儗之方叔、召虎可也。汉之韩、彭、卫、霍，在所不论。"又问："今之臣有如魏征者乎？"对曰："今以侧媚成风，欲求魏征之贤，实难其人。"接着又讲述了"辨奸邪、去女谒、屏谗慝"的重要性。忽必烈"嘉纳之"。② 刘秉忠也认为："明君用人，如大匠用材，随其巨细长短，以施规矩绳墨。""盖君子所存者大，不能尽小人之事，或有一短；小人所拘者狭，不能同君子之量，或有一长；尽其才而用之，成功之道也。"并进而指出，"相以领百官，化万民"，"将以统三军，安四域"，要慎重选择。还说"亲民莫近于县宰"，"县宰正，民自安矣"。最后他得出结论说：在机构设置和用人问题上，"不在员多，惟在得人焉耳"，赢得了忽必烈的赞许。③ 中统年间，马亨上书说："任相惟贤，官不必备，今宰相至十七员，宜加裁汰"；"左右郎署毗赞大致，今用豪贵子弟，岂能赞襄"；"建元以来，便民条画已多，有司往往视为文具，宜令宪司纠举，务在必行"④。忽必烈接受了他们的建议，于至元元年（1264）下令"减并路府州县官员"。后来，"中书、枢密事多壅滞，言者请置督事官各二人"。高鸣表示反对，他说："官得人，自无滞政，臣职在奉宪，愿举察之，毋为员外置人也。"得到了忽必烈的赞赏。至元七年（1270），议立三省，高鸣上书提出异议，他说："臣闻

---

① 《元史》卷 157《刘秉忠传》。
② 《元史》卷 160《李冶传》。
③ 《元史》卷 157《刘秉忠传》。
④ 《元史》卷 163《马亨传》。

三省，设自近古，其法由中书出政，移门下，议不合，则有驳正，或封还诏书；议合，则还移中书；中书移尚书，尚书乃下六部、郡国。方今天下大于古，而事益繁，取决一省，犹曰有壅，况三省乎？且多置官者，求免失政也，但使贤俊萃于一堂，连署参决，自免失政，岂必别官异坐，而后无失政乎？故曰：政贵得人，不贵多官，不如一省便"。忽必烈"深然之，议遂罢。"① 忽必烈在上台前后，对于幕僚们向他进谏的"政贵得人，不贵多官"的意见，基本上是采纳并实践了的。他之所以三番五次访求"如魏征者"，其原因就在这里。

（二）发展生产与剥削方式方面的改革

主要有：

1. 劝课农桑以富民。成吉思汗起朔方，"其俗不待蚕而衣，不待耕而食，初无所事焉"②。进入中原以后，他们曾将落后的奴隶制的社会制度强加给内地，甚至提议尽毁农田以为牧地，造成了华北、中原地区社会经济的逆转。忽必烈早在潜邸时，就开始注意到这个问题的严重性。1247年他召见张德辉时，就曾提出"农家作劳，何衣食之不赡"的问题。张德辉直言不讳答道："农桑，天下之本，衣食之所从出者也。男耕女织，终岁勤苦，择其精者输之官，余麄恶者将以仰事俯育。而亲民之吏复横敛以尽之，则民鲜有不冻馁者矣。"③ 刘秉忠在写给他的书面报告中也说："今地广民微，赋敛繁重，民不聊生，何以耕耨以厚产业？宜差劝农官一员，率天下百姓务农桑，营产业，实国之大益。"④ 姚枢也劝他"重农桑、宽赋税、省徭役"⑤。后来忽必烈受命主管漠南汉地，有机会接触到华北、中原地区的社会实际，进一步了解到由于农桑遭到战争及诸侯长吏的破坏，而造成"汉地不治"的严重结局，认识到劝课农桑对于安定民生的重要意义。因此，1254年6月，他出王秦中，便以姚枢为劝农使，"教民畊植"⑥。1260年即位伊始，便"首诏天下"："国以民为本，民以衣食为

① 《元史》卷160《高鸣传》。
② 《元史》卷93《食货一·农桑》。
③ 《元朝名臣事略》卷10《宣慰张公》。
④ 《元史》卷157《刘秉忠传》。
⑤ 《元史》卷158《姚枢传》。
⑥ 《元史》卷158《许衡传》。

本，衣食以农桑为本"，要国人"崇本抑末"。同时，"命各路宣抚司择晓
农事者，充随处劝农官"。次年，"立劝农司，以陈邃、崔斌等八人为
使"①，并且发布诏书规定："今后有能安集百姓、招诱逃户、比之上年增
添户口、差发办集，各道宣抚司关部申省，别加迁赏；如不能安集百姓、
招诱逃户，比之上年户口减损，差发不办，定加罪黜。"② 1264 年农历八
月初四，"中书省钦奉圣旨内一款节该：诸县尹品秩虽下，所任至重，民
之休戚系焉。往往任用非人，致使恩泽不能下及，民情不能上通，掊克侵
凌，为害不一。今拟于省并到州县内，选差循良廉干之人，以充县尹，给
俸公田，专一抚字吾民，布宣新政，仍拟五事考校为升殿：户口增、田野
辟、词讼简、盗贼息、赋役平。五事备者为上选，内三事成者为中选，五
事俱不举者黜"③。1270 年二月乙酉，"申严畜牧损坏禾稼桑果之禁"，壬
辰，"立司农司，以参知政事张文谦为卿，设四道巡行劝农司"。闰四月
"癸未，诏谕西夏提刑按察司管民官，禁僧徒冒据民田。壬辰，申明劝课
农桑赏罚之法"。"十二月丙申朔，改司农司为大司农司，添设巡行劝民
使、副各四员，以御史中丞孛罗兼大农司卿。"安童提出反对，忽必烈
说："司农非细事，朕深谕此，其令孛罗总之。"④ 司农司之设，专掌农桑
水利；"仍分布劝农官及知水利者，巡行郡邑，察举勤惰，所在牧民长
官，提点农事，岁终第其成否，转申司农司及户部，秩满之日，注于鲜
由，户部照之以为殿最，又命提刑按察司加体察焉。其法可谓至矣！"同
年，又颁布农桑之制一十四条⑤，规定：

（1）全国以自然村为基础编社。"县邑所属村疃，凡五十家立一社，
择高年晓农事者一人为之长，增至百家者，别设长一员。不及五十家者，
与近村合为一社。地远人稀，不能相合，各自为社者听。"

（2）社长教督农事、维护封建风纪。"其合为社者，仍择数村之中，
立社长官司长以教督农民为事。凡种田者，立牌厥于田侧，书某社某人于
其上，社长以时点视劝诫。不率教者，籍其姓名，以授提点官责之。其有
不敬父兄及凶恶者，亦然。仍大书其所犯于门，俟其改过自新乃毁，如终

① 《元史》卷 93《食货一·农桑》、卷 4《世祖纪一》。
② 《元典章》卷 19《荒闲田地给还招收逃户》。
③ 《元典章》卷 2《圣政一·饬官吏》。
④ 《元史》卷 7《世祖纪四》。
⑤ 《元史》卷 93《食货一·农桑》。

岁不改，罚其代充本社夫役。"

（3）社中诸农户、社与社之间有互助的义务。"社中有疾病凶丧之家不能耕种者，众为合力助之。一社之中灾病多者，两社助之。"

（4）社长享有免除科差的特权。"凡为长者，复其身，郡县官不得以社长与科差事。"

（5）设官分司水利。"农桑之术，以备旱暵为先。凡河渠之利，委本处正官一员以时濬治。或民力不足者，提举河渠官相其轻重，官为导之。地高水不能上者，命造水车。贫不能造者，官具材木给之。俟秋成之后，验使水之家，俾均输其直。田无水者凿井，井深不能得水者，听种区田。其有水田者，不必区种。仍以区田之法，散诸农民。"

（6）农户种植桑枣、榆柳、杂果。"种植之制，每丁岁种桑枣二十株。土不宜者，听种榆柳等，其数亦如之。种杂果者，每丁十株，皆以生成为数，愿多种者听。其无地及有疾者不与。所在官司申报不实者，罪之。"

（7）实行多种经营，以备荒年。"仍令各社布种苜蓿，以防饥年。近水之家，又许凿池养鱼并鹅鸭之数，及种莳莲藕、鸡头、菱角、蒲苇等，以助衣食。"

（8）荒闲之地，优先分给贫者。"凡荒闲之地，悉以付民，先给贫者，次及余户。"

（9）州县官要督察防治病虫害。"每年十月，令州县正官一员，巡视境内，有虫蝗遗子之地，多方设法除之。"

封建史家对上述措施评价极高，谓"其用心周悉若此，亦仁矣哉"。此后不久，司农司又编定《农桑辑要》一书，颁行于世，用以指导农业生产。

忽必烈的这一整套劝课农桑的改革，是对被征服地区农业社会经济状况的适应。1275年，他在写给湖北降臣高达的信中，阐明了这一根本转变，他说：

　　昔我国家出征，所获城邑，即委而去之，未尝置兵戍守，以此连年征战不息。夫争国家者，取其土地人民而已，虽得其地而无民，其谁与居。今欲保守新附城壁，使百姓安业力农，蒙古人未之知也。尔熟知其事，宜加勉旃。湖南州郡皆汝旧部曲，未归附者何以招怀，生民何以安业，听汝为之。①

2. 行仁政，不嗜杀，保护社会生产力，改变对被攻陷之地实行"屠城"的做法。1252 年夏，忽必烈奉蒙哥之命率师征大理，在曲先脑儿地方夜宴，姚枢向他讲述宋太祖，遣曹彬取南唐，不杀一人、市不易肆的故事。第三天，忽必烈据鞍呼曰："汝昨夕言曹彬不杀者，吾能为之，吾能为之。"翌年师及大理城，他派姚枢"裂帛为旗，书止杀之令，分号街陌"，由是"民得相完保"②。1259 年，忽必烈征鄂时，曾召宋子贞至濮，"问以方略"。宋子贞对曰："本朝威武有余，仁德未洽。所以拒命者，特畏死尔，若投降者不杀，胁从者勿治，则宋之郡邑可传檄而定也。"忽必烈"善其言"。③ 张文谦与刘秉忠也进言："王者之师，有征无战，当一视同仁，不可嗜杀。"忽必烈说："期与卿等守此言。"既入宋境，"分命诸将毋妄杀，毋焚人室庐，所获生口悉纵之"。④ 后来，忽必烈在伐灭南宋的整个过程中，曾三令五申，"降不杀人之诏"，使宋境广大人民群众免遭屠戮。

3. 整顿户籍和赋役制度。自成吉思汗、窝阔台汗以来，北方的户籍制度、赋税制度十分混乱。蒙古贵族在各自的食邑内自行招集户口，有的还用武力掠夺，并且擅自征敛，名目繁多，以致民不堪命。例如河东地区，郝经曾在《河东罪言》中备陈分封采邑制给这一地区人民所带来的灾难。他说："比年以来，关右、河南、北之河朔，少见治具，而河朔之不治者，河东、河阳尤甚。"又说："河东本居九州之冠，而今分裂顿滞极于困弊，反居九州之下"了。究其原因，乃分封采邑制造成"公赋""王赋"层出不穷，更因河东地方"土产菜多于桑，而地宜麻，专纺绩织布"，这就迫使农民不得不"折损价值，贸易白银，以供官赋"。非但如此，河东"一道课银独高天下，造为器皿，万里输献，则亦不负王府也"，"又必使贡黄金，始白银十折，再则十五折，复再至二十、三十折，至白银二两得黄金一钱，自卖布至于得白银，又至于得黄金，十倍其费"。以致农民"空筐篚之纺绩，尽妻女之钗钏，犹未充数，榜掠械系，

---

① 《元史》卷 8《世祖纪五》。
② 《元史》卷 158《姚枢传》。
③ 《元史》卷 159《宋子贞传》。
④ 《元史》卷 157《张文谦传》。

不胜苦楚，不敢逃命，则已极矣"。更有甚者，"今王府又将一道细分，使诸妃王子各征其民，一道州郡，至分为五七十头项，有得一城或数村者，各差官临督，虽又如汉之分王，王子诸侯各衣食，官吏而不足，而况自贡金之外，又诛求无艺，于是转徙逃散……人自相食"。① 针对这种状况，忽必烈于中统元年（1260），"立十路宣抚司，定户籍科差条例"②。一方面多次下令禁止蒙古贵族擅自招集民户；另一方面又进行"阅实户口"，按不同职业分成不同的户籍，同时又根据资产和丁力的多寡，分成三等九甲的户等制。1280 年，正式订立了南北赋税制度，从而改变了"元初，取民未有定制"③ 的局面。

忽必烈的改革，当时人称之为"变易旧章，作为新制"。因为它在不少地方触犯了蒙古旧俗，所以受到一部分守旧的蒙古贵族的强烈反对。早在 1257 年，蒙哥汗对忽必烈在漠南汉地的经营就表示不满，派遣阿兰答儿到陕西、河南"钩考"钱谷，实质上是反对忽必烈在统治方式上适应汉地经济情况所作的一些改革。1260 年，忽必烈在开平即汗位后，西北藩王一面派使节前来诘难，谓"本朝旧俗与汉法异，今留汉地，建都邑城郭，仪文制度，遵用汉法，其故如何"④？一面又策立阿里不哥为大汗，与忽必烈抗衡，并爆发了长达四年的战争；其后，乃颜、海都又发动了长达数十年的叛乱，都是守旧的蒙古贵族反对忽必烈改革的具体表现。

元初改革的社会后果

忽必烈是注重实践的，他所领导的元初的社会改革，也收到了比较好的社会效果。

1. 使北中国从前四汗时的疮痍满目，逐步走向大治。忽必烈在潜邸时，得邢州为份地。他接受刘秉忠的建议，任命张文谦"掌王府书记"。邢州地处要冲，"初分二千户为勋臣食邑，岁遣人监领，皆不知抚治，征求百出，民弗堪命"。这种情况引起了刘秉忠与张文谦的注意。他们向忽必烈报告说："今民生困弊，莫邢为甚。盍择人往治之，责其成效，使四

---

① 《郝文忠公文集》卷 32。
② 《元史》卷 93《食货一·科差》。
③ 《元史》卷 93《食货一·序》。
④ 《元史》卷 125《高智耀传》。

方取法，则天下均受赐矣。"忽必烈接受了刘秉忠、张文谦的以邢州作为改革试点的建议，选派近侍脱兀脱、尚书刘肃、侍郎李简前往邢州。"三人至邢，协心为治，洗涤蠹敝，革去贪暴，流亡复归，不期月，户增十倍。"① 邢州原有万余户，蒙金战争中，人民纷纷逃亡，到贵由汗时，仅剩下五七百户。经过忽必烈派脱兀脱等三人去治理，"流民复业"，出现了境内大治的局面，后来"升邢州为顺德府"②。这是忽必烈着手改革的成功例子。1253 年，忽必烈又派马亨负责治理京兆分地。"亨以宽简治之，不事掊克，凡五年，民安而课裕。"③ 1254 年，忽必烈受蒙哥汗之封，以关中为份地，遂派姚枢为劝农使，又派许衡去建立学校，"人人莫不幸喜来学"，"民大化之"④。其先，关中原有八州十二县，因"兵火之余"，"户不满万"，民皆惊忧无聊。忽必烈又增派杨惟中为宣抚、商挺为郎中，加以治理。他们"进贤良、黜贪暴、明尊卑、出淹滞，定规程，主簿责，印楮币、颁俸禄、务农薄税，通其有无。期月，民乃安。诛一大猾，群吏咸懼"⑤。1256 年，忽必烈又命令商挺"兼治怀孟"，结果"境内大治"。1260 年，忽必烈起用张德辉为河东南北路宣抚使。张德辉上任后，"击豪强，黜赃吏、均赋役"，于是"耆耋不远数千里来见，曰：'六十年不复见此太平官府矣'"⑥。1264 年，忽必烈"诏（张）文谦以中书左丞行省西夏、中兴等路"，此地"俗素鄙野，事无统纪"，张文谦"得蜀士陷于俘虏者五六人，理而出之，使习吏事，旬月间簿书有品式，子弟亦知读书，俗为一变"。又浚唐来、汉延二渠，溉田十数万顷，"人蒙其利"。⑦对此，姚枢后来总结说："太祖（成吉思汗）开创，跨越前古，施治未遑。自后数朝，官盛刑滥，民困财殚。陛下（忽必烈）天资仁圣，自昔在潜，听圣典，访老成，日讲治道。如邢州、河南、陕西，皆不治之甚者，为置安抚、经略、宣抚三使司。其法，选人以居职，颁俸以养廉，去污滥以清政，劝农桑以富民。不及三年，号称大治。"⑧

① 《元史》卷 157《张文谦传》。
② 《元史》卷 157《刘秉忠传》。
③ 《元史》卷 163《马亨传》。
④ 《元史》卷 158《许衡传》。
⑤ 《元史》卷 159《商挺传》。
⑥ 《元史》卷 163《张德辉传》。
⑦ 《元史》卷 157《张文谦传》。
⑧ 《元史》卷 158《姚枢传》。

2. 减少征服战争所造成的破坏，从而为南方社会生产力的恢复与发展提供了条件。从 1214 年蒙古攻金，到 1279 年南宋亡，数十年间，黄河、长江一带战火一直没有停息。宋元交战区，主要在四川、两淮、荆襄。忽必烈征大理，也是取道四川南下的。战争本身是一种非生产性消耗，它无疑会对社会生产力造成破坏。在忽必烈征大理、伐宋的全过程中，各地所遭受的破坏程度不一。在四川的战事持续了数十年，破坏较大，至元十七年（1280）时，这里的户口才 12 万户，许多州县不得不合并。荆襄地区的战争也比较激烈，但部分地区是投降的，破坏相对小一些。长江下游的锡、崑、吴、松以及杭、嘉、湖一带，未有大战，多系投降元朝的，因此，也未遭到太大的破坏。福建沿海及汀州、建宁、广东南部，战争持续的时间长，潮州是在南宋临安投降后六年才被元军攻克的，破坏大一点，人口减半。

在这里，我们并不讳言忽必烈在灭宋过程中对江南各地社会生产力的破坏，同时也必须指出，忽必烈接受汉族地主阶级知识分子的劝谏，改变了原来肆意杀掠的做法，使这种破坏降到较小的程度。例如，1252 年七月，忽必烈奉蒙哥之命往征大理，大理国王高祥拒命，杀信使遁去。忽必烈怒而"将屠其城"，被张文谦、刘秉忠和姚枢等幕僚所劝阻。1259 年，又率师攻宋，还是张文谦、刘秉忠向他建议"不可嗜杀"。忽必烈采纳了他们的意见，并下令诸将，既入宋境，一不妄杀，二不纵火，三将所获生口悉纵之。并作为戒律要诸帅遵守。① 1262 年下令禁止"不急之役"；1264 年后，又多次重申此项禁令。1261—1274 年，先后五次下令禁止牧马践踏田禾，不许蒙古贵族和地方军队随意扩大牧场，以保护农业生产。前述忽必烈给湖北降臣高达的信中所说的"使百姓安业力农"，可以说是忽必烈灭宋过程中的一个基本的指导思想。在这个思想的指导之下，忽必烈比较重视保护社会生产力，对蒙古贵族、军事将领乃至世家大族"抑良为奴"的行为，也总是加以限制或打击的。这种例子很多，兹不一一。忽必烈尽可能地把战争的破坏降低到较小的限度，为社会生产力的恢复和发展提供了可能。就以海宁州为例：海宁知州臧梦解，是至元十三年（1276）投降元朝的。起初在婺州、息州等地任职，后来调到海宁。他在海宁任职期间，"门无私谒，官署萧然，凡有差役，皆当其贫富，而吏无

---

① 《元史》卷 157《张文谦传》。

所预。于是民以户计者，新增七百六十有四；田以顷计者，新辟四百四十有三；桑柘榆柳，交荫境内，而政平讼简，为诸州县最"①。王磐在 1273 年为《农桑辑要》题写的序文中说："圣天子（指忽必烈）临御天下，欲御天下，欲使斯民生业富乐，而永无饥寒之忧，诏立大司农司，不治他事，而专以劝课农桑为务，行之五六年，功效大著，民间垦辟种艺之业，增前数倍。"许有壬在《正始十事》中也说，忽必烈即位后，"廪有余粟，帑有余财"②。显然，这与忽必烈注意保护社会生产力、尽可能减少战争破坏有着不可分割的联系。

3. 加强了中央集权制统治，改变了"政出多门"的局面。忽必烈"采取故老诸儒之言"，进行体制改革的中心，就是"考求前代之典，立朝廷而建官府"。"辅相者曰中书省，本兵者曰枢密院，主弹纠者曰御史台，以次建置。内外百司庶府，各因其事而举矣。"③ 中书省下辖吏、户、礼、兵、刑、工六部，"以总庶务"；枢密院"以掌兵要"；御史台"以纠弹百司"，即管监察。忽必烈曾十分形象地比喻说："中书朕左手，枢密朕右手，御史台是朕医两手的。"④ 可见忽必烈所进行的体制改革的根本目的，是加强专制主义中央体制的统治。除此而外，中央还因事而设立各种院、司一类机构，专门管理种种具体事务，如大司农司、通政院、将作院等，均直接听命于皇帝。而地方行政机构，则为路、府、州、县。"路府州县各立长官曰达鲁花赤，掌印信，以总一府一县之治。判署则用正官，在府则总管，在县则县尹。"⑤ 在中央与地方之间，设"行省""道"，前者原为中央派出机构，后者有类于"军区"，它们是中央与地方联系的枢纽。忽必烈通过这一套体制上的改革，加强了对地方的控制，从而堵塞了"政出多门"，这无疑有利于加强国家的统一。

4. 奠定了忽必烈战胜西北藩王的分裂活动和汉地军阀割据的基础，促进了统一多民族国家的历史向前发展。忽必烈在漠南汉地与汉族地主阶级相结合而实行的一系列改革，增强了政治上、经济上的实力，当阿里不哥发动叛乱时，他才能得到汉地封建势力的支持，较快地消灭阿里不哥的

---

① 《元史》卷 177《臧梦解传》。
② 《至正集》卷 77。
③ 《元文类》卷 40《经世大典叙录·制官》。
④ 《草木子》卷 3 下《杂制篇》。
⑤ 同上。

分裂势力，使蒙古地区与中原归于统一。1262 年，就在他全力对付阿里不哥的时候，山东军阀李璮又发动了叛乱。忽必烈在幕僚的帮助下，及时发现了李璮的阴谋，采取了坚决镇压的措施，平定了李璮叛乱。李璮叛乱，引起了忽必烈的警惕，所谓"上惩李璮潜弭方镇之横"① 就是这个意思。接着，忽必烈下诏"各路总管兼万户者，止理民事，军政勿预"，撤掉了著名的张、史、严、汪等大家世族的军政职务。明确规定："诸路管民官理民事，管军官掌兵戎，各有所司，不相统摄。"② 从而消除了内部的不安定因素，巩固了统一，使自窝阔台汗起就存在的"群臣擅权，政出多门"的局面为之改观。其后，忽必烈集中力量进行统一南方的战争，征大理、灭南宋，并吐蕃，设立台澎巡检司主管台澎地区事务，结束了五代以来的分裂局面，推动了统一多民族国家的历史发展，也都是由于以元初的社会改革作基础，才得以实现的。

元初改革的局限性

如上所述，忽必烈的建国思想是"祖述变通"。"祖述"与"变通"是相辅相成的。单单指出他的"变通"即改革的一面还不够，还必须承认他的"祖述"即保守的一面。所谓"祖述"，用忽必烈的话来说，就是不"敢忘烈祖之规"，"稽列圣之洪规"。因此，"祖述"反映了他所领导的元初社会改革具有一定的局限性。

这种局限性表现在忽必烈作为蒙古贵族集团的最高代表，为保护蒙古贵族的特权，坚持民族压迫，防止大权旁落，有意识地保留一些蒙古旧制上。

1. 分封采邑制。忽必烈虽然于至元元年（1264）十二月"始罢诸侯世守，立迁转法"③，但是并没有从根本上否定分封采邑制。相反，投下封邑制以及对贵族、官僚的赐田，却依然盛行。史称："元之为制……凡诸王及后妃公主，皆有食采份地。其路府州县得荐其私人以为监，秩禄受命如王官，而不得以岁月通选调。其赋则五户出丝一斤，不得私征之，皆

---

①　《元朝名臣事略》卷 14《左丞董忠宪公》。

②　《元史》卷 5《世祖纪二》。

③　同上。

输诸有司之府，视所当得之数而给与之。其岁赐则银币各有差，始定于太宗（窝阔台）之时，而增于宪宗（蒙哥）之日。及世祖（忽必烈）平江南，又各益以民户。时科差未定，每户折支中统钞五钱，至成宗复加至二贯。其亲亲之义若此，诚可谓厚之至矣。至于勋臣亦然，又所以大报功也。"①

2. 达鲁花赤的设置。窝阔台时期，曾"诏以真定民户奉太后汤沐，中原诸州民户分赐诸王、贵戚、斡鲁朵"。耶律楚材"言非便，遂命各位止设达鲁花赤"。② 这时的达鲁花赤，只是诸王、贵戚、斡鲁朵在其份地上的代理人，职责是维护诸王、贵戚、斡鲁朵的权益。忽必烈统一全国以后，继承了这一旧制，并将它推广，在各局、院、司、所和地方行政机构——府、州、县——之中，遍设达鲁花赤③。这是与诸官以蒙古人为之长相符的。《元史·百官志》称："世祖……定内外之官……官有常职，位有常员，其长则蒙古人为之，而汉人、南人贰焉。于是一代之制始备，百年之间，子孙有所凭藉矣。"清人赵翼在考察了有元一代的官制之后说："故一代之制，未有汉人、南人为正官者。"④ 这种以蒙古人为正官的原则，是把天下看作蒙古贵族的天下，为了使"子孙有所凭藉"。所以把达鲁花赤这一蒙古旧制加以坚持和推广，说明忽必烈的改革是以不损害蒙古贵族权益为前提的。

3. 蓄奴制度。按社会发展的形态来看，大蒙古国处于奴隶制的历史阶段。攻城略地，掠夺人口为奴隶，是大蒙古国的基本国策。这一点，对忽必烈建立元朝产生了深广的影响，造成了元朝蓄奴制度的盛行。元朝"南北风俗不同，北方以买来者谓之驱口，南方以受役者为奴婢"⑤。奴隶的来源，如陶宗仪所说："今蒙古色目人之臧获，男曰奴，女曰婢，总曰驱口。盖国初平定诸国日，以俘到男女匹配为夫妻，而所生子孙永为奴婢。又有曰红契买到者，则其元主转卖与人，立券投税者是也。故买良为驱者有禁。又有曰陪送者，则探拨随女出嫁者是也。"⑥ 奴隶被使用于各

---

① 《元史》卷95《食货三》。
② 《元史》卷2《太宗纪》。
③ 《元史》卷85—90《百官志》。
④ 《廿二史札记》卷30《元制百官皆蒙古人为之长》。
⑤ 《历代名臣奏议》卷67《治道门》。
⑥ 《南村辍耕录》卷17《奴婢》。

个领域，并且还被投放市场，进行买卖。这样的例子，在元代史籍中是俯拾皆是的。这无疑是沿用蒙古旧制的结果。众所周知，蓄奴制度在中国历史上，几乎与封建社会相终始，但像元朝这样盛行，以及被广泛用于各个部门，却是不多见的，从而给元代的社会经济制度打上奴隶制残余的烙印也特别深。

4. 斡脱制度，即官商制度。蒙古人本来不会做生意，从大汗以至诸王、公主等，都将掠夺来的银两交给回回去放高利贷、做买卖，而坐收其息。从成吉思汗起，"斡脱每的勾当"就开始活跃，到蒙哥汗二年（1252），大蒙古国设立了专门机构，命大臣专管斡脱事。忽必烈建立元朝后，斡脱凭借蒙古统治者的支持，操纵了元代的商业，并享有种种特权，诸如货物不纳税钱，携带军器，行船鸣锣击鼓，行船不以开闸时刻，买卖盐引欺凌仓官，旅行住宿受特别保护，不预差役，与诸特殊户计如僧、道、也里可温、答失蛮等受同等待遇，等等，成为"元时之官商"①。元朝政府还为他们设置官府，称"斡脱所""斡脱局""斡脱总管府"等。斡脱钱的利息很高，所以又称"羊羔息"，就像母羊生羔羊那样，越生越多。这种斡脱制度，不仅阻碍工商业的发展，而且对整个社会经济起到破坏作用，是落后的蒙古旧制中的一项重要的经济制度，元初的社会改革并没有触动过它。

5. 科差制度。忽必烈时代的科差制度，是继承大蒙古国的一套老办法，但略有损益。史称："科差之名有二：曰丝科，曰包银。其法各验其户之上下而科焉。丝科之法，太宗丙申（1236）年始行之。每二户出丝一斤，并随路丝线、颜色于官；五户出丝一斤，并随路丝线、颜色输于本位。包银之法，宪宗乙卯（1255）年始定之。初汉民科纳包银六两，至是止征四两，二两输银，二两折收丝绢、颜色等物。逮及世祖，而其制益详。""中统元年（1260），立十路宣抚司，定户籍科差条例。然其户大抵不一，有元管户、交差户、漏籍户、协济户。于诸户之中，又有丝银全科户、减半科户、止纳丝户、止纳钞户；外又有摊丝户、储也速歹儿所管纳丝户、复业户，并渐成丁户。户既不等，数也不同。……然丝科、包银之外，又有俸钞之科，其法亦以户之高下为等，全科户输一两，减半户输五钱。于是以合科之数，作大门摊，分为三限输纳。被灾之地，听输他物折

---

① 翁独健：《斡脱杂考》，《燕京学报》第 29 期。

焉，其物各以时估为则。凡儒士及军、站、僧、道等户皆不与"。中统二年（1261），"复定科差之期，丝科限八月，包银初限八月，中限十月，末限十二月。中统三年（1262），又命丝科无过七月，包银无过九月。及平江南，其制益广。至元二十八年（1291），以《至元新格》定科差之法，诸差税皆司县正官监视人吏置局均科。诸夫役皆先富强，后贫弱；贫富等者，先多丁，后少丁"。① 显而易见，忽必烈所实行的科差制度，并没有脱出窝阔台汗、蒙哥汗所定科差制度的俗套，仍然是以户为单位，进行征摊的，只不过是"其制益详""其制益广"罢了。

6. 军事长官的世袭制。大蒙古国的典兵之官，视兵数多寡，定爵秩崇卑。"长万夫者为万户，千夫者为千户，百夫者为百户。"他们都是世袭的。到忽必烈时代，"内立五衙，以总宿卫诸军。卫设亲军都指挥使；外则万户之下置总管，千户之下置总把，百户之下置弹压，立枢密院以总之。……万户、千户、百户，分上中下。……万户、千户死阵者，子孙袭爵，死病则降一等。总把、百户老死，万户迁他官，皆不得袭。是法寻废，后无大小，皆世其官，独以罪去者则否"。② "国制，郡邑镇戍之卒，皆更相易置……既平江南，以兵戍列城，其长军之官，皆世守不易。"③

忽必烈沿用的蒙古旧制，除上述外，还有"撒花"等。

忽必烈的改革，反映了历史发展的客观要求，用当时人的话来说，就是"诚以时移事变，理势当然，不得不尔"④。其性质，即如恩格斯所说："在长期的征服中，比较野蛮的征服者，在绝大多数情况下，都不得不适应征服后存在的比较高的'经济情况'。"⑤ 忽必烈南下中原建立元朝，标志着处在奴隶制阶段的蒙古贵族对汉族封建农业社会的征服。野蛮的征服者可以靠他们的武力，对被征服地区发号施令，迫使人民不得不屈从于他们的统治，但是，却无法对经济规律发号施令，逆转经济发展的方向。否则他们在被征服地区的统治便不可能巩固。忽必烈的高明之处在于，他的改革适应了被征服地区的较高的经济情况，客观上符合了经济发展的规律，因而，他的改革，是属于低级的社会制度向高级的社会制度嬗变过程

---

① 《元史》卷 93《食货一·科差》。

② 《元史》卷 98《兵志一》。

③ 《元史》卷 99《兵志二》。

④ 《元文类》卷 14《三本书》。

⑤ 《马克思恩格斯选集》第 3 卷，第 222 页。

中的改革，具有一定的进步意义。但是，他在政治制度、经济制度、军事制度方面，还不同程度地保留了许多蒙古旧制。非但如此，由于忽必烈的改革，是属于适应被征服地区经济情况的一种改革，所以，随着征服时间的先后，在不同时期征服的地区所推行的制度也不同，结果北方多循金制，南方则多承宋制，呈现出南北异制的局面，诸如税粮制度、军人待遇、刑法制度等。这些事实，表明忽必烈的改革是不彻底的。

原载《中国史研究》编辑部编《中国古代改革家》，

中国社会科学出版社 1987 年 1 月版

第 3 辑

汉学香火

论郝经的政治倾向

13世纪20—70年代，中国社会处于大动乱之中。大蒙古国灭金、元灭南宋的战争都在这半个世纪中进行。民族矛盾和阶级矛盾交织上升。生活在这个时代的北方汉族地主阶级知识分子郝经，在当时北方汉族地主阶级知识分子中，具有一定的代表性。笔者无意于郝经个人功过的褒贬，只是想通过对郝经一生活动的历史考察，说明他的政治倾向形成的社会历史条件，从而揭示他所代表的北方汉族地主阶级知识分子在社会大动荡中的政治动向。

一

郝经，字伯常，其系出自太原郝乡，始祖郝仪迁至潞州（今山西长治），八世祖郝祚又迁至泽州（今山西晋城）之陵川。"自八世祖以下皆同居、业儒，匿德不仕，教授乡里，为一郡望族"①，遂为陵川人。郝经虽然祖居陵川，但其生其殁均不在陵川。金宣宗元光二年（1223年，南宋宁宗嘉定十六年，大蒙古国成吉思汗十八年）十一月，郝经生于许州（今河南许昌）临隶之城皋镇，19岁时金亡。元世祖至元十二年（1275年，南宋恭宗德祐元年）七月十六日，郝经死于元大都（今北京），终年52岁，归葬于保定西城外。次年宋亡。郝经的一生，是在金朝、大蒙古国、南宋三个政权下度过的。他每于颠沛流离、幽囚拘系之时，著书立说，必冠"陵川"于姓名之上，以示不忘祖宗丘垄之所在，故世人称其为陵川人。

郝经一生的活动，可以按他先后在三个政权下生活划分为三个不同的

---

① 苟宗道：《故翰林侍读学士国信使郝公行状》，《郝文忠公文集》卷首。

阶段：

第一阶段，1223 年至 1234 年，是郝经的少年时代，他作为金朝的臣民，在蒙金战争中，过着流亡生活。

金卫绍王大安三年（1211 年，南宋宁宗嘉定四年，成吉思汗六年），蒙古发动侵金战争。三年后，金朝发生内变，卫绍王被杀，金宣宗即位，改元贞祐。贞祐二年（1214）三月，蒙古兵围燕京，并分掠河北、山东各地。自贞祐元年秋至贞祐二年春，几个月之间，蒙古军"凡破九十余郡，所过无不残灭。两河、山东数千里，人民杀戮几尽，金帛、子女、牛羊马畜，皆席卷而去，屋庐焚毁，城郭丘墟矣"①。贞祐二年五月，金宣宗以河北残破，迁都于汴（今河南开封）。史称"贞祐之乱"。此间，郝经的父亲郝思温携家避兵河南。到金宣宗元光二年，河北、河东尽属蒙古，惟潞、泽尚属金。夏四月，蒙古军攻陵川。七月金上党公完颜开复泽州。十二月金宣宗死，金哀宗即位。

郝经生于蒙金战乱之中，又在蒙金战乱中长大。9 岁那年（金哀宗正大八年，元太宗三年，1231 年），蒙金战争进入后期阶段。这一年，蒙古军克金之凤翔，攻洛阳，河中诸城尽沦蒙古之手。郝经随父避难河南之鲁山，随居民"潜匿窟室"，遭到蒙古军"燎烟于穴"，被窒息致死者百余人。郝经的母亲也险些送命，被郝经救活。1232 年一月，蒙金在钧州南三峰山一战，金朝精锐丧失殆尽。接着，蒙古军攻打汴京。十二月，金哀宗逃至归德（今河南商丘）。这年春天，郝经的父亲举家"北首渡河居于保"②。1234 年一月，蒙古与南宋联兵合攻蔡州，城陷，金哀宗自杀，金朝灭亡。

第二阶段，1234 年二月至 1260 年三月，郝经生活在大蒙古国治下，并从一个布衣学者，官至大蒙古国江淮荆湖南北等路宣抚副使。此间，有五件事具体反映了郝经政治倾向的形成过程。

1. 铁佛寺五年读书生涯。元太宗十年（1238），郝经 16 岁，其父居官于保定满城，郝经"始知学"，就读于铁佛寺僧张仲安之南堂。据说他"日诵二千言为课，夜则考其传注。始入夜，往庀家事春粟治菽，二鼓入于书堂，茕灯隐几，不解衣带，阅诵缀录，昏怠则仰就背枕以假寝，方五

① 《建炎以来朝野杂记》乙集卷 19《鞑鞑款塞》。
② 郝经：《北风亭记》，《郝文忠公文集》卷 26。

鼓，往庀家事负薪汲水，黎明入于书堂，以是为常"，凡五年①。此间，郝经立下这样的座右铭："不学无用学，不读非圣书，不务边幅事，不作章句儒，达必先天下之忧，穷必全一己之娱。"并且"以兴复斯文，道济天下为己任，读书则专治六经，潜心伊洛之学，涉猎诸史子集，以穷理尽性修己治人为本。其余皆厌视而不屑也"。② 所谓"以兴复斯文，道济天下为己任"，所谓读书"以穷理尽性修己治人为本"，都是讲的学习目的。其所以如此，乃是当时处于乱世的社会条件决定的。金亡以后，大蒙古国不行科举制，一般儒生通过科举制向上爬的道路被阻塞。然而，他们仍以继承和发扬传统文化为己任，要他们不去学习和积累"济天下""治人"的本领是不可能的。这可以说，在当时北方的汉族地主阶级知识分子中间，带有普遍性。

2. 在贾辅、张柔家做家庭教师。金朝"贞祐之乱"后，黄河以北的金朝各级地方政权纷纷瓦解。金亡以后，原金朝统治区尽属蒙古，但是，由于大蒙古国长于征讨，而不善于经略，北方地区的各级地方政权并没有相应地建立起来。因此，在各地称雄的，实际上是一批汉族地主武装，有类于唐代的藩镇割据。不少汉族地主武装的首领被大蒙古国分别授予万户、千户、百户的官号。张柔、史天泽、严实等势力甚大，被封为万户。而在蒙金战乱的前前后后，北方的汉族地主阶级知识分子则"流离兵革中，生资荡然"③，为了讨生活，谋求政治上的出路，他们不得不投靠汉族地主武装；而那些据地称雄的汉族地主武装头子，也需要汉族地主阶级知识分子为之谋划、辅佐，于是这两种人便结合在一起。例如，宋子贞、商挺、王磐、刘肃、徐世隆等汉族地主阶级知识分子投奔万户严实，张德辉、杨果等投奔万户史天泽，王鹗等投奔万户张柔，成为他们的幕僚。④

郝经所选择的道路，与上述汉族地主阶级知识分子无异。1243年（南宋理宗淳祐三年，蒙古乃马真称制二年），郝经20岁。这年冬天，郝经受到万户张柔下属贾辅的赏识，被聘为家庭教师。贾辅时为大蒙古国顺天路左副元帅，他于金末豪杰哄起之际，尽收河朔之书；金亡之后，又尽收河南、淮南之书，计数万卷，藏之于楼，取名"万卷楼"，并于楼侧筑

---

① 郝经：《铁佛寺读书堂记》，《郝文忠公文集》卷26。
② 苟宗道：《故翰林侍读学士国信使郝公行状》，《郝文忠公文集》卷首。
③ 刘祁：《归潜堂记》，《归潜志》卷14。
④ 以上诸人事迹，俱见《元史》本传。

"中和堂"，尽以楼之书与郝经观览，"时令讲解一编"。如是者凡七年。①
郝经的"声名日盛"。1250 年春，郝经离开贾馆。旋又被万户张柔请馆于
帅府，教授诸子。张柔也藏书万卷，郝经尽得睹。郝经在贾辅、张柔家，
既是家庭教师，又是幕僚。后来在宪宗九年（1259），忽必烈奉命征鄂，
郝经从行，在濮州会有得宋国奏议以献，其言谨边防，守要冲，凡七道，
忽必烈遂下诸将议。郝经奏曰："我国家开创以来，弯弓跃马，穷征远讨
四十余年，纲纪未立，民不聊生。彼之君臣辑睦，政事修明，无衅可乘。
我乃空国而来，侥幸一举，诸侯窥伺于内，小民凋弊于下，故人之攻吾者
不啻数十百道而不备，乃利人久备之道而攻之，臣见其危矣。愿王整兵修
武以俟西师，藏器于身，待时而动，与修帝德以应天心，明王道以慰人
望，简贤良以尊将相，亲宗室以壮基图，抚诸国以消僭慝，制诸道以防窥
窃，实屯戍以严武备，结盟好以弭兵锋，兴学校以育英才，恤疮痍以养元
气，如是，则祸变可弭，社稷无虞，我无衅而宋可图矣。"忽必烈见郝经
"儒生谈论兵事剀切，愕然曰：'是汝与张拔都（柔）共议邪？'"郝经解
释说："臣少馆于张侯之门，亦尝闻其议论，此特臣臆说，张侯初不与知
也。"② 忽必烈的问话和郝经的答语，反映出郝经与张柔之间密切的政治
关系。因此，郝经在贾辅、张柔家为教师期间，是他政治倾向性确立的
时期。

3. 与元好问、赵复的关系。大约在贾辅、张柔家为教师期间，郝经
结识了金朝遗老元好问和南方理学大师赵复。元好问在金亡后不仕，往来
燕赵间，采撷遗逸，郝经称其为"一代宗匠"。元好问早年受业于郝经的
祖父郝天挺，见到郝经后，"奇之，曰：'吾子状类先生，才识间出家世
渊源有所积而然也。'遂相与论作诗作文法，复勉公（指郝经）以百世远
大之业"③。郝经高度赞赏元好问的学问和为人，写过《元遗山真赞》④；
1257 年秋元好问逝世，郝经接到讣告，立即赶去参加葬礼，到了常山，
元好问已经归葬，郝经"爇文酹酒，哭于画像之前"，说"经复逮事先生
者有年，义当叙而铭之"，遂作《遗山先生墓铭》⑤。赵复原为南宋的理学

---

① 郝经：《万卷楼记》，《郝文忠公文集》卷 25。
② 苟宗道：《故翰林侍读学士国信使郝公行状》，《郝文忠公文集》卷首。
③ 同上。
④ 《郝文忠公文集》卷 22。
⑤ 《郝文忠公文集》卷 35。

大师，1235 年，窝阔台命太子阔出率师伐宋，德安军民不肯投降，城破遭屠。赵复因属儒生而未被杀害。姚枢奉命劝其归顺大蒙古国，并强行带他北上，将南方理学传播到北方。① 大约在 1248 年，郝经在贾馆时，曾拜见赵复，后又写了《与汉上赵先生论性书》，盛赞赵复将理学传播于北方功劳。② 在《送汉上赵先生序》③ 一文中，又将赵复比于孔子、孟子、司马迁、杜甫、韩愈。赵复也十分赏识郝经，据苟宗道说："江汉赵先生爱公（郝经）文笔雄赡，练达理性，谓之曰：'江左为学读书如伯常者甚多，然似吾伯常挺然一气立于天地之间者，盖亦鲜矣。'"④ 赵复对郝经的称赞，使郝经的名气益重。自此而后，诸镇侯伯驰书交币来聘，郝经皆拒而不答。元好问、赵复与郝经的交往，对郝经产生了很大的影响。前者勉励他"以百世远大之业"；后者在理学方面，给予他不少教诲。这些对于郝经政治倾向性的形成，是起了一定作用的。

4. 金莲川幕府的幕僚。早在 1244 年，忽必烈就在潜邸，"思大有为于天下，延藩府旧臣及四方文学之士，问以治道"⑤，并派赵璧"驰驿四方，聘名士"⑥。1251 年，宪宗蒙哥即汗位，以忽必烈是同母弟中"最长且贤"，遂"尽属以漠南汉地军国庶事"⑦。忽必烈开府于金莲川，郝经受到举荐。1255 年秋九月，32 岁的郝经东行入鲁，拜谒孔庙。忽必烈便遣使至曲阜召郝经，郝经"不起"。十一月，召使复至，郝经叹曰："读书为学，本以致用也。今王好贤思治如此，吾学其有用矣。"遂随召使北上。1256 年正月，见忽必烈于沙陀。从此开始了他的政治生涯。忽必烈"问以帝王当行之事"，郝经"援引二帝三王治道以对，且告以亲亲而仁民，仁民而爱物之义"。忽必烈"喜溢不倦"，"自后连日引对论事，甚器重之。且命条奏所欲言者"。郝经遂上《立国规模》三十余条。忽必烈又问"当今急务"，郝经"举天下蠹民害政之尤者十一条上之，切中时弊"，忽必烈"皆以为善"。有些虽不能立即实行，后来建立元朝时，"凡更张

---

① 参见《元史》卷 189《赵复传》、卷 159《赵璧传》、卷 157《郝经传》。
② 《郝文忠公文集》卷 24。
③ 《郝文忠公文集》卷 30。
④ 苟宗道：《故翰林侍读学士国信使郝公行状》，《郝文忠公文集》卷首。
⑤ 《元史》卷 4《世祖本纪》。
⑥ 《元史》卷 189《赵复传》、卷 159《赵璧传》、卷 157《郝经传》。
⑦ 《元史》卷 4《世祖本纪》。

制度"，采纳郝经的意见办的约"十六七"①。从此郝经成为忽必烈的一名
重要幕僚。

　　5. 出任大蒙古国江淮荆湖南北等路宣抚副使。自从灭金以后，蒙古
军就开始南下，战端迭起，蒙古与南宋的矛盾成为当时中国大地上的主要
民族矛盾。1258 年（南宋理宗宝祐六年，元宪宗八年）二月，蒙哥"自
将伐宋，由西蜀以入。命张柔从忽必烈征鄂，趋杭州。命塔察攻荆山，分
宋兵力"②。郝经应召，从忽必烈南行。在濮州，他向忽必烈讲述"古之
一天下者，以德不以力"的历史经验。郝经通过对敌我双方情况的一虚
一实的分析，试图达到劝阻忽必烈攻南宋的目的。郝经据实摆出了大蒙古
国"诸侯窥伺于内，小民凋弊于下"的"危"局，已如上述，然而他认
为南宋方面"君臣辑睦，政事修明，无衅可乘"，则是虚假的。事实上，
当时南宋内部矛盾重重。一方面，由于统治集团的穷奢极欲，巧取豪夺，
和封建地主阶级疯狂兼并土地，对农民阶级敲骨吸髓，结果导致了阶级矛
盾十分尖锐。另一方面，南宋统治集团内部互相倾轧，外戚、宦官交相用
事，政治极端腐败，根本置国家民族的危亡于不顾。宋理宗时，吴昌裔曾
经指出："今朝廷上，百辟晏然，言论多于施行，浮文妨于实务，后族王
宫之冗费，列曹坐局之常程，群工闲慢之差除，诸道非泛之申请，以至土
木经营，时节宴游，神霄祈禳，大礼锡赉，藻饰治具，无异平时。至于治
兵足食之方，修车备马之事，乃缺略不讲。"③ 特别是沿边各地守将，派
系林立，各怀鬼胎，每于大敌当前，往往坐视不救，甚至幸灾乐祸。这就
大大削弱了南宋抵御蒙古军的力量。贾似道专权以后，专断独行，打击以
至陷害主张抗战的将领，南宋亡国之势已成。因此，郝经对南宋政治形势
的估计，是不真实的。郝经这样向忽必烈分析大蒙古国与南宋双方的情
况，其真实动机，是不主张伐宋。然而他毕竟已是忽必烈的幕僚，所以，
当忽必烈派杨惟中为江淮荆湖南北等路宣抚使，以郝经为副，率领归德军
到江上"宣布恩信，纳降附"的时候，杨惟中欲私还汴，郝经则说："我
与公同受命南征，不闻受命还汴也。"杨惟中怒而不听，郝经居然"率麾
下扬旌而南"。不过，一路上，在真定，在曹、濮，在唐、邓等地，郝经

---

①　苟宗道：《故翰林侍读学士国信使郝公行状》，《郝文忠公文集》卷首。
②　《元史》卷 3《宪宗本纪》。
③　《宋史》卷 408《吴昌裔传》。

一再向忽必烈致论，亟言不当南下，均未被采纳。①

1259 年，蒙哥统率的侵宋西路军，在四川遇到宋军的顽强抵抗，死伤甚众。消息传到东路军中，郝经趁机上《东师议》②，大意是要忽必烈按兵观衅，以全东师，换句话说，就是停止攻宋。忽必烈虽然觉得郝经的意见不无道理，但却以已经与蒙哥约定、不能中止为辞，而没有采纳，遂率师渡江围鄂州。同年七月，蒙哥死于合州钓鱼山。忽必烈召集将属讨论对策，郝经于十一月二日上《班师议》③，力主"修好于宋，归定大事"。适值贾似道遣间使请和，忽必烈便采纳了郝经的建议班师北上。

第三阶段，1260 年四月至 1275 年四月，郝经作为大蒙古国国信使出使南宋，被南宋当局拘禁于真州（今江苏仪征），过了长达 15 年的囚徒生活。

1260 年三月，忽必烈在开平即汗位。四月，遣使召郝经，欲令使宋。当时有人劝郝经"称疾勿行"。郝经则说："吾读书学道三十余年，竟无大益于世。今天下困弊已极，幸而天诱其衷，主上有意息兵，是社稷之福也。倘乘几挈会，得解两国之斗，活亿万生灵，吾学为有用矣。"遂赴召开平。忽必烈任命郝经为翰林侍读学士，赐佩金虎符、充国信大使，赍国书赴南宋，"告登宝位，布通好弭兵息民意"。当时，郝经曾要求忽必烈派一二蒙古官员偕行。忽必烈则以南宋"君臣皆书生，且贾似道在鄂时尝请和于我"为由，加以拒绝。临行前，忽必烈对郝经说："朕初即位，凡事草创，卿今远行，所当言者，可亟上之。"郝经奏便宜十六条，其中以"备御西王、罢诸道世袭尤为切至"。据说，后来忽必烈"皆节次行之"。

郝经一行，以刘仁杰为副使、高翿为参议、苟宗道为书佐，此外还有马德璘、孔晋等数十人。④ 郝经此行，交织着多种矛盾。就大蒙古国方面来说，王文统私下指使李璮侵宋，企图假手害郝经。就南宋方面来说，贾似道专权，还是 1259 年秋忽必烈围鄂时，宋理宗派贾似道军汉阳援鄂，并于军中拜右丞相。十月，自汉阳督师。十一月，蒙方攻城急，城中死伤

---

① 《元史》卷 157《郝经传》。

② 《郝文忠公文集》卷 32。

③ 同上。

④ 元人王逢：《读国信大使郝公帛书》注称有两说：一说郝经"率从者二十七人"；一说忽必烈"恻然曰：'四十骑留江南，曾无一人雁比乎'"。此两说孰为不确，待考。

至 13000 人。贾似道乃密令宋京到蒙方军中请称臣输币，不从。会蒙哥死讯至，贾似道再遣宋京请和议岁币，忽必烈将计就计，答允议和并趁机班师。对于这段丑史，贾似道蒙蔽宋理宗，以至朝野上下皆不知有所谓议和之事。1260 年，当郝经前来申好息兵且征岁币的时候，适值贾似道让廖莹中撰《福华编》，称颂他的所谓解鄂围之大功。贾似道做贼心虚，害怕自己的劣迹败露，乃密令淮东制置司将郝经一行拘禁于真州。① 李璮攻宋企图加害郝经的阴谋虽然没有得逞，贾似道的诡计却实现了。郝经被南宋拘禁了 15 年。由于贾似道捣鬼，郝经请入见宋朝皇帝，不报；请归国，亦不报。先后写给宋朝三省枢密院、两淮制置使、宋朝丞相贾似道以及宋朝皇帝的信，凡数十万言，皆不报。在被拘禁期间，南宋当局多次企图迫使郝经降宋，郝经的随行人员也因长期被拘禁而时出怨言，有的甚至由于"拘囚岁久，殆无生意"而"斗殴相杀死者"。郝经却说："吾一介书生，蒙主上两征而起，一命为宣抚使，再命为国信大使，舍忠与义其何以报向。……其生死进退在于彼国，吾惟有一守节不屈耳。吾祖宗以来七世读书，宁肯为不忠不义以辱中州士大夫乎？"拘禁的生活，没有动摇郝经的信念。他"思托言垂后"撰《续后汉书》《易春秋外传》《太极演》《厚古录》《通鉴书法》《玉衡贞观》等书及文集，凡数百卷。

1274 年（南宋度宗咸淳十年，元世祖至元十一年）六月，忽必烈大举伐宋。诏书中说："爰自太祖皇帝以来，与宋使介交通。宪宗之世，朕以藩职奉命相伐，彼贾似道复遣宋京诣我，请罢兵息民。朕即位之后，追忆是言，命郝经等奉书往聘，盖为生灵计也。而乃执之，以致师出连年，死伤相藉，系累相属，皆彼宋自祸其民也。襄阳既降之后，冀宋悔祸，或起令图，而乃执迷，罔有悛心，所以问罪之师，有不能已者。"② 遂命伯颜将兵伐宋，又命礼部尚书中都海牙及郝经的弟弟行枢密院都事郝庸入宋，"问执行人之罪"。七月，宋度宗死，四岁的宋恭宗即位。十一月，元军渡江，宋夏贵弃师走，伯颜会阿术趋鄂州。鄂州降，旋引兵东下。宋廷诏贾似道督师开府临安。次年正月，元军所向披靡，黄州、涟州、郸州、江州、南康军相继举城投降。二月，宋将孙虎臣、夏贵兵溃于江上，贾似道逃奔扬州。元尽陷江淮州军。宋廷始诏总管段佑以礼送郝经北归。

---

① 参见《宋史》卷 477《贾似道传》。
② 《元史》卷 4《世祖本纪五》。

郝经归途中病倒。四月到达大都,入见世祖,赐燕大庭,咨以政事。秋七月,病逝。

自称"中州士大夫"的郝经,是当时的理学名儒,在复杂而又尖锐的民族斗争旋涡中,这样了却一生,是很耐人寻味的。

二

郝经使南宋的书佐、门生苟宗道在为郝经写的《行状》中说:

> 公自弱冠,每以陈寿修《三国志》统纪紊乱、尊魏抑汉,后世不公之甚,他日必当改作。及闻晦庵先生有《通鉴纲目》,尝语人曰:纲目虽夺魏统而与汉,然一代完书,终未改正。公乃创作纪传序志论赞等书,其辞例森严正大,雄深雅健,黜奸雄之僭伪,继一世之正统,则昭烈孔明之心,白日正中也。若改曰《续后汉书》,若干卷。

《续后汉书》写于1271年夏五月至1272年冬十月,当时郝经仍被南宋拘禁在仪征。是书早已湮没不存,然1272年十月五日郝经写的《续后汉书序》,却保留在《郝文忠公文集》卷29中。这篇序文,是一篇史论。众所周知,史论即政论。郝经通过这篇序文,表达了他作为一名世代业儒的"中州士大夫"的正统思想。

郝经认为:陈寿"作《三国志》,以曹氏继汉,而不与昭烈,称之曰蜀。鄙为偏霸僭伪,于是统体不正,大义不明,紊其纲维,故称号议论皆失其正"。又说:"哀帝时荥阳太守习凿齿著《汉晋春秋》,谓三国蜀以宗室为正,魏虽受汉禅,晋尚为篡逆,蜀平而汉始亡,上疏请越魏继汉以正统体,不用。宋元嘉中,文帝诏中侍郎裴松之,采三国异同凡数十家以注寿书,补其阙漏,辨其舛错,绩力虽勤,而亦不能更正统体。历南北隋唐五季七百有余岁,列诸三史之后,不复议为也。宋丞相司马光作《通鉴》,始更蜀曰汉,仍以魏纪事,而昭烈为僭伪。至晦庵先生朱熹为通鉴作纲目,黜魏而以昭烈章武之元继汉,统体始正矣。然而本史正文犹用寿书,经尝闻缙绅先生余论,谓寿书必当改作。窃有志焉。及先人临终,复有遗命,继欲为之,事梗不能。"直到他被拘禁于仪征,"不令进退,束臂抱节,无所营为"的时候,才作《续后汉书》一百三十卷,"以昭烈篡承汉统，魏吴为僭伪"。"备昭烈之幽光，揭孔明之盛心；祛曹丕之鬼蜮，破懿昭之城府，明道术，辟异端，辨奸邪，表风节，甄义烈，核正伪曲折，隐奥传之，义理征之，典则而原于道德，推本六经之初，苴补三史之后，千载之蔽一旦廓然矣。"

郝经的这篇序文，是他正统思想的集中概括，也是对司马光、朱熹诸人正统思想的发挥。就这一点来讲，郝经以"中州士大夫"自诩，是合乎逻辑的。这不仅与他出身于八世业儒之家，"先人临终，复有遗命"有关，而且也与他"读书则专治六经，潜心伊洛之学"，受宋代理学的影响有关，在这一根本思想的支配之下，郝经的现实政治态度呈现出明显的矛盾。

首先，是正统思想与冲破夷夏藩篱行动之间的矛盾。在大蒙古国、金朝、南宋三国鼎立的情况下，在究竟谁为正统的问题上，郝经的倾向，实际上是以南宋为正统。因此，对此三者的称谓，有差异。对于大蒙古国，虽然是他服务与效忠的对象，然而，除了在他的使宋文移中，如《宿州与宋国三省枢密院书》《宿州再与三省枢密院书》《上宋主请区处书》《上宋主陈请归国万言书》等，开宗明义，自称"大蒙古国信使"外，在其他场合，则多半称大蒙古国为"北鄙"，如他写的《广威将军潞州肃事毛君墓志铭》《先妣行状》《乔千户行状》《房山先生墓铭》等，就是这样。"北鄙"也者，北方边邑之谓也。既称大蒙古国为北鄙，显然不是把它当作正统王朝，这是十分明白的。至于金国，因其为金朝遗少，所以在金亡之后，不忍加污，但也不像金朝遗老元好问那样"金亡不仕"，而是避称金国直呼别号——"金源"。据《金史·地理志》载称："上京路，金之旧土也。国言金曰按出虎（亦作按楚虎，又曰爱新），以按出虎水发源于此，故名金源；建国之号，盖源于此。"显而易见，呼金国为"金源"或"金源氏"，与称大蒙古国为北鄙相类，皆以初起之地命名。郝经在他的著述中称"金源"或"金源氏"表明，他并不认为金国是正统王朝。而对于南宋，他并不因其偏安江左而予以藐视，行文中多半称之为"宋国"，如《宿州与宋国三省枢密院书》中说："自有宋国以来，西、北二边，常为祖宗患。"这里所说的"西、北二边"，主要是指的西夏和辽，但也包括金与大蒙古国。在《再与宋国两淮制置使书》中，又称南宋为"堂堂大宋"，这显然不是出于讨好或客套。在《上宋主陈请归国万言书》中，说宋朝"自太祖受命，建极启运，创立规模，一本夫理。校其武功，有不逮汉唐之初。而革敝政，弭兵凶，弱藩镇，强京国，意虑深远，贻厥孙谋，有盛于汉唐之后者。尝以为汉氏之治似夫夏，李唐之治似夫商，而贵朝享国之久似夫周，可以为后三代"，认为宋朝"国体则以正"。毫无疑问，在郝经的心目中，南宋是正统王朝。

但是，郝经所生活的北中国，如果从辽朝立国算起，已有 300 年不是汉族封建王朝的统治区了；如果从金朝立国算起，也有 150 年不是汉族封建王朝的统治区了。这是历史所提供给郝经一类北方汉族地主阶级知识分子活动的现实基础。在这样一个现实基础上生活的北方汉族地主阶级及其知识分子，往往又不囿于上述正统思想来决定他们政治上的适从。换言之，他们的现实政治活动常常冲破了传统的夷夏观念，他们最重视的不在于做皇帝的人是少数民族（即所谓"夷"），还是汉族（"夏"），而是能否采用"汉法"，重用儒士。这也就是郝经所提出的政治上取舍的原则："今日能用士，而能行中国之道，则中国之主也。"[①] 这样，在郝经身上，就表现出正统思想与冲破夷夏观念行动之间的矛盾。

郝经身上所表现出的第二个矛盾，是"遗少"与"新贵"之间的矛盾。郝经生于金末，长于乱世，是金朝的一名遗少。但他却不像金朝遗老元好问那样，"金亡不仕"，而是适应忽必烈的需要，投到大蒙古国的怀抱，并受到重用，成为大蒙古国的一名"新贵"。从"遗少"到"新贵"，身份地位发生了根本性的变化，但是他对亡金的感情，却始终不泯。一方面，表现为他对亡金的追怀；另一方面，表现在他要忽必烈奉金朝为楷模。1253 年夏，郝经入燕，五月初，由金朝万宁故宫登琼花岛，慨然有怀，"想大定之治与有金百年之盛"，作《琼花岛赋》[②]。《琼花岛赋》凝聚着一个"遗少"对故国的无限怀恋之情，开头就说："楛矢飞燕，辽倾宋奔，中夏壮观，萃于金源。"接着又称颂金朝大定之治，使"天下晏然"，"风俗既厚，纲纪日完，财不聚而富，刑不用而措，政不更张而治"。最后触景生情："游子目之而生叹，故老思之而泪潜"，寄托了一个"遗少"对亡国的缕缕哀思。后来，郝经入仕大蒙古国，仍然不忘亡金。他曾写过《三峰山行》《青城行》《照碧堂行》《汝南行》[③] 等多首

---

① 《郝文忠公文集》卷 37《与宋国两淮制置使书》。
② 《郝文忠公文集》卷 1。
③ 《郝文忠公文集》卷 11。

政治抒情歌词，哀叹、惋惜金朝的灭亡。在《汝南行》中，为金朝末代皇帝惋惜，说："天兴不是亡国主，不幸遭逢真可惜，十年嗣位称小康，若比先朝少遗失。"非但如此，郝经还对在蒙金战争中，为金朝捐躯的一批"节义"之士，尤为推崇，曾作《金源十节士歌》[①]，称颂"王刚忠等十人，皆死事死国，有古烈之风"。十首歌词，教人对十节士"从今莫把夷狄看"，反问"中原几人能自守"？郝经的这种真切的感情，与他入仕大蒙古国而一跃成为新贵的行动本身，形成了尖锐的矛盾。

问题还远不止于此。1260 年八月，郝经被任命为"大蒙古国信使"出使南宋，及入宋境，他曾向忽必烈进《立政议》[②]，苦口婆心地要忽必烈奉金朝为楷模。他说："配天立极，继统作帝，熙鸿号于无穷"者，可谓有志于天下之君。而这样的君主，历代并不多。"于金源，则曰世宗、章宗，凡二帝，是皆光大炳烺，不辱于君人之名，有功于天下甚大，有德于生民甚厚。"希望忽必烈向他们学习，"能树立功成治定揄扬于千载之下"。具体的，是要忽必烈改变"自金源以来，纲纪礼义，文物典章，皆已坠没"的现状，"与天下更始"。即："以国朝（按，指大蒙古国）之成法，授唐宋之故典，参辽金之遗制，设官分职，立政安民，成一［代］王法。"在《删注刑统赋序》[③] 一文中，他说："宋真尚书德秀云：金国有天下，典章法度、文物声名在元魏右。经尝以是为不刊之论。盖金有天下，席辽宋之盛，用夏变夷，拥八州，而征南海，威既外振，政亦内修，立国安强，徙都定鼎，至大定间，南北盟誓既定，好聘往来，甲兵不试，四鄙不警，天下晏然，大礼盛典于是具举。泰和中，律书始成，凡在官者，一以新从事，国无弊政，亦无冤民，粲粲一代之典，与唐汉比隆。""国家今地过于金，而民物繁夥，龙飞凤舞，殆四十年，改正朔、易服色、修制度之事，谦让未遑。虽然必欲致治，创法立制，其先务也。"郝经身为大蒙古国的新贵，却念念不忘旧主金世宗、金章宗，不厌其烦地要忽必烈向他们学习，实质上，是要大蒙古国金源化。表明他仍不失其为金朝"遗少"的复杂的、矛盾的感情。

郝经身上所表现出来的第三个矛盾，是他作为大蒙古国江淮荆湖南北

① 《郝文忠公文集》卷 11。
② 《郝文忠公文集》卷 32。
③ 《郝文忠公文集》卷 30。

等路宣抚副使反对武力灭宋、作为大蒙古国信使却处处为南宋的"国运"计议之间的矛盾。蒙古联宋灭金以后，在中国大地上，北方是大蒙古国，南方是南宋，两个政权对峙。由于大蒙古国很快发动侵宋战争，蒙、宋之间的矛盾，遂成为当时中国国内的主要矛盾。在这个矛盾面前，郝经的政治倾向是反对忽必烈武力攻宋。

早在 1259 年，忽必烈奉命征鄂，郝经从行，在濮州，就以"结盟好，以弭兵锋"的思想劝忽必烈不要攻打南宋。郝经的意见在当时具有一定的代表性，以至于忽必烈误以为郝经"与张拔都（柔）共议邪"。此外，像著名的许衡，也持这种态度。据欧阳玄为许衡所写的《神道碑》记载，"伐宋之举，一时名公卿人售攻取之略，先生（许衡）言惟当修德以致宾服"。所以，后人《论赞》中说："鲁斋不陈伐宋之谋，其志大矣。"或曰："鲁斋不对伐宋之谋，伐国不问仁人之意也。"① 其后，郝经又进《东师议》，亟言连兵构祸于宋的难处，陈述企图以一旅之众而灭宋，绝不可能，要忽必烈"遣使喻宋，示以大信"，达到"偃兵息民"的目的。

郝经所以反对忽必烈武力攻宋，最主要的意图是希望忽必烈首先处理好大蒙古国内部的矛盾，在北中国建立起以忽必烈为首的封建专制主义中央集权制的统治。1259 年十一月二日，郝经所上《班师议》中，透露了这一点。郝经要忽必烈"修好于宋，归定大事"。其云："国家自平金以来，皆亢龙之师也，惟务进取，不遵养时晦，老师费财，卒无成功，三十年矣。蒙哥汗立政当安静以图宁谧，忽无敌大举，进而不退。界王东师，则不当进亦进也而遽进，以为有命不敢自逸。至于汝南，既闻凶讣，即当遣使遍告诸师，各以次还，修好于宋，归定大事，不当复进也而遽进，以有师期会于江滨，遣使喻宋，息兵安民，振旅而归，不当复进也而又进。"又说："师不当进而进，江不当渡而渡，城不当攻而攻，当速退而不退……役戍迁延，盘桓江渚，情见势屈……且诸军疾疫已十四五，又延引日月，冬春之交，疫必大作，恐欲迁不能。"接着，郝经具体地分析了大蒙古国内部的形势，说："吾国内空虚，塔察国王与李行省肱髀相依，在于背胁；西域诸胡窥觎，关陇隔绝；旭烈大王病民，诸奸各持两端，观望所立，莫不觊觎神器，染指垂涎，一有狡焉，或启戎心，先人举事，腹背受敌，大事去矣。且阿里不哥已行赦令，令脱里赤为断事官、行尚书省

① 《许文正公遗书》卷末。

据燕都，按图籍号令诸道，行皇帝事矣。虽大王素有人望，且握重兵，独不见金世宗、海陵之事乎？若彼果决称受遗诏，便正位号，下诏中原，行赦江上，欲归得乎？"郝经的这番话，可谓切中要害。因此，他要忽必烈"以祖宗为念，以社稷为念，以天下生灵为念，奋发乾纲，不为需下，断然班师，亟定大计"，"与宋议和，许割淮南、汉上梓夔两路，定疆界岁币"。显而易见，这是在大蒙古国内部最高统治权发生危机的时刻，郝经为忽必烈设计的一条最佳出路。同时，就当时蒙宋双方的形势来讲，无疑也是有利于南宋的。郝经的建议，被忽必烈采纳，使本来危在旦夕的南宋，又有了苟延残喘的机会。作为一个大蒙古国的江淮荆湖南北等路宣抚副使，从上任之初就坚持反对武力攻宋，这不能不认为是一个矛盾。

郝经的政治倾向，反映了北方汉族地主阶级知识分子在长期战乱之后，渴望和平的愿望。他曾经反复说过："金亡以来，兵乱极矣。"[1] "呜呼，中州遗士，锋镝之余……莫不引领拭目"，渴望"天下于治安"。[2] 也正是抱着这种愿望，当忽必烈夺取汗位后派他为国信使出使南宋的时候，他便拒绝友人的劝阻而毅然前往，并用他的重建南北朝的时势观，试图说服南宋当局屈辱与大蒙古国"讲信修睦"，实现"弭兵息民"的目的。这里显然又包含着为南宋的"国运"计议的内容。

郝经的重建南北朝的时势观，盖源于他对蒙、宋双方实力的估计。这也是他进入宋境被南宋当局拘禁起来而后，始终不卑不亢，能以鲁仲连自诩，为大蒙古国效忠的根本原因之所在。郝经认为，忽必烈"圣度优宏，开白炳烺，好儒求、喜衣冠，崇礼让。践祚之初，以为创法立制，非耆旧英贤则不可，乃起宋子贞于东平、王文统于益都、刘肃于彰德、许衡于覃怀，其余茂异特达，弓旌相望，使之论定统体，张布纲维，以为善治"[3]，因此，必将出现像金朝大定之初那样的大治局面。同时，他又在《复与宋国丞相论本朝兵乱书》[4] 中，详细论证了忽必烈的实力，指出阿里不哥叛乱必不能得逞，忽必烈终将一统大业，认为忽必烈"既以正位，一时豪杰云从景附，全制本国，奄有中夏，挟辅辽右、白霣、乐浪、玄菟、秽

---

① 《郝文忠公文集》卷 37《再与宋国两淮制置使书》。
② 《郝文忠公文集》卷 37《宿州与宋国三省枢密院书》。
③ 《郝文忠公文集》卷 37《与宋国两淮制置使书》《再与两淮制置使书》《宿州与宋国三省枢密院书》。
④ 《郝文忠公文集》卷 38。

貊、朝鲜，面左燕云常代，控引西夏、秦陇、吐蕃、云南，则玉烛金瓯未为玷缺，藩墙不穴，根本强固，倍半于金源，五倍于契丹"，实力雄厚。更因得到北方汉族地主武装的支持，"中国诸侯，如史、如李、如严、如张、如刘、如汪等，大者五六万，小者不下二三万，虓将劲卒，荏习兵革，骑射驰突，视蒙古、回鹘尤为猛鸷"，使忽必烈如虎添翼。从而认定以忽必烈为首的大蒙古国必将稳固地据有北方，成为北朝。

而对于南宋，郝经虽然肯定它是已有三百年历史的"礼义之邦"，但却对它污秽的一面，特别是对它屈辱苟安、腐败虚弱的本质，毫不留情予以揭露。郝经写过一首《陈桥门》的七言绝句，对宋朝开国皇帝赵匡胤进行非议，其曰："一片黄袍著帝躬，六军谋逆尔何功？太平三百年基业，都在当时涕泣中。"① 此外，郝经在《龙德故宫怀古一十三首》中，对北宋至南宋的诸多劣迹进行了抨击。这与前引他追怀亡金的诗歌的感情完全不同，表明他作为一名"中州士大夫"，对宋朝丧失信心，甚至预言："揆之天时人事，宋祚殆不远矣。"②

郝经在《上宋主陈请归国万言书》③ 中，论定南宋最好的选择是与大蒙古国划江而守，重新形成南北朝的局面。他说："盖自石氏失驭，耶律氏入汴，天下便有南北之势。以周世宗之英武，仅能取关南数县，终不能复有燕云。太祖受禅，则姑置北汉，使藩翰契丹，席周人之威，遂平诸僭，终不以燕云为事，但畀边将以权，使专制生杀，捍御疆场而已。创业垂统，保大定功，卒安中国，殆深见夫理，而不拘夫势，此其所以圣也。圣子神孙，继继承承，世为仪刑，与之定盟。至于金源，信誓愈固，是以南北乐生几三百年，一理之定，用之不尽，而享之无穷者，又可见矣。"郝经又说："夫有天下者，孰不欲九州四海奄有混一？"然而，考察当前双方形势，乃"理有所不能、势有所必不可也"。郝经还历数了从宋太祖、太宗、真宗、仁宗、神宗以至高宗不能混一南北的主客观条件，奉劝南宋当局"为扶持安全计"，不要幻想"收奇功，取幸胜"，"忘肩背之拥肿，轻泰山而重鸿毛"，贻误时机，尽快与大蒙古国议和，否则，"战争方始，而贵朝（南宋）可忧矣"。

---

① 《郝文忠公文集》卷 15。
② 卢挚：《郝公神道碑》。
③ 《郝文忠公文集》卷 39。

　　当然，郝经的这种南北朝时势观，并不可以理解为他主张大蒙古国和南宋之间建立起平等的睦邻关系，而是要南宋"屈己就和"。他在《宿州与宋国三省枢密院书》中曾说："通好之利，不在于北，而在于南，非惟今日，振古已然。王羲之谓江左立国，赖万里长江画而守护，风寒之处，不过数四，大抵江北羁縻而已。此诚至论。"又说："自宋有国以来，西北二边，常为祖宗患。寇准与契丹定盟，治平者百有余年。宣靖坏盟，终以失国。高宗渡江，善于处变，俾秦桧以盟合神圣之子母，归二帝之客枢，治平者二十余年。孝宗寻盟，治平者五十余年。是其明交往大验。"①不言而喻，郝经实际上是要求南宋当局或者像当年孙吴称臣于魏，或者像过去宋朝对辽、西夏、金朝那样割地纳币，以换取偏安江左的地位。因此，尽管郝经反复宣讲"夫南北之事，汉晋以来至于今，其成败皆可考。亲仁善邻则治，缔怨连祸则乱，无出此二者，自非大乱灭亡，一彼一此，徒以毙民"②，但是，他的重新形成南北朝的时势观，却始终没有脱离他效忠于大蒙古国的基本政治立场。

　　在这里，我们又看到重建南北朝的时势观与正统观念发生了矛盾。正像理论不适应人们的实践需要就要被修正一样，当正统观念与现实政治需要发生矛盾时，郝经就对他的正统观念进行修正了。其曰："天无必与，唯善是与。民无必从，唯德是从。"③ 就是说少数民族之善德者，可以入主中原。上述郝经身上所表现出来的系列矛盾，最终都在这种修正了的正统观念下统一了。郝经的思想与行动，在当时北方地主阶级及其知识分子中具有代表性。我们知道，在蒙、金、宋相互争战，广大北方地区长期陷于割据、战乱的情况下，北方汉族地主阶级普遍要求建立一个统一的强有力的中央政府，以更好地保护他们的利益。郝经从他修正了的正统观念出发，提出了"今日能用士，而能行中国之道，则中国主"的主张，并认为忽必烈"应期开运，资赋英明，喜衣冠，崇礼乐，乐贤下士，甚得中土之心，久为诸王推戴，稽诸气数，观其得度，汉高帝、唐太宗、魏孝文

---

① 《郝文忠公文集》卷37《宿州与宋国三省枢密院书》。
② 《郝文忠公文集》卷37《与宋国两淮制置使书》《再与宋国两淮制置使书》《宿州与宋国三省枢密院书》。
③ 《郝文忠公文集》卷19《时务》。

之流也"①，是最理想的候选人，客观上适应了北方汉族地主阶级的政治需要，是代表他们在说话。这一点，只要从当时北方的大大小小的汉族地主武装相继倒向大蒙古一边，大批的北方汉族地主阶级知识分子纷纷应忽必烈之召，涌入忽必烈的幕府，并成为忽必烈的中央政府和地方政府的官员等事实，便可得到检证。

三

郝经的政治倾向，从客观上说，是复杂的民族斗争的时代环境铸造的；从主观上说，是他功利主义思想的必然归宿。

如第一节所述，郝经生于乱世，成长于乱世，活动于乱世，死于乱世。所谓乱世，是指的大蒙古灭金、元灭南宋这一特定的民族矛盾激化的历史时代。面对大蒙古国发动的连绵不断的民族战争，郝经往往只注重战争所造成的疮痍满目、生灵涂炭的社会现实，却很少认真分辨战争的性质，追究历史的责任。乱世思治，就成为郝经最基本的政治出发点。从1256 年春正月，见忽必烈于沙陀，向忽必烈宣讲"治道"，到他出使南宋反驳劝阻他的人的一席话，都证明了这一点。

郝经专门写过一篇《思治论》②，阐述了他的乱世思治的基本立场。其云："国家奋起朔漠，奄有北土，一举而收燕云，再举而灭西夏，又再举而得关中，又再举而覆汴蔡，荆襄蜀汉继踵而破，高丽涉貊日出之国委命下吏，莎车乌孙昆仑虞泉日入之地尽入边陲，臣汉唐之所未臣，蜚扬突荡，席卷夷夏，蹂斥宇内，四十年矣"，然而，"务取而不知治，犹获石田也"。他认为，"吏民竭膏血、倒仓瘐、空抒轴、罄筐篚以供赋役"的现状必须迅即改变，主张讲"致治之道"，"修仁义，正纲纪，立法度，辨人材，屯戍以息兵，务农以足食，时使以存力，轻赋以实民，设学校以厉风俗，敦节义以立廉耻，选守令以宣恩泽，完一代之规模，开万世之基统"。

1260 年，他写的《立政议》③ 中，也明确指出："国家光有天下，绵

①　《郝文忠公文集》卷 37《与宋国两淮制置使书》《再与宋国两淮制置使书》《宿州与宋国三省枢密院书》。

②　《郝文忠公文集》卷 18。

③　《郝文忠公文集》卷 32。

历四纪恢拓疆宇，古莫与京，惜乎攻取之计甚切，而修完之功弗逮，天下之器日弊，而生民日益倦惫也。"希望忽必烈向元魏、金源学习，为"致治之主"，"下明诏，蠲苛烦，立新政，去旧污，登进茂异，举用老成，缘饰以文，附会汉法"，使"天下一新"。

其后，他又上《河东罪言》①，备陈河东之不治，表达了他的"愿治之心，比他人为尤"的急切心情，郝经说："国家光有天下五十余年，包括绵长亘数万里，尺箠所及，莫不臣服。惜乎纲纪未尽立，法度未尽举，治道未尽行，天之所与者未尽应，人之所望者未尽允也。比年以来，关右、河南北之河朔，少见治具，而河朔之不治者，河东、河阳尤甚。"又说：河东本居九州之冠，而今分裂顿滞极于困弊，反居九州之下了。郝经认为，造成河东不治的根本原因，是大蒙古国分封采邑制造成的。他指出："窃惟国家封建制度，不独私强本干与亲贤共享，以示大公。既分本国使诸王世享，如殷周诸侯；汉地诸道各使侯伯专制本道，如唐藩镇；又使诸侯分食汉地，诸道侯伯各有所属，则又如汉之郡国焉。"这种分封制的结果，造成"公赋""王赋"层出不穷，而"王赋皆使贡金，不用银绢杂色"，以致农民"空筐筐之纺绩，尽妻女之钗钏，犹未充数，榜掠械繫，不胜苦楚，不敢逃命，则已极矣"。更有甚者，"今王府又将一道细分，使诸妃王子各征其民，一道州郡，至分为五七十头项，有得一城或数村者，各差官临督，虽又如汉之分王，王子诸侯各衣食，官吏而不足，而况自贡金之外，又诛求无艺，于是转徙逃散……人自相食"。因此，郝经要求忽必烈"下一明诏，约束王府，罢其贡金，止其细分，使如诸道，选明干通直者，为之总统，俾持其纲维，一其号令，轻敛薄赋，以养民力，简静不繁，以安民心，省官吏以去冗食，清刑罚以布爱利"，如此，则"可正致治之枢"。

郝经的乱世思治的"治"，是个什么东西呢？归根到底，是要实行"儒治"。郝经所看到的被民族战争破坏了的社会现实，是"纲纪礼义、文物典章，皆已坠没"，认为"不能举纲纪者"，不能"一天下"，力主"修仁义、正纲纪、立法度"，"设学校以厉风俗，敦节义以立廉耻"。不言而喻，郝经所宣扬的"致治之道"，实质上就是恢复儒治，其具体做法，就是学习汉唐的法度。这一点，在当时一批汉族地主阶级知识分子

---

① 《郝文忠公文集》卷32。

中，具有代表性。著名的许衡，就是持与郝经相类似的观点中的一个。①
不过，郝经也估计到要忽必烈达到汉唐儒治的水平是有困难的，所以，他
又举出元魏和金源作为范例，要忽必烈向他们学习，"附会汉法"。

力主恢复儒治的观点，在郝经的有关论著中，曾经一再出现，除了前
引有关奏议及《思治论》以外，在《时务》②一篇中，他也提出："尧舜
三代二汉之世，亦吾民也，而今天下，亦吾民也。吾民不变，则道亦不
变；道既不变，则天下亦不变。""天之所与不在于地，而在于人；不在
于人，而在于道，不在于道，而在于必行力为之而已矣！"最后，他凄楚
地呼喊："呜呼，后世有三代二汉之地，有三代二汉之民，而不能为元魏
苻秦之治者，悲夫！"

这里所说的"道"，属于理学范畴的概念。我们知道，郝经可以算作
大蒙古国、元初的理学名儒，在元代理学史上，占有一定的地位。他的论
《道》《命》《性》《心》《情》《气》《仁》《教》③诸篇，以及《五经
论》④《经史》⑤等论文，比较集中地阐述了他的理学思想。归纳起来，
郝经的理学思想，在元代理学中，大体上属于循守朱（熹）学的一派，
虽然新见不多，但也小有特点。这主要有：（1）郝经强调"道"与"形
器"的关系，是相涵、相依的关系，反对离形器而言道，反对不可捉摸
的玄深的"天理"。此点与许衡的观点相接近。（2）重六经。宋代理学，
尤其是程、朱，视四书为根本，从四书中矜谈妙悟，大讲"天理"。而郝
经则重六经，反对离六经而言道（天理）。由于六经向来视为"质实"，
是六艺之教，五常之道，郝经以此去填实宋代理学的空悟，所以在学术思
想史上，多少有些进步意义。这一点，郝经又与稍晚于他的刘因相同。
（3）经史论。郝经认为六经皆史，其云："古无经史之分"，"孔子定六
经，而经名始立，未始有史之分也。六经自有史耳，故易，即史之理也；
书，史之辞也；诗，史之政也；春秋，史之断也；礼乐，经纬于其间矣。
何有于异哉？至（司）马迁父子为《史记》，而经史始分矣"。又说：
"经者，万世常行之典，非圣人莫能作；史即记人君言动之一书耳。"郝

---

① 关于许衡，将另文论列，此不赘。
② 《郝文忠公文集》卷19。
③ 《郝文忠公文集》卷17。
④ 《郝文忠公文集》卷18。
⑤ 《郝文忠公文集》卷19。

经认为经、史"可并",若"治经而不治史,则知理而不知迹;治史而不治经,则知迹而不知理"。① 郝经的经史论,与后来的刘因的"诗、书、春秋皆史也"② 相类似。这对明代的王阳明、清代的章学诚显然不无影响。统览郝经的全部理学论著,可以断言,他作为一名理学名儒,是当之无愧的。在肯定这个问题之后,我们再回过头来看他在《时务》篇中所反复宣传的"道",显然是儒家经典中的核心问题。而他通过讲"道"而"致治",就只能是儒治了。

这个问题,我们还可从郝经于1266年春正月十五日,在南宋拘禁他的仪真馆中所写的《原古录序》③ 中得到检证。

郝经认为:"昊天有至文,圣人有大经,所以昭示道奥,发挥神蕴,经纬天地,润色皇度,立我人极者也。""道之大用无穷,是以仲尼氏没,大经与天地并为至文,巍为名教,至于今而不可易也。"他又说:"虽驳杂于战国,火于秦,黄老于汉,佛于晋宋齐梁魏周隋唐,而大儒杰士相继而出。"接着,他从孟轲历数到朱熹,从司马迁、班固,历数到司马光,将历代大儒、名臣一一列出,表彰他们"佐王经世,拨乱反正,以为事业"。正是由于他们的功劳,才造成"尧舜禹汤文武周孔之绪阐焉而不坠,道德仁义大中至正之理皭焉而不昧,男女夫妇父子君臣之论截然而不乱,礼乐刑政文物声明之典粲然而不亡,中国夷狄庞乱纯一之俗判然而不杂",所以郝经总结说:"斯文之大成,大经之垂世,名教之立极,仲尼之力也;斯文之益大,名教之不亡,异端之不害,众贤之力也。"他认为,"原古可以正今","衡诸家之要,删众贤之杰作,原于道德,传于义理,合于典则,可以为法于后世",成为治乱安邦的根本。

处在乱世、逆境中的郝经,写这样一篇《原古录序》,一则表明,他所"思"之"治",不是别的,而是儒治。所谓"巍为名教,至于今而不可易也";所谓"原古可以正今","为法于后世",正是力图说明儒家学说有统万世、纪万物、制万事之奇效,是万古不变、受用无穷的教条,用以"正今",则可以治乱安邦。二则表明,郝经是要以历代"众贤"为楷模,立志以己之学,"佐王纪世,拨乱反正,以为事业"。这一点,在当

---

① 《郝文忠公文集》卷19《经史》。

② 刘因:《叙学》,《刘静修先生文集》卷1。

③ 《郝文忠公文集》卷29。

时北方一批汉族地主阶级知识分子中，具有代表性。大凡是应忽必烈之召，成为忽必烈幕僚的人，基本上都持这种态度。

郝经的"佐王经世，拨乱反正，以为事业"的政治抱负，根源于功利主义。这是使他一生政治活动中产生一系列矛盾现象的思想总根源。

郝经15岁"束发学道"，由于他父亲的影响，"非先秦书弗读也，非圣人之言弗好也"[①]。他曾以"不学无用学，不读非圣书"，"不务边幅事，不作章句儒"，"贤则颜孟，圣则周孔，臣则伊吕，君则唐虞，毙而后已"，作为座右铭[②]。这就表明，郝经一开始就学，就是从功利主义原则出发，来确定自己奋斗目标的。事实上，郝经一生的治学及政治生涯，始终信守了这一原则。

郝经是主张"大功大利"的，他提出"学者学夫舜而已矣"，因为舜"有大功大利及于万世"，不能"以舜大而难学"为借口，而降低目标。在郝经看来，"舜人也，我亦人也；舜性也，我亦性也；舜心也，我亦心也。苟笃力行而有所至，则亦不难矣"。他反对"见小利而忘大利，见小功而忘大功"；反对"以千万人之命，易尺土之功，以千万人之生，易毫末之利"，认为功利之说，应以济世安民为出发点，舜就是最好的榜样。[③]

郝经在《厉志》[④]篇中，还提出了"天下无不可为之世，亦无不可为之时"的见解。认为"人之于世，治亦有用，乱亦有用"，而"知己之有用与己之有为而必于用必于为者"，"万亿人一焉"。所以，凡是有识之士，"知而达乎此者"，"必以天自处，以生民为己任而不渝也"。他认为，做人，必须"任天下之责"，既不能像"山林之士"那样"往而不返，槁其形，灰其心，以绝兹人，自同于麋鹿，安视天民之毙而莫之恤"，也不能像"市朝之士"那样，"溺而不回，狃于利，徇于欲，既得而患失，自同于孤鬼，安视天民之毙而莫之顾"，更不能像"文章之士"那样，"华而不实，工丽缛，衔辞令，以沽名而贾利，自同于缔绣，安视天民之毙而莫之济"，做人，应当"结发立志，挺身天地间"，做"无时而奋"的豪杰。

---

① 《郝文忠公文集》卷24《答冯文伯书》。
② 《郝文忠公文集》卷21《志箴》。
③ 《郝文忠公文集》卷19《学》。
④ 同上。

　　郝经 27 岁时写的《上紫阳先生论学书》① 中，进一步阐明了他"结发立志，诵书学道"的目的在于"辨天下之大事，立天下之大节，济天下大难"，认为"趋利附势，损义丧节"的"逐末之士"，为"无用之学"。因此，郝经所提倡的功利主义，是着眼于大功大利的。这种大功大利的功利主义，就成为郝经一生政治活动的思想基础。

　　从这种功利主义出发，郝经"应天下之时"，抱着"不忘天下之忧"的信念，应忽必烈之召，以"成天下事业"。在他看来，大蒙古国光有天下，武功有余，而治道不足，认为蒙哥即汗位，"致治之机复来"，忽必烈领漠南汉地军国庶事，"天下翕然望治"，所以，他"乘致治之机，而应致治之时"②，成为忽必烈的幕僚，向忽必烈大讲"治道"，以"佐王经世，拨乱反正，以为事业"的大功大利为终生的奋斗目标。其后他的全部政治活动，都是在这种功利主义思想支配下进行的。

原载《中国史研究》1985 年第 4 期

---

① 《郝文忠公文集》卷 24。
② 《郝文忠公文集》卷 24《上赵经略书》。

郝经的经史论及其社会意义

"六经皆史"的命题是元初郝经率先提出的

在中国思想史和中国史学史的研究中，"六经皆史"是一个重要的命题。传统的观点认为："这是章学诚的一种创见。"① 其实，这是一个莫大的误会。

早在1935年，叶长青作《文史通义注》时，就曾对此提出疑义。他说："谓'六经皆史'之说，刱于王守仁或章氏者，皆非也。"其主要论据有三条：

《文中子·王道》："圣人述史三焉，书、诗、春秋三者同出于史。"

《唐文粹》"陆鲁望复友人论文书"："记言记事，错参前后，曰经、曰史，未可定其体也。"

袁枚《随园随笔》"古有史无经"条引"刘道原曰：历代史出于春秋。刘歆七略、王俭七志，皆以史、汉附春秋而已。阮孝绪七录，才将经史分类，不知古有史而无经。尚书、春秋皆史也；诗、易者，先王所传之言；礼者，先王所立之法，皆史也。故汉人引论语、孝经皆称传不称经也。六经之名，始于庄子，经解之名，始于戴圣。历考六经，并无以经字作书名解者"。

我们知道，《文中子》是隋人王通所著，他只讲了六经中的"书、诗、春秋三者同出于史"，与"六经皆史"说是有差别的。《唐文粹》系宋人姚铉所编，叶长青引"陆鲁望复友人论文书"，也只是说："记言记事，错参前后，曰经、曰史，未可定其体也"。这主要还是从体裁形式上

---

① 《中国史学史论集》（二），第537、564页。

说经史不分，尚没有明确提出"六经皆史"的问题。至于袁枚，乃清人，他的"古有史无经"条，把刘道原的话与他自己的观点混在一起，需要作些分析。刘道原，即宋人刘恕。袁枚所引"刘道原曰"，语出刘恕《资治通鉴外纪》卷首。原文是这样的："刘恕曰……案历代国史，其流出于春秋。刘歆叙七略，王俭撰七志，史记以下皆附春秋。荀勖分四部，史记旧事人丙部。阮孝绪七录，记传录纪史传，由是经与史分。"刘恕的话有两层意思：一是历代国史的体裁形式都是从六经中的春秋演化过来的；二是"经与史分"，始于梁人阮孝绪。因此，刘恕的话仍不能视作"六经皆史"说的发端。至于袁枚在引述刘恕的话之后所发挥的议论，即"尚书、春秋皆史也；诗、易者，先王所传之言；礼者，先王所立之法，皆史也"，因袁枚早于章学诚，用来否定"六经皆史"说是章氏创见，当然是可以的。但袁枚晚于王阳明（守仁），后者在《传习录》上明确提出："五经亦只是史"。因此，叶长青用袁枚的话来否定王阳明，则是没有说服力的。

1958 年出版的陈登原先生的《国史旧闻》第一分册，提出了"广六经皆史论"，对认为"六经皆史"论为章学诚"创获"说进行了诘难。作者引述了汉、宋、明、清十九条史料加以论证。其贡献在于：通过历数汉、宋、明、清学者有关经史关系的言论，揭示了王阳明"于六经皆史，标之甚明"，并广征博引清代学者的论断，指出："六经皆史论，清人亦大体言之。固非章学诚所得矜为创获者矣。"然而，他所列举汉儒、宋儒关于经史关系的言论，属于引申，"六经皆史"的命题在所举汉儒、宋儒的心目中，并不明确。尤其是对元代学者关于经史关系的论述，阙略不讲，乃是其缺陷。

读郝经《陵川集》（以下凡引此书者，只注篇名），发现在元代学者中，比刘因更早的郝经，对"古无经史之分"，有更全面的论述。郝经写过一篇十分精彩的《经史论》，其云："古无经史之分。孔子定六经，而经之名始立，未始有史之分也。六经自有史耳，故易即史之理也；书，史之辞也；诗，史之政也；春秋，史之断也；礼乐，经纬于其间矣，何有于异哉！至司马迁父子为史记，而经史始分矣。其后遂有经学、有史学，学者始二矣。"

显而易见，郝经对经史关系的理解，比宋代以前的所有论者都大大前进了一步。他不是空泛地讲"古无经史之分"，而是结合六经的特点，具体地论证了为什么说它们都是史的道理。尽管郝经使用的"六经自有史耳",而不是"六经皆史"来加以概括的,但是,他所论证的内容,却从实质上肯定了这一命题。因此,我们说,"六经皆史"论,实质上是郝经率先提出来的。

郝经对六经性质的论定

《宋书·乐志》载称:"秦焚典籍,乐经用亡",所以后人所谓六经,实际上只有五经。大概是"礼"为"乐之用"的缘故,历代论及五经者,均将礼乐合而为一。郝经曾专门作过一篇《五经论》,详细论定了五经的性质:

1. 《易》。郝经在论《易》中,提出了"易也者,尽天下之心者也"的命题。他认为:"昔者圣人之于诗书也,删定之而已矣;于春秋也,笔焉、削焉而已矣;其于易也,则上下数千载,历四圣人焉,或画焉,或重焉,不敢率易而备为之,没齿刿心焉,始就于一端而已。"为什么孔子这么为难呢?原因在于"而为大经大法也哉,非至明者与至圣者迭兴继作,艰且远而为之,则不能也"。郝经在论《春秋》中,又提出"易、春秋之学""相捍蔽","易载圣人之心"的问题。可见,所谓"尽天下之心",即是"圣人之心";而"圣人之心",就是"大经大法"。既然是"大经大法",当属史料无疑。此其一。其二,郝经在论《春秋》中,也提出了"易,穷理之书","易,由正推变"的命题。他在论《易》中说:由于民之"性"甚善甚灵,所以要有"易"来"假天地万物,画而为卦,以垂道之统";由于民之"情"易迁,所以要有"易""重来其卦,明夫虽变而主焉在也";由于民之"欲"甚大,而恶易长,为了"惧其沦于非类",所以要有"易"来"作爻象象系之辞,发理形象数之几,命性心迹之本,以明夫吉凶消长之道,进退存亡之理,而垂教焉"。由此可见,"易"包括人情风俗在内,当然也可作为史料看待。其三,郝经认为,"易"并非"忽恍不可测"的东西,而是"与天地准"。何谓"与天地准"?原来就是"圣人垂世立教,以有征者传信也"。既然如此,应当属于政制的范围,因此,也可以作史料看待。总之,郝经基于这样一些认识,确定"易即史之理"。

2. 《书》。郝经在论《书》中写道:"观夫书,自宓牺至于帝喾,则泯而不录;唐虞二代之圣也,五篇而已;而夏后氏之书,四商之书,十有七；周之书，三十有二。"这就是说，《书》是关于唐虞、夏、商、周的记载，因此，《书》之为史，自无容论。在郝经看来，"言，心声也。心有所用，则言以宣之"。而《书》，能"尽天下之辞"，所以，他认定"书，史之辞也"。

3.《诗》。郝经在论《诗》中，提出了"天下之治乱，在于人情之通塞"的观点，说："诗者，述乎人之情者也。情由感而动，故喜怒哀乐，随所感而发。""薪翁、筍妇有所感，而必有所作，君而知之，天下之情我不通矣。"他认为，诗之于王政、人情、治乱，至关重要。"文武周召之所以治，宣王之所以中兴"，就是因为他们通过"诗"，"尽天下之情"；"厉之奔幽之死，平桓之所以失政"，就是因为他们对于"万民怨嗟，四海扼腕"而作的"诗"，充耳不闻。"故有国君人者，不可以不读诗。"正是从这个意义上，郝经得出"诗，史之政也"的结论。

4.《春秋》。郝经在论《春秋》中写道："春秋载圣人之迹。"迹者，史也。他又说："孔子之著书也，于易则翼，于书则定，于诗则删，而其于春秋也，则谓之作。何哉？权天下之轻重，定天下之邪正，起王室之衰，黜五伯之僭，削大夫之专，治乱臣贼子之罪，以鲁国一儒，行天子之事，而断自圣心。"正因为如此，所以郝经断言："春秋，史之断也。"

5.《礼乐》。郝经在论《礼乐》篇揭示礼乐的产生时写道："天下有僭越之奸，狂狡之戾，则有礼以折之；有忿疾之乱，郁塞之慝，则有乐以释之。"而对其内容及效用，郝经认为："礼乐者，王政之大纲也。得则治，否则乱，圣人致治之功，必于此。"他甚至说："孤秦燔烧诗书，削礼瘠乐，遂至于亡。"由此可以看出，既然认为"礼乐"是"王政之大纲"，那么，当属典制之类无疑。典制属史，不容争辩。而"纲"者，乃网之大绳也。郝经据此判定"六经自有史耳"，"礼乐经纬其间矣"。

统览上述，可以断言：（1）郝经提出的"古无经史之分""六经自有史耳"，不是从体裁形式上，而是从内容上认定的；（2）他的经即史的观点，不像隋人王通、宋人刘恕那样只把六经中的某一部分视作史料，而是指六经全部，因而带有系统性的特点。

"六经自有史耳"的社会意义

郝经生于金末，他11岁时金亡；他死于元初，翌年南宋亡。中间曾以大蒙古国国信大使的身份出使南宋，被南宋当局拘禁了 15 年。他的《经史论》，反映了他的理学思想的某些特点，带有时代的印记。他针对宋代理学以《四书》为根本，从《四书》中矜谈妙悟，大讲"天理"的倾向，提出重六经，反对离六经而言"道"（天理）。他在论《道》篇，阐述了"道"与"六经"的关系："天地万物者，道之形器也。六经者，圣人之形器也。道为天地万物以载人，圣人著书以载道，故易即道之理也；书，道之辞也；诗，道之情也；春秋，道之政也；礼乐，道之用也。"如果我们将这段话与前述"易，史之理也"，"书，史之辞也"等加以对照，就很容易明白在郝经的心目中，"道"与"史"的关系，或者说"道"在郝经心目中的实际地位。由此可见，郝经之重六经，是把六经视作质实，并以此去填实宋代理学的空悟；而他的"六经自有史耳"，则是把六经纳入历史学的范畴，认为它们不过是古代的史料或史书，这就从实质上贬低了六经作为儒家经典的神圣性。传统的看法视六经为经世理论的根本，把六经当作万古不变的教条。郝经则不然，他认为："六经一理尔，自师异传，人异学，各穷其所信，而遂至于不一。"（《五经论·春秋》）后人治经有"三变"："训诂于汉，疏释于唐，议论于宋。"（《经史论》）而训诂往往流于穿凿，议论常常泥于高远，不足为训。在郝经看来，六经不过是"万世常行之典"，所以，"以昔之经而律今之史可也，以今之史而正于经可也"。"若乃治经而不治史，则知理而不知迹；治史而不治经，则知迹而不知理。"郝经的经史论，就是他的经世理论。这在学术思想史上，显然不无进步意义。

另外，"六经自有史耳"，既然是把六经当作古代社会生活的记录、当作古史研究的资料，那么，随着这一观点的提倡，无形之中就扩大了历史学的范围。郝经作《续后汉书》，就是具体地实践了他的这一观点，即所谓"典则而原于道德，推本六经之初"（《续后汉书序》）。这种把六经视作史料的做法，对于改变人们的史学观点是有促进作用的。在《经史论》中，郝经还公开声明反对"务于博记注，滋谈辩，钓声誉，以爱憎好尚为意，混淆芜伪"的治史方法和学风，认为只有从史实出发，"不昧于邪正，不谬于是非，不失于予夺，不眩于忠佞，而知所以兴废之由，不为矫诈欺，不为权利诱，不为私嗜蔽，不以记问谈说为心"，才能算作一个好的历史学者。这些史学思想，在史学史上也是应当予以肯定的。

此外，郝经提出的"古无经史之分""六经自有史耳"的命题，还为后来的学者提供了宝贵的思想资料。前述刘因所说的"古无经史之分"，可能就是因袭郝经的提法。刘因是保定容城人，郝经全家曾在保定满城居住了很长时间，他死的时候，也归葬保定西城外，刘、郝两家都在保定，相去不远。刘因小于郝经 24 岁，至元十九年（1282）刘因发迹时，郝经已经死了七年。刘因与郝经的弟弟郝季常过从甚密，写过一篇《送郝季常序》，称其为"名家子弟"，文中还述及郝经出使南宋被扣押之后，郝季常曾三次请求元廷遣师问罪之事，可见刘因与郝家是很熟的。郝经的著述，刘因可能读过，因而他的"古无经史之分"，或许就是从郝经那里接受过来的。这可以说是郝经的经史论对元人的影响。非但如此，明清时期的一些学者，如王阳明、李贽、章学诚等人，也都从郝经的经史论中得到启迪。王阳明所说的"以事言谓之史，以道言谓之经。事即道，道即事。春秋亦经，五经亦史"，李贽所说的"经史相为表里"，章学诚所说的"六经皆史也""六经皆先王之政典也"，等等，显然与郝经的"古无经史之分""六经自有史耳"不无承续关系。这可以从他们对六经性质的论证相去不远而得到检证。不过，明清时期的一些论者论证"六经皆史"这一命题的角度、时代环境，均与郝经不同，因而，它们所产生的社会意义，也是不可同日而语的。

原载《光明日报·史学》第 315 期，1983 年 10 月 5 日

"建一代成宪"的太保刘秉忠

学兼儒、释、道三家的青年学者

刘秉忠，字仲晦，1216 年生于邢州。曾名侃，又名子聪。自号藏春散人。其祖先为辽之瑞州刘李村人，世代仕辽。刘秉忠天资颖悟，卓荦不凡，13 岁时，因父为大蒙古国录事，为质于元帅府。刘秉忠"立志为学，诗文字画，与日俱进，同辈生，莫得窥其涯际也"①。17 岁，因家贫，曾为邢台节度使府令吏，用以养亲。在任上"干敏修洁，诸老吏咸服其能"②。1238 年，刘秉忠有感于自己出身"奕世衣冠"之家，不甘心"汩没于刀笔吏"，决意逃避世事，遁居武安之清化，迁滴水洞，与全真道者居。

全真道，是当时道教的五宗之一，发端于王重阳，光大于成吉思汗的幕僚丘处机。1238 年，虚照禅师主持天宁寺，听说刘秉忠行高节苦，派遣弟子颜仲复招为僧。因刘秉忠能文词，就让他做了书记。

刘秉忠自 8 岁入学，到 25 岁入见忽必烈，"于书无所不读，尤邃于《易》及邵氏《经世书》，至于天文、地理、律历、三式六壬遁甲之属，无不精通"③。他的楷书"以鲁公（颜真卿）笔法为正"。草书"独取二王"。此外，刘秉忠还"得琴阮徽外之遗音"，"诗章乐府，又皆脍炙人口"。④ 刘秉忠是一个学兼儒、释、道三家，多才多艺的青年学者。

---

① 《藏春集》卷 6《附录·刘秉忠行状》。
② 《藏春集》卷 6《附录·刘秉忠神道碑》。
③ 《元史》卷 157《刘秉忠传》。
④ 《藏春集》卷 6《附录·刘秉忠墓志》。

出类拔萃的幕僚

1239 年，刘秉忠随海云禅师北上和林去见忽必烈。海云禅师将他推荐给忽必烈。初次见面，刘秉忠应对称旨，屡承顾问，通论天下事，如指诸掌，博得忽必烈的喜爱与信赖。此后，除 1247 年春曾回邢州奔丧外，他一直居于忽必烈鞍前马后，成为忽必烈言听计从的重要幕僚。这段时间，刘秉忠做了几件大事：

1. 见善必举，有能必扬，教忽必烈收揽中原之雄才硕学。据不完全统计，先后由刘秉忠推荐而为忽必烈所重用的，不下数十人之众。这些人当中，后来有的位居中枢要津，官拜右丞、左丞或参政、平章；有的身为封疆大吏或地方行政长官，官拜宣抚使、转运司事或行御史台御史中丞、路府总管。所以，徐世隆说刘秉忠"身为师宾，门多卿相"①。众所周知，政贵得人。刘秉忠把这一批人推荐给忽必烈，对于促进忽必烈改革蒙古旧制、附会汉法，起过积极作用。

2. 向忽必烈灌输汉族封建王朝的统治方式。1249 年夏，刘秉忠上策万余言，备陈正朝廷、振纪纲、选贤任相、安民固本的重要性，实质上是要忽必烈采用汉族封建王朝的统治方式。对于刘秉忠的这些建议，忽必烈深为嘉纳，说："诚如卿言，天下可不劳而治。"

3. 帮助忽必烈建立金莲川幕府与经营漠南汉地。1251 年 6 月，蒙哥即汗位，命忽必烈主管漠南军国庶事，领开府金莲川。刘秉忠是最早投靠忽必烈的汉族地主阶级知识分子之一，又深得忽必烈的信任，所以，当忽必烈被委以重任之后，刘秉忠便成为金莲川幕府的核心人物，他所举荐的一批汉族地主阶级知识分子，都成为金莲川幕府的幕僚。

1252 年春，刘秉忠根据连年征战生产遭到破坏的情况，建议以邢州为试点，进行整顿和改革，以恢复和发展生产。忽必烈采纳了刘秉忠的建议。所派官员抵邢时，"公私阙乏，日不能给，遂兴冶铁，以足公用，造楮币，以通民货。车编甲乙，受顾而传。马给圈户，恒奉而驰，宾馆所得，川梁仓庾，簿书期会，群吏汹守惟谨，四方传其新政焉"②。邢州改

---

① 《藏春集》卷 6《附录·徐世隆祭太保刘公文》。
② 《元朝名臣事略》卷 10《尚书刘文献公》。

革的成功，使邢州迅速升为顺德府。

4. 随忽必烈南征，劝忽必烈改变蒙古屠城旧制，保护社会生产力和中原封建文明。1253 年，蒙哥汗命忽必烈征云南，刘秉忠随行。按照大蒙古国旧制："凡城邑以兵得者，悉坑之。"① 1253 年冬，蒙古军队围大理城，大理拒命不降，杀了蒙古信使，忽必烈怒欲屠城。此刻，刘秉忠偕张文谦、姚枢，向忽必烈进谏说："杀使拒命者，其国主耳，非其民之罪。（拟）特免杀掠。"② 忽必烈接受了刘秉忠等人的建议，派姚枢"尽裂囊帛为帜，书止杀之命，分号街陌，由是其民父子完保，军士无一人敢取一钱直者"③。

1258 年忽必烈受蒙哥汗命率军攻鄂，刘秉忠与张文谦、姚枢"数言王者之兵有征无战，当一视同仁，不可嗜杀"。忽必烈表示："保为卿等守此言。""既入宋境，诸将分道兼进，各遣儒士相其役。禁戢军士，毋肆杀掠，勿焚烧庐舍，所获生口，悉纵之。"④ 刘秉忠劝阻忽必烈屠城，把征云南、伐宋的战争所给社会生产力带来的破坏，降到最小限度，客观上为统一全国创造了条件。

一朝开国的元勋

1259 年秋，蒙哥汗死于四川钓鱼山。当时正在攻鄂的忽必烈在幕僚郝经等人的劝谏下，班师北还。1260 年春，在开平即汗位，改国号为大元，完成了大蒙古国向元朝的嬗变。忽必烈遂于 1264 年任命刘秉忠为光禄大夫，位太保，参领中书省事。在建立元朝的过程中，刘秉忠按照中原传统王朝的模式，帮助忽必烈制定了一代成宪，成为元朝开国的元勋。其主要政绩有：

1. 营建两都。早在 1256 年忽必烈受命主管漠南军国庶事时，"念国家龙兴朔漠，奄有万邦，声教所罩，地大且远"，于"会朝亲展，奉贡述职"多所不便，遂动议以道里居中计，建城市，修宫室⑤。并下令让刘秉

---

① 《牧庵集》卷 4 《序江汉（赵复）先生事实》。
② 《元文类》卷 58 《中书左丞张公（文谦）神道碑》。
③ 《牧庵集》卷 15 《姚枢神道碑》。
④ 《元文类》卷 58 《中书左丞张公（文谦）神道碑》。
⑤ 《金华黄先生文集》卷 8 《上都大龙光万岩寺碑》。

忠及其弟子赵秉温，"相宅筑城"。刘秉忠"以桓州东，滦水北之龙冈"，为漠北与河南之间的中点，建城市最为适宜，建议忽必烈在此筑城，得到忽必烈的认可。刘秉忠"厥既得卜，则经营，不三年而毕务"。1260 年赐名开平府，1263 年改开平府为上都。① 据王恽说，开平城川"龙冈燔其阴，滦江径其阳，四山拱卫，佳气葱郁"②，十分壮观。开平城的筑造，标志着忽必烈南图中原的政治动向。

1264 年，刘秉忠因燕京是辽金旧都，且形势冲要，建议定都于燕，被忽必烈采纳，改燕京为中都。刘秉忠便在金中都大兴府东北，筑宫城、建宗庙，1271 年改名为大都。时人高度赞扬了刘秉忠营造大都的功劳，把他比作周朝的召公："相宅卜宫，两都并雄，公于是时，周之召公。"③

2. 改元建号。蒙古初起时，既无国号亦无年号。国号因族而名，纪年则以动物命名。如"兔儿年""龙儿年"之类。1260 年春忽必烈即汗位时，刘秉忠便上书"改元建号"。自庚申（1260）年五月十九日，建元为中统元年。1271 年又"奏建国号曰大元"，"元"，是取《易经》"大哉乾元"之义。

3. 颁俸禄、定官制。大蒙古国的官员初无俸给之制，全凭索掠饱私囊。1254 年忽必烈就采纳了刘秉忠的意见，"颁禄于陕之东西"④。建立元朝后，便将刘秉忠的建议推广全国。此外，大蒙古国时期，官无定制。初以断事官掌刑政，万户统军旅。"后以西域渐定，始置达鲁花赤于各城。"⑤ 灭金之后，各地则因袭金朝旧制。即所谓"金人来归者，因其原官，若行省，若行帅，则以行省元帅授之"⑥。1260 年忽必烈采纳了刘秉忠等人根据汉族封建王朝以及当时实际情况所提的方案，确定了有元一代的官制。晚清柯劭忞认为刘秉忠、许衡所定官制，"以中书省管政事，枢密院管兵，御史台司纠劾，又设行省行台，内外均其轻重，以相维系，立法之善，殆为唐宋所不及"⑦，虽属溢美之言，但却反映了刘、许等人的用心良苦。

---

① 《元朝名臣事略》卷 7《太保刘文正公》。
② 《秋涧先生大全文集》卷 80《中堂纪事上》。
③ 《藏春集》卷 6《附录·徐世隆祭太保刘公文》。
④ 《牧庵集》卷 1《刘秉忠赠赵国文正公制》。
⑤ 《元史纪事本末》卷 14《官制之定》。
⑥ 《元史》卷 85《百官志一》。
⑦ 《新元史》卷 55《百官志一》。

4. 定章服、制朝仪。"元之有国，肇兴朔漠，朝会宴飨之礼，多从本俗。"① "凡遇称贺，臣庶无论贵贱，皆集帐殿前，执法者厌其多，挥杖击，遂去复来。"② 1269 年正月，刘秉忠与孛罗奉旨，"命赵秉温、史杠访前代知礼仪者，肆习朝仪"。并搜访旧教坊乐工，于万寿山便殿演习，忽必烈听后大为赞赏。在刘秉忠等人的努力下，元代朝仪才得以完备。

刘秉忠所为，推动了忽必烈改革蒙古旧俗、适应中原汉地的封建文明、附会汉法，使元王朝成为名副其实的封建王朝。正如当时的人所说："辅佐圣天子，开文明之治、立太平之基、光守成之业者，实惟太傅刘公为称首。"③

1274 年秋八月，刘秉忠死于上都，终年 58 岁。忽必烈闻讯嗟悼不已，对群臣说："秉忠事朕三十余年，小心慎密，不避艰险；言无隐情，其阴阳术数之精，占事知来，若合符契，惟朕知之，他人莫得闻也。"④ 刘秉忠死后，忽必烈为他举行了隆重的葬礼，派遣礼部侍郎赵秉温，护送其灵柩南还大都，归葬于大都西南二十里崇福乡之原，即今北京卢沟桥畔。

纵观刘秉忠的一生，他所以会被忽必烈赏识、器重，并获得施展才能的机会，原因是多方面的：从客观上讲，当时的大蒙古国南图中原，是属于文明较低的征服者对文明较高民族的征服，需要熟谙中原封建文化、富有统治经验的地主阶级知识分子为其效力；从主观上讲，刘秉忠学兼儒释道三家，熟知百王之道，并与忽必烈的政治态度和气质相吻合。因此，可以说刘秉忠之投靠忽必烈，除了机遇的因素外，最主要的还是特定的历史环境所决定的。

刘秉忠一生的活动，适应了忽必烈南图中原、建立元朝的需要，因而对于忽必烈和元王朝来说，刘秉忠是他们的功臣。另外，刘秉忠辅佐忽必烈采行中原汉地传统的封建王朝的统治方式，特别是改变屠城旧制及其他一些改革，客观上对于保护中原汉地先进的社会生产力是有积极作用的。他见善必举、有能必扬的爱才、荐才作风，对于一个封建地主阶级知识分子来说，也是难能可贵的。不过，需要说明的是，刘秉忠辅佐忽必烈所进

---

① 《元史》卷 67《礼乐志一》。
② 《元朝名臣事略》卷 12《内翰王文康公》。
③ 《藏春集》卷 6《附录·刘秉忠神道碑同》。
④ 《元史》卷 157《刘秉忠传》。

行的一些改革，并非力主全盘汉化，而是以忽必烈所确定的"祖述变通"建国方针为前提的。他所说的"采祖宗旧典"，与忽必烈的"祖述"即不忘蒙古旧制，是一致的。

原载《文史知识》1985 年第 3 期；
又载《中华人物志》，中华书局 1986 年 7 月版

张易事迹考

　　张易是忽必烈金莲川幕府中邢州集团的重要成员，也是元初政治舞台上的风云人物。从元世祖忽必烈中统元年（1260）到至元十九年（1282），历任元廷参知政事、中书右丞、平章政事、枢密副使等要职，成为有元一代为数不多的政治地位显赫的汉人之一。然而，在复杂的蒙人、汉人、色目人之间的民族矛盾和统治集团内部革新与守旧之间的矛盾斗争的旋涡中，因他反对阿合马，最后坐王著事论诛，故他的著作绝少流传，死后无人为之撰写碑传、行状、墓志铭之类，明初修《元史》，亦不予立传，以致他的事迹，多湮没不存。台湾学者袁冀（袁国藩）先生曾在《大陆杂志》第25卷第7期上发表《试拟元史张易传略》一文，后收入他的《元史研究论集》（台湾商务印书馆发行），不乏启迪。然，袁先生多弃元代文献而不予著录，反而大量引用《新元史》《续通鉴》《续通志》等后人转手资料，且疏于考订，以致真伪莫辨。笔者有感于此，不揣粗陋，拟从元代文献及《元史》中爬梳有关张易的行踪，去伪存真，以期勾勒出他的轮廓来，欢迎行家批正。

张易即张启元

　　《元史》卷4《世祖纪一》载称：中统元年秋七月，以"张启元为参知政事"；中统二年（1261）六月，以"张启元为中书右丞"。

　　然而，当时身为中书省详定官的王恽在《中堂事记》上却说：中统元年，参知政事是张易；中统二年五月十九日，张易由"参政"改为"右丞"。

　　那么，张启元与张易究竟是不是同一个人呢？

　　首先需要说的是，《元史》卷4《世祖纪一》的记载，与《元史》卷

112《宰相年表》的记载基本吻合。《宰相年表》中，中统元年（1260）张启元为参知政事；中统二年（1261）到至元二年（1265），张启元为中书右丞；至元七年（1270）到至元十三年（1276），张易为平章政事。

众所周知，尽管《元史》在明初仓促成书，在编纂方面有不少谬误，但是，除元顺帝一朝外，其余各朝的本纪，基本上是照抄元代各朝实录，因此，它的史料价值是不言而喻的。

从《世祖本纪》与《宰相年表》上看，张启元与张易两个名字始终不曾并出，而是一前一后，很难确定二者是不是一个人。

但是，《元史》卷173《马绍传》却向我们提供了这样一个情况，其云："马绍字子卿，济州金乡人，从上党张播学。丞相安童入侍世祖，奏言宜得儒士讲论经史，以资见闻。平章政事张启元以绍应诏，授左右司都事，出知单州，民刻石颂德。至元十年，金山东东西道提刑按察司事。"

从行文上看，张启元推荐马绍为左右司都事，时在至元十年（1273）以前，丞相安童入奏"宜得儒士讲论经史"时，身为平章政事的张启元因有此举。今据元明善撰《安童碑》，安童是"至元二年，拜光禄大夫、中书右丞相"的。同年，他曾"奏召大儒许衡，衡至，诏议中书事。衡以疾辞，忠宪（按即安童）亲侯于邸，语移时，甚契，及还，筹思累日不释"。至元四年，安童又奏曰："硕德如姚枢辈三二人，可议中书省事。上曰：此辈固宜优礼。"① 前引《马绍传》所云："丞相安童入侍世祖，奏言宜得儒士讲论经史，以资见闻"，则在《安童碑》及《元史·世祖本纪》《元史·安童传》中，均不见著录。然其内容，却与至元二年奏召许衡、至元四年奏召姚枢等儒臣相类似。

然而，至元二年时，张启元是中书右丞，而非为"平章政事"②。至元三年（1266）二月，"以中书右丞张易同知制国用使司事"③，张启元之名从《本纪》中消失，出现了张易之名。直到至元七年，"立尚书省，罢制国用使司"时，张易才以"同知制国用使司事"的身份，"同平章尚书省事"④。至元九年（1272）正月，"并尚书省入中书省"，张易又以"同

---

① 《元文类》卷24。
② 《元史》卷112《宰相年表》。
③ 《元史》卷6《世祖本纪上》。
④ 《元史》卷7《世祖本纪四》、卷112《宰相年表》。

平章尚书省事"的身份，"并中书平章政事"①。

根据《元史》卷112《宰相年表》，安童是从至元二年（1265）到至元十二年（1275）期间为中书右丞相的。而张易则是从至元七年（1270）到至元十二年期间为平章政事的。

如上所说：张启元推荐马绍，应是至元十年（1273）以前的事。那么，从至元二年到至元九年（1272）之间，做过平章政事的汉人中，只有张易一人。因此，《元史》卷173《马绍传》中所说的"平章政事张启元以绍应诏，授左右司都事"一事中的张启元，就是张易。

非但如此，元人王恽的《秋涧先生大全文集》卷80至卷82所录《中堂事记》，也为解开这个疑团提供了有益的线索。

我们知道，王恽是中统元年由东平详议官选至京师的，因其"上书论时政，与勃海周正并擢为中书省详定官"。中统二年（1261）春，"转翰林修撰、同知制诰，兼国史院编修官，寻兼中书省左右司都事"②。他的《中堂事记》，是记述他当上中书省详定官之后，中书省人员的组成情况，以及中统元年九月奉檄随中书省官员赴开平（今内蒙古正兰旗东）会议，至中统二年九月返回燕京期间中书省的有关活动。实质上，它是中书省的工作日志，所以载此时时政甚详。《中堂事记》上，开宗明义："庚申年（1260）春三月十七日，世祖皇帝即位于开平府，建号为中统元年。秋七月十三日，立行中书省于燕。劄付各道宣抚司，取儒士吏员通钱谷者各一人，仍令所在津遣乘驿赴省，恽亦忝预其选。是年冬十月至燕，以三书投献相府，大率陈为学行已逢辰致用之意，颇蒙慰奖，令随省通知计籍使综练众务日熟闻见焉。"接着，王恽记述了当时行中书省官员的组成情况。他说："时，行中书省官四员：丞相祃祃，资严厉，凛然不可犯。初与越用，行六部于燕，至是就用为行省长官。平章政事王文统，字以道，大定府人，前经义进士。平章政事赵璧，字宝臣，西京怀仁县人。贸弘伟，能任六事，以气量雄天下。参知政事张易，字仲一，太原交城人。资刚明尚气，临政善断，符士以诚，忤之不复与合。"值得注意的是，王恽不仅在这里明确讲"参知政事"是张易，而且在《中堂事记》的其他地方，在记述诸相的活动时，还不止一次讲张易是参知政事。例如，在中统二年三月"十六日丁丑"条下说："上遣参知政事

---

① 《元史》卷7《世祖本纪四》。
② 《元史》卷167《王恽传》。

张易、廉名辖、廉名希宪，字介甫……传旨慰谕行省官……"又如，在中统二年（1261）五月"十五日丙子"条下说："诛东平经历官邢衡铨。初，邢以事告参政张易，诘对于上前，邢款服……"由于工作关系，王恽朝夕与诸相接触，当时的参知政事是张易，显然是不会记错的。非但如此，在中统二年五月"十九日庚辰"条下，还记述了中书省官员变动的情况。王恽说："入见，奏裁大拜及六部事。诏以世臣不花、经略史天泽为右丞相……忽鲁不花、耶律铸为左丞相……塔察儿、廉右丞［为］平章政事……张参政为右丞，宣抚杨果、宣抚商挺［为］参知政事，余如故。"从前后文上看，王恽这里所说的"张参政为右丞"，仍然是张易。

如果将王恽在《中堂事记》记载的情况与《元史·世祖本纪》和《元史·宰相年表》相对照，便不难发现，除了前者说中统元年（1260）的参知政事、中统二年五月以后的右丞是张易，后二者说是张启元以外，中书省的其他官员的名字完全一致。这就表明，张易与张启元就是一个人。

关于张易的籍贯

研究张易所碰到的第二个问题，就是张易究竟是哪里人？

前引王恽《中堂事记》上载称："张易，字仲一，太原交城人。"而近人屠寄所著《蒙兀儿史记》卷157《宰相年表》则称："张易，字启元忻州人，与刘秉忠同学。"与此同时，柯绍忞撰《新元史》卷31《宰相年表》也说："张易，忻州人，与刘秉忠同学。"由于屠、柯二氏在著述过程中，相互交换材料，以致他们二人的说法有雷同之处，但也有区别，屠寄说"张易，字启元"，柯绍忞则未采纳。袁冀《试拟元史张易传略》只引《中堂事记》与《新元史》，用"或谓"二字，将"太原交城人"与"忻州人"两说并举，未予详考。

其实，除了这两说之外，元人还有"太原临州临泉县使君庄人"一说。

姚燧《牧菴集》附录《年谱》"至元四年（1267）丁卯"条下，引："先君（按：指姚枢）《日记》云：中统二年，奉旨令右丞相公于平阳太原行中书省。平原太原，河东山西也。是中统、至元皆尝行省其地。右丞，则前书记张公也。本姓鲁，父名聚，社日生，小字社住，太原临州临泉县使君庄人。父为人所杀，其母负公行丐于市。至郝太守家，有张孔目者，无子，携去养以为子，因冒张姓。长，祝发为僧，及遇知世祖皇帝，得所攀附云。"

姚枢早在1235年以前，就由杨惟中偕觐窝阔台汗，投奔了大蒙古国统治者。1235年窝阔台南征，"诏枢从惟中即军中求儒、道、释、医、卜者"①。后来，他又"事世祖潜邸十年，左右宸极，十有九年，居近密之地，受尊宠之任"②。此间，他在1251年，从忽必烈征过大理；1254年，忽必烈出王秦中时，又以他为劝农使，教民耕植；中统元年（1260）忽必烈即位，就任命姚枢为东平宣抚使；中统二年（1261），拜太子太师，旋改大司农；中统四年（1263），拜中书左丞。这一年，张易为中书右丞，张、姚二人是同僚。因此，姚枢《日记》中所说张易的籍贯与家世，绝非杜撰，而是一条无法否认的、研究张易极其珍贵的史料。不过，姚枢说得明白：张易本姓鲁，"太原临州临泉县使君庄人"，是按他生父的籍贯讲的，用现在通行的习惯，是指他的原籍。

既然如此，那么王恽《中堂事记》上所云："张易，字仲一，太原交城人"，又当作何解呢？

我们知道，王恽在中统元年、二年间，先任中书省详定官，旋又兼任中书省左右司都事，是直接在张易等人领导之下工作的。他说张易是太原交城人，想必是从张易那里直接听来的。因此，王恽的记载，绝不可能是信口开河，而与姚枢的记载一样，也是一条无法否定的材料。不过，倒不是不可解。按照姚枢《日记》所云："右丞，则前书记张公［易］也。本姓鲁，父名聚，社日生，小字社住，太原临州临泉县使君庄人。父为人所杀，其母负公行丐于市。至郝太守家，有张孔目者，无子，携去养以为子，因冒张姓。"既然姓都改了，籍贯也非改不可。张易之名，可视作寓意易姓。在封建时代，易姓做了人家的养子，籍贯也必须按养父的籍贯算，否则没有根脚。这样的例子，历代俯拾皆是，兹不赘。如是，王恽所说的"张易，字仲一，太原交城人"，可能是张易改名易姓之后，按他的养父张孔目的籍贯说的。如果这一判断能够成立，那么，姚枢与王恽二人的记载，就没有矛盾了。

---

① 《元史》卷158《姚枢传》。
② 《元文类》卷60《姚枢神道碑》。

　　至于近人屠寄、柯绍忞所说的张易的籍贯是"忻州"，可能出自后代方志中的误说，但因他们都未注明史料出处，笔者从元代文献中也未查到他们的根据，只能暂且存疑。不过，我们知道，屠、柯二公，为学一个比一个武断，遂至笔者惮于凭信。

　　既然张易即张启元，那么，张启元是张易的"号"，还是如屠寄所云："张易字启元"？！

　　前揭王恽《中堂事记》说："张易，字仲一"，是毋庸置疑的。这样，屠寄说"张易，字启元"，就属于武断了。如果我们从"仲一"与"启元"字义之间的联系上去考察，那么不难发现，古人历来谓"一"为"元"，符合古代传统起"字"、取"号"的惯例。因此，张易的字是"仲一"，号为"启元"。不过，除了从"仲一"与"启元"的对应关系上看，可以肯定"启元"是张易的"号"之外，前述《元史·世祖本纪》中，至元三年以后"张启元"一名不见了，改为张易，恐怕与忽必烈后来"取《易经》'乾元'之义"，"建国号曰大元"① 有关。虽然忽必烈建国号曰大元，是至元八年（1271）十一月的事，但是，对于张易来说，已取号"启元"，无疑犯了避讳，易被人诬作他是"以开国功臣"自居，或有更大的政治野心，故弃而不用。至于《元史》中为什么是至元三年以后"张启元"的名号就不见了？这恐怕与《元史》编纂者仓促成书，编写过程中体例不统一有关。

　　由于《元史》在编纂方面的谬误迭出，以致学者历来认为它"不合史例"，是廿四史中最坏的一部正史。这种攻其一点，不及其余，连它的史料价值也全盘否定的做法，当然是一种偏见。但是，确实又不能不承认，《元史》的编纂者由于功力不足和粗心大意，给后来治元史者带来不少麻烦。张易的名、字、号在《元史》中杂用，即其一例。就《元史·世祖本纪》而论，是把张易的"名"与"号"（启元）杂用；而在有关传记中，又称他的"字"。如《元史》卷157《郝经传》有云："昨奉命与张仲一观新月城"，《元史》卷158《李俊民传》也说"世祖在潜藩……又尝令张仲一问以祯祥"等，这种以"字"代"名"，是不合正史体例的。然而，在《元史》中，却是司空见惯的事，不足为奇。例如，张文谦字仲谦，按规矩，有关各传应当统一书其名，而不应"名""字"

---

① 《元史》卷7《世祖本纪四》。

杂用。但是在《元史》卷160《王思廉传》中，记至元十九年（1282）王著矫杀阿合马，辞连枢密副使张易。忽必烈召王思廉问话，其中有一段对话，使用的就是张文谦的字。忽必烈问："张易所为，张仲谦知之否？"王思廉即对曰："仲谦不知。"忽必烈又问："何以明之？"对曰："二人不相安，臣故知其不知也。"

非但如此，《元史》卷9《世祖本纪六》提到至元十三年（1276）元军攻下临安后，任命刘镇为临安府安抚使一事时，先用刘镇的"字"——"居宽"，后用他的"名"——"镇"。即二月戊申，以"吏部侍郎杨居宽同知宣慰司事，并兼知临安府事"。而同年冬十月戊子，又以"吏部尚书兼临安府安抚使杨镇、河南河北道提刑按察使迷里忽辛并参知政事"。这里，杨居宽与杨镇实为一人，"镇"为名；"居宽"是"字"。而在《元史》卷13《世祖本纪十》、卷14《世祖本纪十一》，《元史》卷112《宰相年表》以及《元史》卷205《桑哥传》中，一律以"字"代"名"，统称"杨居宽"。

又如张雄飞，字鹏举。《元史》卷12《世祖本纪九》、卷13《世祖本纪十》及《元史》卷159《商挺传》等，皆书其名"雄飞"；而《元史》卷112《宰相年表》至元十九年（1282）至二十一年（1284）的参知政事，却书其"字"——张鹏举。再如，张天祐，字吉甫。《元史》卷15《世祖本纪十二》称：至元二十六年（1289）五月丙申，"以……参议尚书省事张天祐为中书参知政事"，用的是"名"；而在《宰相年表》至元二十六年、二十七年（1290）"参知政事"的栏内，却出其"字"——张吉甫。

此外，如金朝遗士元好问，字裕之。金亡不仕，但《元史》中多次提及此人。时而称其字"元裕"（《元史》卷163《张德辉传》、卷157《郝经传》、卷160《高鸣传》、卷191《许楫传》等），时而书其名曰"元好问"（《元史》卷159《商挺传》、卷160《王思廉传》等）。更有甚者，《元史》中，有时对一些名臣，既不书其名，也不称其字，而呼以小名。据汪辉祖《元史本证》《症误》卷三考证，"《宰相表》十九年左丞有张阿亦伯，当即文谦小名"。至于《元史》中所载蒙古人、色目人及得到赐名的汉人人名不划一，以致译名无定字，前人已提出过不少批评，此不赘。

说到这里，我们有必要交代一下古人起名、表字、取号的原则及其内在关系。《礼·曲礼上》载称："男子二十冠而字。"《仪·士冠礼》谓：

"冠而字之，敬其名也。"《礼·檀弓上》也说："幼名，冠字……周道
也。"《疏》："人年二十，有为人父之道，朋友等类，不可复呼其名，故
冠而加字。"换言之，古代男子二十而冠，冠后据本名含义另立别名称
字。表"字"如此，那么"号"呢?! 据《周礼·春官·大祝》："辨六
号。"《注》："号，谓尊其名，更为美称焉。"这就是说：人之别字亦曰
号。按照这个原则，笔者认为，既然王恽《中堂事记》说："张易，字仲
一。"那么，"启元"则与"仲一"对应，更为美称，是为号。所以，可
以断言，张易与张启元是一个人。张易，原名鲁社住，太原临州临泉县使
君庄人；后被张孔目收为养子，改名张易，取字仲一，号启元，籍贯也相
应改为太原交城。

关于张易的生年

研究张易所遇到的第三个问题，便是他的生年问题。现有史料均无明
确记载。

元人齐履谦撰《郭守敬行状》上说："时，太保刘文贞（按：应为
'正'）公（秉忠）、左丞张文宣公（文谦）、枢密张公易、赞善王公恂，
同学于州（按：指邢州，今河北省邢台市）西紫金山"[1]，为解张易生年
之谜提供了一点线索。但，弄清这里"时"字指的是何年却是关键。

袁冀先生根据《续通志·王恂传》所说的"岁己酉，太保刘秉忠北
上，道经中山，见而奇之。及南还，恂从学于磁州之紫金山"，从而把郭
守敬行状中的"时"字，判定为"定宗后称制元年"，即"己酉"年
（1249）。其云："定宗后称制之元年，（张易）与刘秉忠、张文谦、王恂，
同学于易州（按：应为磁州）之紫金山。"

由于齐履谦写的郭守敬行状搞错了一个基本事实：把王恂说成是刘秉
忠等人的"同学"，而袁冀先生在相信这则误记的前提下，又援引了《续
通志·王恂传》所讲王恂"从学"于刘秉忠的年代，便作出上述判断。
其实，这是不可靠的。《续通志·王恂传》中的这段话，抄自《元史·王
恂传》，材料本身并没有错。《元史·王恂传》，主要是依据王恂的行状、
墓志及家传材料写成的，与元人苏天爵所写的《元朝名臣事略》卷9之1

---

① 《元文类》卷50。

《太史王文肃公》，基本吻合。然而，按照《元史·王恂传》所说："中统二年，擢太子赞善，［王恂］时年二十八"和［至元］"十八年……卒，年四十七"来推算，王恂从学刘秉忠的己酉年，才15岁。根据张文谦所作《刘秉忠行状》[①] 所云：至元十一年秋八月壬戌夜，刘秉忠于上都南屏之静舍"端坐而薨"，"享年五十有九"来推算，刘秉忠生于1216年，到己酉（1249）年时，已经33岁了。刘秉忠是1239年随海云大师北觐和林，事忽必烈于潜邸的，到1249年，已整整十个年头了。岂有身为忽必烈幕僚的33岁的中年人，忽然又与一个15岁的少年"同学"之理?！因此，苏天爵在写《太史王文肃公》时，摘引王恂的墓志材料说："岁己酉，太保刘公（秉忠）自邢北上，取道中山，方求一时之俊，召公（王恂）与语，贤其才，欲为大就之，逮其南辕，载之来邢，复居磁之紫金山，劝为理性之学。"《元史·王恂传》也揭示了真相："岁己酉，太保刘秉忠北上，途经中山，见而奇之，及南还，从秉忠学于磁州之紫金山。"这两份材料，一个说刘秉忠对王恂"欲为大就之"，"劝为理性之学"，一个说王恂"从秉忠学于磁州之紫金山"，都是说王恂是刘秉忠的学生，而非同学，显然是可信的。倒是齐履谦写郭守敬行状时，把这件事搞错了，以致后人以讹传讹。

要想弄清楚张易的生年，就必须弄清他与刘秉忠、张文谦同学的时间。元人李谦写的《张文谦神道碑》[②] 载称：张文谦"自入小学，与太保刘公秉忠同研席，年相若，志相得。其后太保祝发为僧。"又据张文谦所撰《刘秉忠行状》称：刘秉忠"八岁入学，诵书为诸生称首。年十三，以父为录事，为质于元帅府。元帅一见即云：此儿骨格非常，他日必贵，命僚佐教之文艺，不使列质子班，置之幕司。公遂立志为学，诗文字书，与日俱进，同辈生莫得窥其涯际也。年十七，节使赵公引置幕下，甚爱重之。……戊戌春，遂决意逃避世事，遯居于武安之清化……天宁虚照老师闻之，爱其才而不能舍，遣弟子辈诣清化，就为披剃，与之俱来"。根据这两条材料，大体可以断定张文谦与刘秉忠"同研席"的时间，是刘秉忠7岁至11岁这五年，即1223年到1227年。

张文谦死于至元二十年（1283），李谦撰《张文谦神道碑》称：

---

① 《藏春集》卷6。
② 《元文类》卷58。

"（至元）十九年，拜枢密副使，首议肃兵政，汰冗员，选练将士，而优恤其家，未曾及施，而一疾不起，薨于京师私第之正寝，实二十年三月壬申也，享年六十有七。"但是，苏天爵写的《左丞张忠宣公》①却说，张文谦于至元"十九年拜枢密副使，是岁薨，年六十七"。两者虽然都承认张文谦终年 67 岁，但是后者却说他死于至元十九年（1282），即把年代提前了一年，显然是弄错了。《元史》卷 157《张文谦传》的作者，发现了这个问题，然而，却采取兼收并蓄的办法，将此两说综合在一起，然后把张文谦死时岁数妄改为"六十八"。即所谓："十九年，拜枢密副使。岁余，以疾薨于位，年六十八。"这就给推算张文谦的生年问题带来了混乱，不足取。

根据《张文谦神道碑》所记，张文谦 67 岁卒，是年按至元二十年（1283）来推算，张文谦当生于 1217 年，小刘秉忠一岁。按照"自入小学，与太保刘公秉忠同研席，年相若，志相得"说法，张文谦与刘秉忠同学时，年龄当为 7—11 岁。

现在，我们再回到齐履谦写的《郭守敬行状》上来，齐履谦说的"时，太保刘文正公、左丞张忠宣公、枢密张公易……同学于州西紫金山"的"时"，具体应当指的是癸未年（1223）至丁亥年（1227）。三个同学之中，有两个是少年，那么，张易的年龄与他们肯定不会相差太远。还有一个有趣的现象是：三个人的"字"，皆从"仲"字起，仿佛昆弟之间排行次。张易，"字仲一"（《中堂事记》上）；刘秉忠，"字仲晦"（《刘秉忠行状》）；张文谦，"字仲谦"（《张文谦神道碑》）。从字义上看，好像是张易居首，刘秉忠居次，张文谦居三。这大概不会是巧合，可能反映他们三人之间在同学间的某种特殊关系。如前所述，刘秉忠生于 1216 年，张文谦生于 1217 年，那么，张易既然在三人之中居首，则可能生于 1215 年，或者与刘秉忠同庚，但生辰略大于刘秉忠，而与张文谦同庚的可能性则极小。

另外，张易、刘秉忠、张文谦三人同学一事，除了早年这段时间外，刘秉忠与张易在各自为僧之后，仍可能继续保持"同学"关系。根据姚枢《日记》的记载，张易当了张孔目的养子之后，"因冒张姓。长，祝发为僧"。直到"遇知世祖皇帝"，变成忽必烈王府"书记"之前。我们知

---

① 《元朝名臣事略》卷 7 之 4。

道，刘秉忠是戊戌（1238），即 22 岁时，成为天宁虚照禅师的门徒，变成僧人的，后游云中，留居南堂寺。第二年（1239）随海云禅师北觐和林。张易为僧的准确时间，虽不可考，但起码可断定为入侍忽必烈之前。既然用一个"长"字，说明张易已成年。由于他与刘秉忠是少年同学，成年后又都剃度为僧，同入佛门，因此，很有可能仍然保持"同学"关系。限于材料，只能作此推测。

张易入侍忽必烈潜邸的时间

研究张易所遇到的第四个问题，是张易何时入侍忽必烈潜邸？

袁冀先生《试拟元史张易传略》云："后因秉忠、文谦之荐，于宪宗四年前，侍世祖于潜邸。"袁先生这句话的前半句，是依据刘秉忠曾先后向忽必烈推荐了张文谦和王恂，推论出来的。他在引述了"《新元史·刘秉忠传》：'秉忠事世祖，以荐士自任'；复据《元史·张文谦传》：'秉忠荐文谦可用，丁未召见'；《元史·王恂传》：'癸丑，秉忠荐之'"之后，得出结论说："既荐同学文谦、王恂、易亦同学，不荐未之有也。"从逻辑上讲，说张易入侍忽必烈潜邸，系刘秉忠推荐，当无问题。但说"后因秉忠、文谦之荐"，则缺乏根据，行文上也不合逻辑。况且袁先生并没有交代是张文谦推荐的任何证据。前引袁先生的后半句话，说张易"于宪宗四年前，侍忽必烈于潜邸"，这是根据《许鲁斋集》中所附《许衡神道碑》《与仲晦、仲一二首》，以及《元朝名臣事略·左丞许文正公》所云"乙卯，授（许衡）京兆提学，辞不受"等材料，推断出来的。袁先生讲："（许衡）恳辞提学，事在宪宗五年。请二人（仲晦、仲一）说项婉辞之函，亦当草于是年。故易之入侍潜邸，必早于五年。"平心而论，袁先生的这一推断，显然不无道理，但却又令人对它的准确性不能不产生怀疑。理由如次：

首先，在忽必烈的幕府中，刘秉忠是最早的应征者之一，时在 1239年。刘秉忠入幕后，将他的同学、朋友、门生等人，相率援引入幕。其人数之多，为忽必烈诸顾问之首。王磐撰《刘秉忠神道碑铭》云："燕闲之归[①]，每承顾问，辄推荐南州人物可备器使者，宜见录用。由是弓旌之所

---

① 按，"归"当为"际"，照《佛祖通载》卷 21，改。

招，蒲轮之所迓，耆儒硕德，奇才异能之士，茅拔茹连，至无虚月，逮今三十年间，扬历朝省，班布郡县，赞维新之化，成治安之功者，皆公平昔推荐之余也。"① 单公履撰《刘秉忠墓志铭》说："诸相庶官，半由门庇。"② 徐世隆写的《祭文》也说："藏春栽培桃李，徧满君门；身为师宾，门多卿相。"③ 今查元代文献及《元史》，由刘秉忠援引入幕的，可考者，不下二十余人。张易在元世祖忽必烈中统、至元间，恩遇甚隆，与刘秉忠是少年同学，又同是佛门弟子，若不是刘秉忠举荐，反倒令人费解。从这个意义上说，张易是刘秉忠援引入幕的，应当不成问题。

其次，众所周知，忽必烈由于受他的母亲庄圣太后的影响，从年轻的时候起，就倾慕汉地的历史文化。然而，他在潜邸延揽人才，组织幕府的第一次高潮，却是在他 29 岁的那年。《元史》卷 4《世祖本纪一》载称："岁甲辰，帝在潜邸，思大有为于天下，延藩府旧臣及四方文学之士，问以治道。"按"甲辰"，即乃马真称制三年，1244 年。当时的蒙古政权尚控制在窝阔台系手中，忽必烈为拖雷次子，属拖雷系。在窝阔台系与拖雷系争夺汗位的复杂斗争过程中，忽必烈虽然"思大有为于天下"，但是又不能不囿于客观形势。因此，尽管他有心仿效唐太宗为秦王时招徕房、杜等十八学士的做法，延揽人才，然而却不敢放开手脚大干。所以，在此之前，被忽必烈招聘的"藩府旧臣"和"四方文学之士"，屈指可数。就中，属于"藩府旧臣"有史可征者，仅有康里人燕真④、畏兀人孟速思⑤、汉人贾居贞⑥、庖人贾昔剌⑦、医者许国祯⑧等；而属于"四方文学之士"者，只有 1239 年应召的海云禅师及其弟子刘秉忠。这里有一个问题需作交代，即《佛祖历代通载》卷 21 说"壬寅，获（按：'获'系'忽'之误）必烈大王法师（按：即海云）赴帐下，问佛法大意"。按，"壬寅"，是 1242 年。但如前揭张文谦拭泪书《刘秉忠行状》称："己亥……会海云大士至，一见奇其才。时，上在潜邸，遣使召海云老北上，

① 《藏春集》卷 6。
② 同上。
③ 同上。
④ 《元史》卷 130《不忽木传》。
⑤ 《元史》卷 124《孟速思传》。
⑥ 《牧庵集》卷 19《参知政事贾公神道碑》。
⑦ 《道国学古录》卷 17《宣徽使贾公神道碑》。
⑧ 《元史》卷 168《许国祯传》。

因携公（按：即刘秉忠）偕行。"按，"己亥"，即 1239 年，较之《佛祖历代通载》卷 21 所云"壬寅"，早三年。张文谦自幼与刘秉忠"同研席"，后又由刘秉忠援引入幕，共事多年，交谊匪浅，想来他是不会记错的，故从其说。

到了"甲辰"，即 1244 年，忽必烈才将当初海云所劝"宜求天下大贤硕儒，问以古今治乱兴亡之事"，付诸实践。即如徐世隆撰《王鹗神道碑》所云："岁甲辰，遣故平章政事赵璧、今礼部尚书许国祯首聘公（按：即王鹗）于保州。"① 尽管从"己亥"（1239）到"甲辰"（1244），刘秉忠在忽必烈潜邸，受到"礼遇渐隆，因其顾问之际，遂辟用人之路"②，然而，稽诸史乘，尚未发现他正式向忽必烈推荐任何人。因此，在 1244 年以前，张易绝无入侍忽必烈于潜邸之可能。

复次，刘秉忠第一次向忽必烈荐才，时在 1247 年。这时他已在忽必烈身边逗留了九年。今有确证是年推荐的，一是他的同学张文谦，即如前揭李谦撰《张文谦神道碑》所云：刘秉忠"先侍世祖于潜邸，荐公（按：指张文谦）才可用。岁丁未，驿召北上，入见，召对称旨，擢置侍从之列，命司王府教令牋奏，日见信任"；二是通州潞县人李德辉，姚燧《牧庵集》卷 30《中书左丞李忠宣公行状》载称："岁丁未，用故太傅刘文贞公秉忠荐，征至潜藩，俾侍今皇太子讲读。"按："丁未"，即 1247 年。正是这一年，刘秉忠返邢奔丧。据张文谦撰《刘秉忠行状》称："丙午（1246）冬，其父录事公之哀闻至，上闻之，召入，温言慰谕。丁未（1247）春，赙以黄金百两，遣使送还。六月至邢州，依通礼行素志。冬十月，葬祖父母及父母于邢台之贾村。戊申（1248）冬十二月，上遣使召公。己酉（1249）春至王府。庚戌夏（1250），上万言策。"根据刘秉忠的行程年表，可以断言，他推荐张文谦与李德辉入幕，应是丁未春离开忽必烈南还时所为。

按照忽必烈的习惯，大凡是幕僚离开藩府或受命出使异邦，临别前，总要向他们咨询一些治国安邦之道，责成他们提出一些建议。例如，1247年，忽必烈遣使召张德辉至潜邸，问以儒学在治理国家中的地位和作用，"又访中国人材，公（按：即张德辉）因举魏璠、元好问、李冶等二十余

---

① 《元朝名臣事略》卷 12 之 1《内翰王文康公》引。

② 同前揭张文谦撰《刘秉忠行状》。

人。王（按：即忽必烈）屈指数之，间有能道其姓名者"。1260 年夏，"公得告将还，因荐白文举、郑显之、赵元德、李进之、高鸣、李槃、李涛数人。陛辞，又陈孝侍亲友兄弟、择人材、察下情、贵兼听、亲君子、信赏罚、节用度，规戒于王"。① 又如，1260 年，忽必烈派郝经充国信使使宋。临行前，忽必烈说："朕初即位，庶事草创，卿当远行，凡可辅朕者，亟以闻。"② 郝经奏便宜十六事，皆立政大要。

根据忽必烈的这一习惯，刘秉忠回邢州奔丧前，肯定会向刘秉忠咨询政务的，而张文谦与李德辉也只能是这时由刘秉忠援引入幕的。

然而，如前所述，刘秉忠与张易、张文谦都是同学，张易与刘秉忠又同是佛门弟子，刘秉忠既然推荐了张文谦，那么，不推荐张易，简直可以说是不可能的。因为，从现存的资料上看，刘秉忠与张易的交往远比与张文谦的交情为深。元人商挺编的刘秉忠诗文集《藏春集》中，收录了刘秉忠赋赠张易的诗词共六首，而赋赠张文谦的诗词连一首也没有。从这六首诗词中，我们可以窥见刘秉忠与张易肝胆相照、心心相印的深情厚谊。例如，在《朝中措》附题"赠［张平］章仲一"中，抒发了他对汉族知识分子（当然包括他与张易在内）应召成为忽必烈幕僚的复杂情感。其云："衣冠零落，暮春花飘，捲满天涯，好把中原麟凤，网来祥瑞皇家。白云丹嶂，清泉绿树，几换年华，认取随时达节，莫教系定匏瓜。"③1253 年秋，刘秉忠在《六盘会仲一饮》中，盛赞张易学究礼乐诗书，表达了他与张易肝胆相照的情谊时说："青云自笑误归期，回首关山满别离；礼乐诗书君负苦，东西南北我成痴。碧梧一叶秋风起，银竹千林春雨垂；塞下相逢一杯酒，贵倾肝胆略无疑。"④ 其后，在《途中寄张平章仲一》一诗中，刘秉忠再次坦露了他与张易心心相印的情谊。其曰："触热从军数载还，高家书记到何官？道存贤圣行藏里，人在乾坤动静间。为善不图垂报远，济时宁长涉艰难；惟君胸次明如镜，照我区区两鬓班。"⑤ 在另一首七律《寄张平章仲一》中，刘秉忠又抒发了他对张易的思念之情，说："春光满眼酒盈樽，难得同观易见分；秋气著人凉似水，晚山和

① 《元朝名臣事略》卷 10 之 4 《宣慰张公》。
② 《郝文忠公陵川集》附录苟宗道撰《郝经行状》。
③ 《藏春集》卷 5。
④ 《藏春集》卷 3。
⑤ 《藏春集》卷 2。

我淡如云。清歌月影簪头转，残梦钟声枕上闻；玄鸟欲归黄鸟断，诗哦伐木正思君。"① 1255 年，刘秉忠又写过一首《别张平章仲一》，表述了他与张易依依惜别的情感。刘秉忠说道："四旬未老头先白，可笑区区纸上名；张翰且休归故里，谢安应不负苍生。穷通此际难开口，离合中年易动情；恨杀溪流与山色，天南地北送人行。"② 此外，在《因张平章就对东坡海棠诗二首遂赋一首》中，也可看出他与张易交谊至深。③ 总之，从刘秉忠与张易的私交，远比刘秉忠与张文谦的私交为深这一点来看，刘秉忠授引张易入幕，绝不可能晚于他援引张文谦入幕的时间，至迟也是与张文谦同时被援引入幕的。此其一。

其二，刘秉忠第二次向忽必烈荐才，是"庚戌"夏，上万言策的前后，庚戌，即 1250 年。他是前一年，即"己酉春"（1249）回到漠北王府的。1250 年，他向忽必烈举荐了邢州南河人马亨。④ 马亨与刘秉忠非亲非故，仅只是大同乡而已。1251 年，忽必烈的哥哥蒙哥即大汗位，蒙古贵族集团争夺汗位的斗争，终以拖雷系战胜窝阔台系而告一段落。忽必烈便受命主管漠南汉地军国庶事，遂开府金莲川，放手网罗人才，扩建幕府。这是忽必烈延揽人才的第二次高潮。在这次高潮中，除 1250 年援引马亨入幕外，1251 年，他又向忽必烈推荐了真定人张耕、洛水人刘肃治理邢州。⑤ 1253 年，刘秉忠又援引他的学生王恂等人入幕。⑥ 以上诸人同刘秉忠的关系远比张易同刘秉忠的关系疏远。就中，王恂属于晚辈。刘秉忠绝不可能冷落他的老同学、挚友张易，到这时才想到他。换言之，张易不可能是 1250 年以后才被刘秉忠援引入幕的。

其三，前揭姚枢《日记》的材料，称张易为"前书记"，当指为忽必烈王府的书记，表明张易很早就受到重用。又据《许文正公遗书》卷末附录《许衡神道碑》，许衡是 1254 年（"岁甲寅"）被忽必烈召聘为京兆教授。旋，廉希宪宣抚陕右，又授以京兆提学。许衡恳辞不干，但未获准。即如《元朝名臣事略》卷 8 之 2《左丞许文正公》引《考岁略》所

---

① 《藏春集》卷 3。
② 《藏春集》卷 1。
③ 《藏春集》卷 2。
④ 《元史》卷 163《马亨传》。
⑤ 事见《元朝名臣事略》卷 7 之 1《太保刘文正公》引韦轩李公撰藏春集序。
⑥ 《元史》卷 164《王恂传》。

云："乙卯，廉公希宪宣抚关中，奏拟授先生（按：指许衡）京兆提学，仍给月俸，力辞不受。"按："乙卯"，即 1255 年。也正是这一年，许衡因遇见张易路过京兆，便连续给刘秉忠和张易写了两封书状，请求为之说情。《许文正公遗书》卷 9 载有这两封书状的全文。其中第一封，开宗明义，说："某顿首再拜两君子执事。……某山野鄙人，虚名过实，不胜愧负。仲一过京兆，以稠人中不克款附所怀。继荷中晦公特书慰勉，使某宽而居，安而待。……再四辞于宣抚廉公左右，未见从允。静言思之，将苟避矫激之嫌，必难免士林之诮。讬所以解之，非二君子其谁可者？弗获即有不安，明公必能见察于言意之外也……"在第二封书状中，许衡又说："恩旨令某充京兆提学。某之寡陋，先生（按：指刘秉忠、张易）素知。……仲晦、仲一二君子，所愿奉致此意，何由使某得守先命，少缓士林之议，便风不乏，伏赐诲药。迩者从宜李公来，传道二君子雅意，佩感。"从许衡的这两封书状中所反映出来的事实表明，在许衡眼里，刘秉忠与张易当时在忽必烈幕府中，处于平起平坐的地位，要想恳辞京兆提学之职："讬所以解之，非二君子其谁可者？！"此事说明，张易入幕的时间绝不会太晚，换言之，张易不可能是刘秉忠第二次向忽必烈荐才时才援引入幕的，否则，便不可能成为王府书记，与刘秉忠平起平坐。

其四，从 1259 年（岁己未）发生的两件事，也可以看出张易入幕较早、地位重要。一是《中堂事记》中所云："己未间，圣上（按指忽必烈）在潜，令张仲一就问（李俊民）祯祥。"二是以"扈从诸臣"的身份，从忽必烈征鄂。当时"贾似道以木栅环城，一夕而办。圣谕谓扈从诸臣曰：'吾安得如似道者用之？'秉忠、易进言：'山东一王文统，才智士也。今为李璮幕僚。'"① 这两件事，前者是忽必烈单独命令张易执行任务；后者是与廉希宪、刘秉忠等处于同等地位，并与刘秉忠一起向忽必烈推荐王文统。这是 1250 年至 1253 年间，刘秉忠所援引入幕者，如马亨、张耕、刘肃、王恂等人中，任何一个所不能比拟的受忽必烈崇信的人物。因此，张易只可能是 1247 年，与张文谦、李德辉同时被刘秉忠举荐给忽必烈的。他在忽必烈王府中的地位，与张文谦入幕后的地位，几乎完全同等。张文谦受召后"擢置侍从之列，命司王府教令牋奏，日见信任"②；

---

① 《元朝名臣事略》卷 7 之 3《平章廉文正王》引家传。
② 见前揭李谦撰《张文谦神道碑》。

张易则为"书记"①。这一点，我们还可以从至元十九年（1282），张易坐诛王著事件中，忽必烈怀疑"张易所为，张仲谦知之否？"②，得到反证。

综上所述，笔者认为，张易被刘秉忠援引入幕的时间，当为"岁丁未"，即1247年。至于当时人所撰与张易有关诸人的行状、墓志、碑传及《元史》，之所以对此事讳莫如深，只字不提，那是因为张易受王著诛杀阿合马事件的牵连而被杀。

张易的政绩与学识

以上，我们通过对张易其人的出身籍贯、姓名、字号、生年以及入侍忽必烈幕府的时间等问题的考辨，使我们对他的早期活动，大体上有个轮廓性的了解。下面，我们再对他在元初的政绩与学识作一番考察。

首先，张易在中统初年，参决了元朝政权建设的一系列重大活动，对大蒙古国向元王朝的嬗递，起了一定的促进作用。

1260年（岁庚申）春三月，忽必烈在东道诸王塔察儿、也先哥、忽剌忽儿、爪都及西道诸王合丹、阿只吉，还有勋贵霸都鲁与兀良哈台等部分蒙古贵族的支持下，于开平即汗位。五月，建元"中统"。后来，又改国号为"大元"。张易的政治地位，也随着忽必烈即位与元朝的建立而日隆。

我们知道，早在这一年的四月③，忽必烈开始设立中书省，以王文统为平章政事，张文谦为左丞。张易则与契丹人粘合南合一起，被任命为"西京（今山西大同）等处宣慰使"④。七月，忽必烈改燕京宣慰司为燕京行省，以祃祃为丞相，行中书省事，王文统、赵璧为平章政事，张易为参知政事。⑤ 在此期间，张易与祃祃、王文统、赵璧一道，参决中统初年元政权的建设：诸如拟定入选中书省工作的吏员标准；堂议诸椽巾裹服饰；创建省仓；将过去诸投下五户丝科直接就征于州郡，更改为"皆输大都总藏，省验数关支"；针对"夜禁甚严，虑公干有碍"，改令有司

---

① 见前揭姚枢《日记》。
② 《元史》卷160《王思廉传》。
③ 按：本文所引用的月、日，一律沿用农历。
④ 《元史》卷4《世祖本纪一》。
⑤ 参见《中堂事记》上。

"置白油木牌"作通行证，"虽官府贵近非此不敢辄出"；凡乘驿马，改由省府发给"印以墨马"劄子；决定省椽吏员各路宣抚副使的调动或去留；覆实诸路民赋账册；拟定中统元宝交钞体例，无致阻坏钞法等条格；"图写历代君臣可法政要，及自古太子君孝等事，祇备向前进说"；草拟圣旨、圣谕、诏书，劄付各路宣抚司实施，等等。①

中统二年（1261）三月十六日，忽必烈遣参知政事张易和廉希宪"传旨慰谕行省官"②。四月五日，忽必烈令包括张易在内的"诸相"，"集议六曹并九道宣抚事于中书堂"。六日，张易与诸相，"会左丞张仲谦第，决前议：大抵选官、薄赋、评钞法等事"。王恽说："论者颇交杂。"王文统总结道："何伤，取其长便者用焉。"接着，他们入见忽必烈，"进《大定政要》"。四月十一日，张易与廉希宪"会王文统第"，"令详定官周止，缕读《众士嘉谟》，而详听焉。金曰：不为无益也"。接着，他们又"会九道宣抚，定议官制、减民赋等事"。十二日，张易与其他诸相，集廉右丞（希宪）第，审定前议。旋，忽必烈传旨，"召诸相入朝，遂以军国大政，上闻都俞际，众悉之以对。天颜为喜动，且有恨其见晚之叹！"十三日，张易等诸相入朝，"以议定六部等事"。嗣后，张易、廉希宪会于王文统第，"以奏允诸务，来审听焉"。十四日，张易、廉希宪又会于王文统第，"呼金齿蛮使人，问其来庭之意，及国俗地理等事"。十六日，河南宣抚兼经略使史天泽、张易"泊众宣抚，集都堂，条具民政"。翌日，张易等诸相入朝，将集议结果上奏忽必烈，获允。十八日，"省奏准条画民事，凡二十七款，为施行之"。十九日，张易与百官入见忽必烈，"奉旨召九路总管，颁示新典"。二十二日，张易等"诸相圆坐，雠校九道宣抚，殿最，时东平抚司，民赋有未足者，某官对云云，省官曰：不闻诏条，使户口增、差发办，方为称职。某官以不敏谢。及议中外新旧官，改授定制"。二十四日，张易等诸相入朝，"奏准七道宣抚司所行条画"③。

中统二年"五月甲午壬戌朔，黎明"，张易等"达官巨僚，毕集中省，遂检前省民赋，以上年比中元数多而所入者，鲜；以中元比上年户同

---

①　《中堂事记》上。

②　同上。

③　按：《条画》内容，详见《中堂事记》中。

而所入者，广；论辨久之。前省官屈服，始无异议焉"。张易等诸相佥曰："先后之事明矣。"遂具以奏报忽必烈。忽必烈降旨说："若辈无状凡所以欺蔽不应等事，悉索焉，以闻。"第二天，"天威雷震，前省官始知惧，待罪矣。中外闻者，有万口一辞之快"。

五月八日，张易等诸相，"堂议中书出政之地，人杂还，莫能禁。奏准。令怯薛册二人监约省庭间，自是，中省之务，颇清肃焉"。同日，都堂命王恽"编类历代水利、营屯田、漕运、钱币、租庸调等法，及汉唐已来，宫殿制度等事"。接着，"省起诸相候廉右丞疾"。十日，"堂议，欲以元宝钞皆用关防印志。既而议不便，但令比户粉壁，严伪造之禁，从杨宣抚果议也。有旨，遣上都同知阿合马，计点燕京万亿库诸色物货"。十一日，张易等"堂议曰：古者，天子有八宝。盖所以崇天授而镇万方也。今朝廷所用，止一宝而已。欲议奏令印工季并余宝皆刻而为之，用古文奇篆，殆受命玺"。然而，王恽却说："此非可轻议也，又务繁，需再议焉。"同日，张易等"诸相"，"大合食达官巨僚于都坐，皆露醉而罢"。

十二日，忽必烈有旨，"先召首相二三人入朝，余俟命于省署。既而以大宴不克见"。上都留守同知阿合马兼太仓使，"请立和籴所，以溢廪庾"。"堂议：以曹李亨字通甫勾当和籴事。改和籴为规措所，亨修人事，极经画，已而粒米狼戾，少尹爱其能焉。"十三日，忽必烈"究问前省官，一切事理皆有定论。今左右司官具奏目，然后详听已"。忽必烈"以见上下通知故也"。接着，忽必烈又"旨令前省官及诸路在都管民等官，诘旦集阙下，以听圣训"。

五月十五日，"诛东平经历官邢衡铨。初，邢以事告参政，张易诘对于上前，邢款服。命诸相监戮于都城东十里外。张（易）手刲其腹，从初请也"。十六日，廉希宪、耶律铸、张易与王文统，"推考定夺诸路户口等事"。十七日，"诸相复定拟大名、西京、北京赋税、户口"。旋，刘秉忠来朝，"诸相就见于李虞卿宅，略话而退"。十九日，忽必烈下诏充实中书省官员："以世臣不花、经略史天泽为右丞相……忽鲁不花、耶律铸为左丞相；张参政（易）为右丞；宣抚杨果、宣抚商挺［为］参知政事；余如故"。是日，"诸相入见，将退，上（忽必烈）慰平章［王］文统曰：'卿春秋高，恐劳于奏请。今后，可运筹省幄，若有大议须面陈者，及朕有所咨访，入见。小事令人奏来，不必烦卿也。'"二十日，"奉命承旨，王鹗定撰诸相制词"。二十一日，"阖省大燕，庆新除也"。史天泽发表了就职演说。二十二日，"堂议：定省规十一条"。① 二十五日，"御营奏事，堂议：专委参政杨公定夺内外新旧官资"。"是日，诸相授麻制于都堂。""诏下，中外称贺，不胜其喜。"忽必烈说："自国朝开创已来，论德其贤于斯，为盛时。"接着，他又就包丝税易铁的问题，令诸相堂议。二十八日，"奉旨定拟中、行两省去留人员。抵暮，张右丞（易）下朝说：所奏事，天颜甚喜。交史丞相、张左丞（文谦）、杨参政留中；王平章（文统）、廉平章（希宪）、张右丞（易）行省事于燕"。②

中统二年（1261）六月八日，忽必烈"追谥前经义状元李俊民为庄静先生云云"。李俊民，字用章，泽州人。金朝明昌间进士，道号鹤鸣老人。在河南时，于隐士荆先生传皇极数学。王恽在此事条下，补述了己未间（1259），忽必烈在潜邸，"令张仲一（易）就问祯祥"，"优礼有加"。这时，李俊民已死，而"其言尽征"，故有是命，"以旌其德学云"。当初，张易"辞去"，说："继请以蒲轮来起公（李俊民）。"李俊民笑而不答，赠诗以见方来。其辞曰："丹凤衔书下九霄，山城和气动民谣，久潜龙虎声相应，未戮鲸鲵气尚骄；万里江山归一统，百年人事见清朝，天教老眼观新化，白发那堪不肯饶。"

六月十一日，"都堂置酒宴［高丽世子植等］于西序"，张易以右丞身份"押燕"。③

从以上事实可以看出，在中统初年，张易从做西京等处宣慰使，到当燕京行中书省参知政事，进而成为中书省右丞，位在宰相之列，参领政务、财用、外事等重事，是忽必烈身旁举足轻重的汉臣之一。

其次，中统二年十月以后，张易又不断被忽必烈委以重任，职位虽多迁转，但基本上未出朝廷。至元九年（1272）以后，元廷内部，以阿合马为首的色目人官僚集团在政治斗争中占了上风，原来聚集在忽必烈周围的汉官幕僚，不是受到排挤或冷落，就是或老或病，相继物故。而张易的政治地位和权力却不断提高，头衔也越来越多。只是文献资料中记述过简，无法详知他此间的具体活动。

据《元史·世祖本纪》所提供的资料，张易在中统二年十月，曾以

---

① 《省规十一条》，见《中堂事记》中。
② 《中堂事记》中。
③ 以上见《中堂事记》下。

右丞的身份，行中书省于平阳、太原等路。至元三年（1266）二月，忽必烈又"以中书右丞张易同知制国用使司事"。至元七年（1270）正月，忽必烈立尚书省，罢制国用使司，以阿合马为平章尚书省事，以张易为同平章尚书省事。至元九年（1272）正月，忽必烈下令并尚书省入中书省，张易又被任命为中书平章政事，仍与阿合马为同僚。是年十月，忽必烈又授张易以枢密副使之职，使掌军国机密。至元十三年（1276）三月，忽必烈命枢密副使张易兼知秘书监事。

从此间张易职务的变迁上看，在元廷内部，张易的权力又从参领财政，扩展到参预军机，此外，还兼领秘书监事。张易何以能在朝廷内部激烈的政治斗争中站稳脚跟，而未被阿合马除掉?! 这恐怕与他个人的一些特点有关。首先是张易有"资刚明尚气，临政善断"①的才能。其次，他又有"待士以诚，忤之不復与合"②的作风。例如，中统二年（1261），东平经历官邢衡铨控告当时为参知政事的张易不法。五月十五日，"诘对于上（忽必烈）前，邢款服。命诸相监戮于都城东十里外"，张易居然"手劐其腹"③。张易所为，虽说是得到忽必烈批准的，但却反映了他的政治作风。其三，张易处世十分猾头。元人苏天爵在《元朝名臣事略》卷11《枢密赵文正公》中，转录赵良弼《庙碑》的材料说：张易任枢密副使时，"视权臣（阿合马）奸欺，结舌其傍，若无与己然者"。其四，张易为学驳杂，洞究术数。不仅学兼儒、佛、道三家，而且于天文地理、阴阳五行、律历等，无不精通。他不像专事业儒的理学家如许衡那样迂阔，所以能在忽必烈转向消极保守之后，仍然博得忽必烈的信任。有下列事实为证：

至元八年（1271）九月，太庙殿柱朽坏，监察御史劾都水刘晸监造不敬，晸以忧卒。张易请先期告庙，然后完葺，得到忽必烈的认可。所以，《元史·祭祀志三·宗庙上》云："八年八（当为九）月，太庙柱朽。从张易言，告于列室而后修，奉迁栗主金牌位与旧神主于馔幕殿，工毕安奉。自是修庙皆如之。"

至元九年十月，忽必烈任命张易为枢密副使。十一月，宋京湖制置李

① 《中堂事记》上。
② 同上。
③ 《中堂事记》中。

庭芝为书，遣永宁僧赍金印、牙符，来授刘整、卢龙军节度使，封燕郡王。僧至永宁，事觉。忽必烈得知后，敕张易、姚枢杂问。适巧刘整至自军中，言："宋患臣用兵襄阳，欲以是杀臣，臣实不知。"忽必烈敕令刘整为书复之，并赏刘整，使还军中，诛永宁僧及其党友。

至元十三年（1276）三月，忽必烈命枢密副使张易兼知秘书监事。闰三月，又命张易遣宋降臣吴坚、夏贵等赴上都。六月，忽必烈"以《大明历》浸差，命太子赞善王恂与江南日官置局更造新历，以枢密副使张易董其事"。为此，张易、王恂上书忽必烈说："今之历家，徒知历术，罕明历理，宜得耆儒如许衡者商订。"忽必烈答应了张易与王恂的请求，遂下诏许衡赴京师。郭守敬《行状》这样记载此事："先时太保刘公（秉忠），以《大明历》自辽金承用二百余年，浸以后天，议欲修正而薨。至是（至元十三年）江左既平，上（忽必烈）思用其言，遂以公（郭守敬）与赞善王公（恂），率南北日官，分掌测验推步于下，而忠宣（张文谦）、枢密（张易）二张公为之主领，裁奏于上。复共荐前中书左丞许公（衡），能推明历理，俾参预之。"这就是后来形成的《授时历》，张易既"为之中领"，其贡献是不言而喻的。

至元十四年（1277）上都发生火灾，妄谈地理者力主徙都邑，张易与张文谦在廷辩中，力排众议，免除了迁都之劳，显示了张易于阴阳五行学说造诣甚深。①

至元十六年（1279）八月，南宋降臣王虎臣陈便宜十七事。忽必烈"令张易等议，可者行之"。

至元十七年（1280）二月，张易以副枢身份向忽必烈推荐高和尚，要忽必烈派高和尚去镇戍北边。张易说："高和尚有秘术，能役鬼为兵，遥制敌人。"忽必烈信以为真，遂"命和礼霍孙将兵与高和尚赴北边"。张易此举，并非戏言，而是他老谋深算的表现。高和尚系张易心腹，这从后来王著事件中可以印证。张易此时花言巧语说动忽必烈，是为了让忽必烈委高和尚以重任，从而加强自己的势力。

至元十八年（1281）十月，忽必烈方信桑门之教，诏枢密副使张易等参校道家著作。张易等言："参校道书，惟《道德经》系老子亲著，余皆后人伪撰，宜悉焚毁。"忽必烈从其言，仍诏谕天下。不久，忽必烈又

---

① 参见《元朝名臣事略》卷 7 之 3《平章廉文正王》。

采纳和礼霍孙的建议，"以平章政事、枢密副使张易兼领秘书监、太史院、司天台事"。①

我们从这些零碎的史料记载中，大致可以看出，张易以其驳杂的学识和老谋深算，在金莲川幕僚纷纷遭到冷落或谢世之后，仍能保住权位，并有所作为。正如时人王恽在张易任枢密副使时写的一首七律《寿平章张公》所云："十年黄阁富经纶，落落苍髯社稷身；公道抹时仍此在，龙门归誉见来新。菊香已办南丰供，醁蚁无须靖节巾；寿席今年得佳语，太平勋业在麒麟。"②

张易的最后一搏

众所周知，忽必烈是以"祖述变通"为建国方针的，因此，元王朝自建立即日起，就充满了矛盾。它作为一个封建国家，在主要方面继承了汉人的封建统治制度，但是为了保护蒙古贵族的特权，却又保留了许多蒙古旧制，由于蒙古统治者重用色目人理财，于是又采行了色目人的某些剥削方式。这样，就导致了在元朝中央政府内部，蒙、汉、色目官僚间错综复杂的矛盾斗争。

中统三年（1262），山东军阀李璮发动武装叛乱，忽必烈在派大军平定李璮叛乱的同时，查出王文统与李璮的通信，杀了王文统。从此，忽必烈对他周围的汉人幕僚增加了怀疑，逐渐转而依靠以阿合马为首的色目商人集团，委阿合马领中书左右部兼诸路都转运使，总理财政。至元三年（1266）正月，设立制国用使司，以阿合马为使；二月，又以张易为同知制国用使司事。从此，张易便卷入汉人官僚与色目商人集团斗争的旋涡之中。

至元七年（1270），元廷罢制国用使司，立尚书省，又以阿合马为平章尚书省事，张易则为同平章尚书省事。至元九年（1272），尚书省并入中书省，阿合马又为中书平章政事达十年之久，此时张易也改任中书平章政事。时值灭南宋前后，元廷费用浩繁，阿合马采取兴铁冶、铸农器官卖、增盐课、括户口、推行钞法、籍括药材等办法，增加税额，搜括财

---

① 以上均见《元史·世祖本纪》。
② 《秋涧先生大全文集》卷17。

富，使元廷财政支出得以应付，从而深得忽必烈的信任，"授以政柄，言无不从"。阿合马专权横暴，打击异己，丞相线真和史天泽与他争辩，屡被诎之。丞相安童向忽必烈揭发阿合马："臣近言尚书省、枢密院、御史台，宜各循常制奏事，其大者从臣等议定奏闻，已有旨俞允。今尚书省一切以闻，似违前奏。"忽必烈说："汝所言是。岂阿合马以朕颇信用，敢如是耶！其不与卿议非是，宜如卿所言。"但是，阿合马"擢用私人，不由部拟，不咨中书"。安童以为言，忽必烈令问阿合马。阿合马说："事无大小，皆委之臣，所用之人，臣宜自择。"安童因请："自今唯重刑及迁上路总管，始属之臣，余事并付阿合马。"忽必烈居然同意了。① 许衡在朝，多次与阿合马争辩，许衡"每与之议，必正言不少让"。至元十年（1273），阿合马欲命其子忽辛为同金枢密院事。许衡独执异议说："国家事权，兵、民、财三者而已。今其父典民与财，子又典兵，不可。"忽必烈说："卿虑其反邪?!"许衡对曰："彼虽不反，此反道也。"阿合马由此深恨许衡，多方构陷，甚至连许衡主持的太学也因诸生"廪饩不继"，迫使许衡解职还乡②，张易身为同平章尚书省事，虽然处世猾头，但对阿合马擢用私人，培植党羽，贪赃不法，排挤和倾陷趋向汉法的蒙、汉官员，当然也不满。这在许衡被阿合马排挤出朝，他写的《送鲁斋先生南归》一诗中，得到反映。其云："衮衮诸公入省闱，先生承诏独南归；道逢时否贫何病，老得身闲古亦稀。行色一杯燕市酒，春风三月故山薇；到家已及蚕生日，布谷催耕陇麦肥。"③

　　阿合马得到忽必烈的信任，屡毁汉法，使朝野反阿合马的力量逐渐扩大，倾慕汉法的太子真金，十分讨厌阿合马的奸恶，"未尝少假颜色"④，曾以弓殴伤阿合马的面部，并在忽必烈面前折辱阿合马。阿合马"所畏惮者，独太子尔"⑤。于是，反阿合马的汉人官僚，逐渐形成一个拥戴太子真金的集团，并酿出张易幕后支持的王著假令太子真金回大都作佛事，乘机锤杀阿合马的重大事件。

　　至元十九年（1282）三月，忽必烈偕太子真金到上都驻夏，阿合马

---

①　《元史》卷205《阿合马传》。
②　《元史》卷158《许衡传》，并见《许文正公遗书》卷首《考岁略》。
③　《元文类》卷6。
④　《成吉思汗的继承者》，第288页。
⑤　《元史》卷115《裕宗传》。

留守大都。益都千户王著，"素志疾恶，因人心愤怨，密铸大铜锤，自誓愿击阿合马首"。会高和尚（又称高菩萨）"以祕术行军中，无验而归，诈称死，杀其徒，以尸欺众，逃去，人亦莫知"。王著乃与高和尚合谋，计划在十七日，"诈称皇太子还都作佛事，结八十余人[1]，夜入京城"[2]，并先派西蕃僧二人至中书省，言今夕皇太子与国师来建佛事，令市斋物以作准备。宿卫士高觿疑之有诈，用作西蕃语询二僧曰："皇太子及国师令至何处？"二僧失色，又以汉语诘之，仓皇莫能对，遂执一二属吏，讯之皆不伏。高觿恐有变，乃与尚书忙兀儿、张九思集卫士与官兵，各执弓矢以备。等到中午，王著又遣崔总管矫传皇太子令旨，召枢密副使张易发兵，夜间来会。张易率领右卫指挥使颜义所部驻宫外。高觿问："果何为？"张易答："夜后当自见。"高觿又问，张易附耳语曰："皇太子来诛阿合马也。"入夜，王著自驰见阿合马，诡言太子将至，令省官悉候于宫前。阿合马遣右司郎中脱欢察儿等数骑出关，北行十余里，遇其众，伪太子者责以无礼，尽杀之，夺其马，南入健德门。夜二鼓，高觿等忽闻人马声，遥见烛笼仪仗，将至宫门，其一人前呼启关，高觿谓张九思曰："他时殿下还宫，必以完泽、赛羊二人先，请得见二人，然后启关。"高觿呼二人不应，即语之曰："皇太子平日未尝行此门，今何来此也？"王著、高和尚等人马转趋南门。阿合马等来迎，伪太子立马指挥，呼省官至前，责阿合马数语。王著即牵去，以所袖铜锤碎其脑，立毙。继呼左丞郝祯至，杀之，逮捕右丞张惠。张九思、高觿发觉有诈，聚集卫士来攻，高和尚等逃走，王著挺身就擒。黎明，中丞也先贴木儿驰驿往上都奏报。忽必烈时方驻跸察罕脑儿，闻之震怒，即日至上都。命枢密副使孛罗、司徒和礼霍孙、参政阿里等驰驿至大都，讨为乱者，在高梁河捕获高和尚。二十二日，王著、高和尚、张易均被处死。王著临刑大呼曰："王著为天下除害，今死矣，异日必有为我书其事者。"[3]

王著锤杀阿合马事件，在朝中，显然是得到张易暗中支持的。可以认为，这是张易在元廷内部汉人官僚与色目商人集团之间角逐中的最后

---

① 按：虞集《道园学古录》卷17《张九思神道碑》称"结党数百人"；拉施德《史集》第2卷称派往居庸关者为一万人，但伯劳舍本作二千人，入大都者为一千人。

② 《元史》卷205《阿合马传》。

③ 以上参见《元史》卷169《高觿传》、卷205《阿合马传》；《道园学古录》卷17《高鲁公（觿）神道碑》。

一搏。

前揭高和尚其人，早与张易有密切关系，当系张易心腹。因由张易向忽必烈推荐，才得以混迹军中，装神弄鬼。张易之荐高和尚，表明他为除掉政敌阿合马，早就在做准备，此其一。

其二，在事件过程中，高觿与张易的那段对话，前引《元史》卷169《高觿传》，盖源于虞集所撰《高鲁公神道碑》。原文是："日且暮，闻枢密院副使张易以兵，公（高觿）与张尚书（九思）问易曰：'此将何为?'易曰：'夜二鼓，当自知之。'公又谓易曰：'此大事，岂得不令吾二人知?'易附耳语曰：'得密报，闻太子来诛左相（阿合马），殆是也。'"① 在此之前，王著、高和尚等人只是诈称皇太子与国师回都修佛事，并没有泄露旨在击杀阿合马的消息，而张易却一语道破是来诛阿合马，可见他是知道预谋的。至于张易始则神秘地说"夜二鼓，当自知之"；继则诡称"得密报"云云，正是他老谋深算的表现。因此，张易被杀后，就有"论者""以为易知谋"，而"请传首郡邑"。然而，虞集在《高鲁公神道碑》中记述了高觿与张易的这段对话之后，接着却说："盖易亦不察其伪也。"虞集在《张九思神道碑》中还说："易不能辨其伪，不敢抗，以兵与之，坐弃市。"这可能是虞集出于对张易的同情所作的回护。苏天爵在《元朝名臣事略》卷11之3《枢密赵文正公》中，在引述虞集所撰《张九思神道碑》时，将这句话改为"易素恶相（按：指阿合马）奸，即以兵与之，坐弃市。"看来，苏天爵未必是擅改，一定有他的根据。

其三，忽必烈认定张易是参与王著锤杀阿合马事件的。这从事后忽必烈与中顺大夫、典瑞少监王思廉的密谈中可以得到印证。忽必烈召王思廉至行殿，屏去左右，问曰："张易反，若知之乎?"对曰："未详也。"忽必烈说："反已反已，何未详也?"王思廉慢条斯理地奏曰："僭号改元谓之反，亡入他国谓之叛，群聚山林贼害民物谓之乱，张易之事，臣实不能详也。"忽必烈又说："朕自即位以来，如李璮之不臣，岂以我若汉高帝、赵太祖，遽陟帝位者乎?"王思廉答道："陛下神圣天纵，前代之君不足比也。"忽必烈叹曰："朕往者，有问于窦默，其应如响，盖心口不相违，故不思而得，朕今有问汝，能然乎?且张易所为，张仲谦知之否?"王思

---

① 《道园学古录》卷17。

廉即对曰："仲谦不知。"忽必烈问："何以明之?"对曰："二人不相安,臣故知其不知也。"[1] 忽必烈与王思廉的密谈,一则表明忽必烈认定张易参与杀阿合马事的预谋,并进而怀疑到张易的老同学张文谦;二则表明,王思廉在千方百计地为张易辩护。就是参与攻打王著、高和尚等人的张九思,也持这种态度。当张易"坐弃市"之后,而"论者以为易知谋,请传首郡邑"时,张九思入告皇太子真金曰:"张易不察贼诈而与之兵,罪至死,宜矣。"[2] 真金悟,言诸忽必烈,遂从之。可见,王著杀阿合马事件,在当时汉人官僚中,是博得广泛同情的。意大利旅行家马可·波罗在他的游记中记述此事,称为大都城里的汉人造反,还说王著与张易合谋杀了阿合马,事前曾通知汉官要人,得到赞同。[3]

阿合马被杀,是蒙、汉、色目人之间矛盾的必然结果。正因为如此,忽必烈对王著案未予深究,反而在孛罗向他报告了人们揭露的阿合马的奸恶时转而对臣下说:"王著杀之,诚是也"[4],乃命发墓剖棺,戮尸于通玄门外,纵犬啖其肉。旋又穷治阿合马党人。这也可看作是对张易被杀的"平反"吧!

1987 年 5 月 16 日脱稿;《晋阳学刊》1988 年第 3 期

节选改题为《论元初杰出政治家张易》

---

① 《元史》卷 160《王思廉传》。

② 《道园学古录》卷 17《张九思神道碑》。

③ 参见《马可波罗游记》,福建科技出版社 1981 年版,第 113 页。

④ 《元史》卷 205《阿合马传》。

许衡与传统文化在元代的命运

　　如果说儒家文化是中原农耕民族文化的主体而称之为传统文化的话，那么，自西周以后，虽然儒家文化兴起并逐步取得了支配地位，但中国古代文化的发展，从来就不是儒家文化独步天下，而是传统文化与周边少数民族文化（如塞外草原游牧文化等），乃至外来文化，在不断的冲突中交融，在交融中被传统文化同化的过程。在这种过程中，传统文化不断吸收它们的有益成分而丰富了自己。而每当塞外游牧文化、外来文化同传统文化发生冲突的时候，传统文化都面临着严峻的挑战。

　　13 世纪上半期，蒙古贵族入主中原，中原传统文化受到了塞外游牧文化猛烈的冲击。对于蒙古贵族来说，掠夺财物、扩大掠夺地域是他们南下中原的宗旨，不仅声称"虽得汉人，亦无所用，不若尽去之，使草木畅茂，以为牧地"[1]；而且，对留在汉地，"建都邑城郭"，采用中原农耕民族的"仪文制度"，毫无兴趣[2]。以致在蒙古灭金过程中，不少儒者、士大夫沦为驱口。耶律楚材身事成吉思汗、窝阔台汗两朝，曾经大力宣传中原传统文化，特别是窝阔台汗，在某种程度上已接受了耶律楚材的建议，进行了一些改革。但是，在蒙古统治者眼里，儒家学说不过是一种宗教。儒生的社会地位还不如僧人、道士。蒙哥汗视儒者若巫、医，曾经向高智耀发问："儒者何如巫、医？"[3]

　　忽必烈开府金莲川，倾慕中原传统文化，延请藩府旧臣和四方文学之士，访问治道。但是，他对孔子、对儒家学说仍持怀疑态度。1247 年，他召见张德辉时，还提出"或云：辽以释废，金以儒亡，有诸？"的问

---

① 宋子贞：《中书令耶律公神道碑》，《元文类》卷 57。
② 《元史》卷 125《高智耀传》。
③ 同上。

题①。据说，当人们告诉他：孔子"是天的怯里马赤（译史）"时，他竟"深善之"②。1252年，张德辉、元好问"奉启请"忽必烈为"儒教大宗师"的名号，一方面，说明儒者地位没有保障，而急于寻找靠山，哪怕屈居于宗教徒的地位，也干；另一方面，表明忽必烈所倾慕的中原传统文化，仅仅是把它当作一种宗教形态。这不能不认为是对中原传统文化的莫大误解。后来，忽必烈夺得汗位，建立元朝，确立"祖述变通"的建国方针，宣布要加强"文治"，可以看作是塞外游牧文化与中原传统文化在冲突中交融的结果。不过在这种冲突中，中原传统文化仅仅暂居于上风，塞外游牧文化并未被彻底取而代之。两种文化的较量，在中统、至元间，仍在激烈的进行中。而儒者许衡一生的际遇，便从一个侧面反映了传统文化在元代的命运。

冲突旋涡中的许衡

许衡，字仲平，生于金永济王大安元年（1209），卒于元世祖至元十八年（1281），原籍怀州河内（今河南沁阳）。父名通，世为农，避难迁居河南新郑，生衡。许衡一生活动，大体可以分为三个阶段：

1. 从金大安元年九月丙午出生③，到金开兴元年（1232）九月，为蒙古游骑所俘，年届23岁，是许衡的青少年时代。

其间，许衡7岁入学，授章句。④ 据说，他聪明过人，"所授书，辄不忘"，而且长于发问，"尝问其师曰：读书欲何为？师曰：应举取第尔。如此而已乎？师大奇之。每从质句读训解，必问其旨义"。由于老师是"下第老儒"，水平不高，只不过是于学校废弛之时，教授童生章句，借以糊口而已。遇到许衡这样善于诘问的学生，每每捉襟见肘，瞠目结舌。弄得老师不得不辞于其父母曰："此儿颖悟非常，他日必有过人者。流离之际，吾聊以遣日，岂安能为师乎？"许衡的父母再三挽留，"而师卒遁

---

① 《元朝名臣事略》卷10之4《宣慰张公》。
② 《草木子》卷4下《杂俎篇》。
③ 欧阳玄：《许衡神道碑》，《圭斋集》卷9。
④ 参见《元史》卷158，《许衡传》。按：《圭斋集》卷9《许衡神道碑》称：许衡"八岁入学从师"；《元朝名臣事略》卷8《左丞许文正公》则谓：许衡"年七八岁受学乡师"。今从《元史》本传。

去"。如是，许衡前后凡三易其师，旋辍学。①

　　许衡 15 岁时（1224），民间徭戍繁迫，其舅通典县吏，许衡从受吏事，参掖名义，考求立法用刑之原。久之，以应办宣宗山陵，州县迫呼旁午，代舅氏分办，因见执政，执政方怒，舅氏不敢见。及见许衡应对，则以温语抚慰。许衡回来后叹曰："民不聊生，而事督责以自免，吾不为也。"② 遂不复诸县，决意求学。从此，许衡嗜学如饥渴。然，世乱家贫，无从师授，亦无书籍，父母知世将乱，因欲知占候之术，以为避难计，遂令与日者游。在推步占候之家，见有《尚书疏义》，皆散乱毁缺。许衡凡三往，就宿其家，皆手录之，由是，他刻意坟典，考求古者为治学之序，操心行己之方。一言一行，必质诸书。③

　　许衡 23 岁时，即金天兴元年（1232）八月，蒙古军到达新郑。九月，许衡为蒙古游骑俘虏。蒙古军的万夫长酗酒，杀人为嬉，许衡从容引义曲譬，卒免于难④，从此结束了他作为金朝臣民的生活。

　　2. 从金天兴二年（1233）到元宪宗九年（1259），即许衡 24 岁到 50 岁期间，是他学术上成熟的时期。此间，他辗转流徙于大蒙古国的治下。蒙古军万夫长南征后，许衡乃东去，隐居徂徕山，始得易经王辅嗣说，夜思昼诵，躬行力践，一言一行，必揆诸义而后发。夏天曾路过河阳，渴甚，道有梨，众争取啖之。唯许衡危坐树下而不取。人们问他为什么不取？答曰：不是我的梨，不可取也。人们又说："世乱，此梨无主！"许衡说："梨无主，吾心独无主乎？"⑤ 足见其学以致用，言行一致。接着许衡迁居泰安之东馆镇，寻又移居魏之大名，扁其斋曰鲁，世人因号鲁斋先生。

　　许衡 28 岁那年（1237），会蒙古遣官分道以试选士，魏人力劝他应试。许衡应试入选，得入儒户籍。既中选，留魏三年，自挽鹿车载书还怀。许衡 31 岁时（1240），他由怀入洛，寻找其弟许衎，找到后，因怀政暴虐，又东去隐居大名，仍以教书为业。据说他"垂绛讲论，学者翕然从之"。此间，许衡还与隐居在那里的窦默认识，二人一道讲论学问，

---

①　《元朝名臣事略》卷 8《左丞许文正公》。
②　同上。
③　参见《元朝名臣事略》卷 8《左丞许文正公》；《圭斋集》卷 9《许衡神道碑》。
④　《圭斋集》卷 9《许衡神道碑》。
⑤　《元史》卷 158《许衡传》。

"与语深加敬遇焉"。①

　　许衡 33 岁时（1242），姚枢弃官隐居苏门，传授赵复伊洛之学。许衡前往求教，手录了程颐《易传》、朱熹的《四书章句集注》《小学》等书，还魏教授门徒。② 1250 年，许衡 41 岁时，移家苏门，与姚枢、窦默日事讲习，凡经传、子史、礼乐、名物、星历、兵刑、食货、水利之类，靡不研精，慨然以斯道为己任，尝语人曰："纲常不可一日亡于天下，苟在上者无以任之，则在下之任也。"③ 1254 年，许衡 45 岁，忽必烈受地秦中，闻许衡名，遣使征为京兆教授。1259 年，忽必烈南征，许衡还居河内。从隐居徂徕山起，二十余年中，许衡往来河洛间，虽颠沛流离，然自得程朱之学，于义理之精徵，豁然贯通，故"尝谓终夜读之，不知手之舞，足之蹈"④，乃有《读易私言》之作。因此，这是他学术上成熟的时期。

　　3. 从中统元年（1260）到至元十八年（1281），即许衡 51 岁至 72 岁病逝。此间，许衡凡十三次奉诏，七上七下。历任怀孟路教官、太子太保、国子祭酒、中书左丞、集贤大学士国子祭酒，集贤大学士兼领导太史院事等职，曾参与议定朝仪及内外官制，创办国子学、制定授时历等，先后上《时事五事》《论枢密不宜并中书疏散》《汰冗官疏》《论生民利害疏》等，著有《阴阳消长论》《大学要略》《大学直解》《中庸直解》《小学大义》《稽古千字文》《编年歌括》《授时历经》等，是他实践孔子的"以道事君，不可则止"的箴言，徘徊于学术与政治之间的时期。他虽意在从政，但终不得志。上则为官，不按权贵，一谏不行，奉身而退；下则以教书为业，非程朱之书不读不教，穷理以致其知，反躬以践其实，始而行于家，终而及之人，使国人皆知有圣贤之学。所以，被宋濂誉为"百世之师"⑤。

许衡的政治思想

　　许衡生于乱世，并在中原农耕民族的传统文化与塞外草原的游牧文化

　　①　《许文正公遗书》卷首《考岁略》。

　　②　参见《元朝名臣事略》卷 8《左丞姚文献公》《左丞许文正公》。

　　③　《元史》卷 158《许衡传》。

　　④　《元朝名臣事略》卷 8《左丞许正公》。

　　⑤　《宋文宪公集》卷 47《许鲁斋先生赞》。

的激烈冲突中长大。他生活在民族压迫严重的社会环境之中，接受的是传统文化的教育，从而赋予他的政治思想以壁守儒家传统的特点，主要表现在以下四个方面：

1. 力主"行汉法"。至元三年（1206），许衡上《时事五事》奏疏①，其一为"立国规摹"。在这里，他提出了"古今立国规摹"的"大要"，"在得天下心"的观点。对于蒙古统治者来说，如何才能"得天下心"呢？许衡认为："国朝土宇旷远，诸民相杂，俗既不同，论难远定。考之前代，北方奄有中夏，必行汉法，可以长久。故魏、辽、金，能用汉法，历年最多。其他不能实用汉法，皆乱亡相继。"在许衡看来，远处塞外的蒙古贵族，要想维持其在中原的统治，"非行汉法不可"，是一种历史的必然性。但是，"万世国俗，累朝勋贵，一旦驱之下从臣仆之谋，改就亡国之俗，其势有甚难者"。因此，他提出，"以北方之俗，改用中国之法，非三十年，不可成功"。许衡"行汉法"思想的主旨在于"齐一吾民"，要求忽必烈"笃信而坚守之"，强调在"行汉法"的过程中，一定要"不杂小人，不营小利，不责近效，不惑浮言"，只有这样，"天下之心"才能"庶几可得"，"政治之功"才能"庶几可成"。

许衡所说的"行汉法"，就是要恢复"儒治"，即孟子的"王道"。他认为："尝谓中国之俗，必土著有恒产，使安其居，乐其俗。土田种树，父子兄弟，嬉嬉于田里，不知有利欲之可趋也。民志一定，则治道可行矣。孟子说王道，便说明君制民之产，使足以仰事府畜，其旨深矣。"②

所谓"君制民之产，使足以仰事俯畜"，只是"王道"的表现形式，其根本目的在于使"民志一定"。如何才能实现"民志一定"呢？许衡解释说，关键"在得天下心"③。这就要求为人君者必须"仁"字当头，即所谓"为人君止于仁，天地之心，仁而矣"。他认为："仁者必克己，克己则公，公则仁，仁则爱"④；"爱则民心顺，公则民心服"⑤，既顺且服，则天下为治。不言而喻，许衡所理解的"王道"，就是儒家传统的"仁治"。这可以说是他的政治思想的核心，亦即他的"行汉法"政治主张的真谛。

---

① 《许文正公遗书》卷7《奏疏》。
② 《许文正公遗书》卷2《语录下》。
③ 《许文正公遗书》卷7《奏疏·时务五事》。
④ 《许文正公遗书》卷2《语录下》。
⑤ 《许文正公遗书》卷7《奏疏·时务五事》。

2. 以"古人遗法不可违"为论据，提出了"用人立法"及廉政建设乃"立国之本"的观点。

许衡说："用人立法，今虽未能遽如古昔，然已仁者，便当颁降俸给，使可养廉；未仁者，且当宽立条格，俾就序用，则失职之怨，少可舒矣。外设监司，纠察污滥；内专吏部，考订资历，则非分之求，渐可息矣。再仕三仕，抑高而举下，则人才爵位，略可乎矣。舍此，则堆积壅塞，参差缪戾，苟延岁月，莫知所期也。俸给之数，叙用之格，监司之条例，先当拟定，至于贵家世袭，品官任子，驱良抄数之便宜，续当议之，亦不可缓也。此其大要。"①

在这里，许衡针对元初政权草创时期所存在的问题，提出了"用人立法"的四大要素：（1）确定俸给之数；（2）制定官员叙用之格；（3）订阅监司条例；（4）拟定贵族世袭及品官任子的具体办法。显而易见，这四条体现了传统的"政贵得人"的思想，它使人事管理规则化、法律化。这在元朝建立初期，无疑具有建设性意义。正是在这种思想指导之下，至元六年（1269），他参与制定内外官制和朝仪的活动②；至元七年（1270），他又上《论枢密不宜并中书疏》③，从体制上阐明军权与行政权分离的必要性。

与"用人立法"相呼应，许衡又提出了廉政建设的三个方面：一是任贤；二是汰冗官；三是加强监督。他认为，贤者的标准，是"以公为心，以爱为心，不为利回，不为势屈"者④，任用贤者，是保证廉政的前提。其次，必须省汰冗官，而要做到这一点，首先得克服患得患失的人之常情，在用人之初，要做到"甄别审察不以私亲，不以贿赂，不以权贵，量其限而简用之"。同时，还必须实行"天下之官有定员，岁取之人有定数"的定编制，严格实行科举、荐举、考课之法。他在至元十四年（1277）上《论生民利害疏》中，批评"朝廷用人，失于太宽，委任之初，不知审择，使善恶邪正混然无别"。主张必须加强监督，"重风宪之权，任廉能之士，使巡行天下，纠弹黜陟"。⑤ 只有这样，才能从根本上

---

① 《许文正公遗书》卷7《奏疏・时务五事》。
② 《圭斋集》卷9《许衡神道碑》；《元史》卷67《礼志・朝仪始末》。
③ 《许文正公遗书》卷7《奏疏》。
④ 《许文正公遗书》卷7《奏疏・时务五事》。
⑤ 《许文正公遗书》卷7《奏议・汰冗官疏》。

保持廉政。许衡的这些思想，在当时的社会条件下，虽然不无理想主义的色彩，但是，他是在"古人遗法不可违"的命题下提出的，所以，贯穿了儒治的基本原则，又是毫无疑问的。

3. 希望人君为尧舜的君主观。许衡在《时务五事》的奏疏中，有一节专门阐发孔子"为君难"的古老说教。他提出，"为君难"，共有六件事：践言、防欺、任贤、去邪、得民心、顺天道。这六件事又可概括为"修德、用贤、爱民"三条。在他看来，所谓修德，就是要按照古者大学之道，以修身为本。凡一言一动，举可为天下法；一赏一罚，举可以合天下公。因此，要求君主"慎言"，不牵于爱，不蔽于憎，不因于喜，不激于怒，熟思而审处之，做到言必信，行必果。所谓"用贤"，要求人君无爱憎、无喜怒，长于察谀辨奸，不被奸邪欺蔽，做到任贤勿贰，去邪勿疑，远佞人。所谓"爱民"，要求人君喜于闻过，以诚爱下，真正做到孟子所说的"民为重，君为轻"。许衡说，这三者是"治本"，本立则纲纪可布，法度可行，治功可必。否则，爱恶相攻，善恶交病，生民不免于水火。由此可见，许衡心目中的人君，是以传说中的圣贤——尧舜为榜样的。即如其所说："语古之圣君，必曰尧舜"，"盖尧舜能知天道而顺承之"，"此所以为法于天下，而传于后世也"。①

4. 主张"遂万物之生，顺万物之情"而建"天下之大利"②的功利主义思想。许衡在《楮币札子》的奏疏中，开宗明义，指出："臣闻天下有大利，非聚敛财货之谓也。"评判"利"的善恶，在于看其是"顺万物之情"，还是"顺一己之情"。在许衡看来，所谓"君子喻于义"，"盖物得其宜，则无不利，故曰利者义之和"；所谓"小人喻于利"；"盖一于利而无义，则害于人，故曰放于利而行多怨"。从这种认识出发，许衡提出应以"衣食以厚生，礼义以养其心"作为基本国策，强调劝课农桑和兴办学校为"平天下之要道"，以建大功大利；猛烈抨击蒙古统治者"徒知敛财之巧，不知生财之由。不惟不知生财，而敛财之酷又害于生财"的为天下国家之祸的行为，强调君子应以义为利，不应以利为利。③ 以义为利，就必须损上以益下，蠲无名之征，罢不正之供，节用度，减浮食；优

---

① 《许文正公遗书》卷7《奏疏·时务五事》。
② 《许文正公遗书》卷7《奏疏·楮币札子》。
③ 《许文正公遗书》卷7《奏疏·时务五事·农桑学校》。

重农民，勿使扰害，尽驱游惰之民，归之南亩，岁课种树。换言之，就是"顺万物之情"，实现民富兵强，建天下之大利。否则，若以利为利，必然剥下以奉上，急暴横之征，创苛虐之敛，虽然可以做到仓廪实，府库充，但却造成土地日削，田野荒芜，闾里愁叹，人民冻馁，兄弟妻子离散的亡国局面。

除此而外，许衡还十分重视对人民要以"礼义从养其心"，主张"自上都、中都，下及司县，皆设学校，使皇子以下，至于庶人子弟，皆从事于学。曰明父子君臣之伦，自洒扫应对，至于平天下之要道"，从而实现"上知所以御下，下知所以事上，上和下睦"①的政治局面。它是遂万物之生，顺万物之情，故能致天下之大利的一个不可或缺的方面。

许衡的功利主义思想，还反映在他"不陈武力伐宋之谋"上。他在《子玉请复曹卫论》一文中，阐述了先儒的一个观点，即"王道之外无坦途，皆举荆棘；仁义之外无功利，举皆祸殃"②，把"王道""仁义""功利"三者糅为一体，并且运用到"不陈武力伐宋之谋"这样重大的政治问题上。至元十年（1273），元军阿里海涯攻占襄樊之后，打算趁势消灭南宋，一时名公卿人纷纷向忽必烈兜售攻取南宋的方略，独许衡以为不可，强调"惟当修德以致宾服。若以力取，必戕两国之生灵，以决万一之胜负。及宋既平，未尝以失计为嫌"③。充分体现了他"以义为利"的功利主义思想原则。所以，欧阳玄评论说：许衡"宁不预平宋之功，而必使以德行仁之言，无负于孟轲"④。

我们从上述许衡政治思想的各个侧面可以看出，许衡的政治思想，是以壁守儒家传统政治思想为特点的。其可贵之处在于，他能在两种文化的激烈冲突中，不为时势所屈，坚守儒家政治文化的立场，并力图用它来影响蒙古统治者。特别是他的恢复儒治的思想，较之同时代的汉族士大夫，如郝经等，要坚决一些。他不使用"附会汉法"这个概念，而用"必行汉法"四个字。同时，在朝廷内部，敢于同"屡毁汉法"的权臣阿合马作斗争。⑤至于他的政治思想的体系与内容，则谈不上有多少创新与特色，充其量只不过是对儒家传统政治文化的因袭而已。

许衡的理学思想

许衡的理学思想，是他的政治思想及一生学术、政治活动的哲学基础，同时又体现了他对传统文化的态度。

许衡生于朱熹谢世后十年，他们之间并没有师承关系。但是，自从许衡在苏门姚枢处得到程颐、朱熹的著作之后，如获至宝，大有"今是而昨非"之慨，非但自己嗜程、朱之学"不啻饥渴"，而且指示学生"悉弃前日所学章句之习"，"一以朱子为主"①。不过，许衡学程、朱，讲程、朱，注重反求本源。他说过："我所行，不合于《六经》《语》《孟》《中》，便须改。"② 这就表明他壁守儒家传统文化的立场，并决定了他对理学范畴内诸命题——心、气、性、义、命、理、道、太极——的阐释，没有也不可能脱出程朱的窠臼。

为了便于说明问题，这里我们不妨将许衡的理学思想与程朱的理学思想略作比较：

1. 天理论。天理论，是程朱理学的最高哲学范畴。程颐《伊川易传》卷 4 说："天地之所以不已，盖有恒久之道。人能恒于可恒之道，则合天地之理。"又说："一阴一阳谓之道。阴阳交感，男女配合，天地之常理也。"在《遗书》卷 18 中还说："天下只有一个理"；同书卷 2 中说："万物皆是一个天理。"朱熹发展了程颐的天理论，说："合天地万物而言，只是一个理"，"未有天地之先，毕竟也只是理。有此理，便有此天地，若无此理，便亦无天地"。又说："有理便有气，流行发育万物。""理非别为一物，即存乎是气之中。无是气，则是理亦无挂搭处"。③

而许衡的天理论则说："事物必有理，未有无理之物，两件不可离。无物则理何所寓？"又说："有是理而后有是物。譬如木生，知其诚有是理，而后成木之一物，表里粗精无不到，如成果实相似，如水之流满，出东西南北皆可。体立而用行，积实于中，发见于外，则为恻隐，为羞恶，

---

① 《许文正公遗书》卷首《考岁略》。
② 《许文正公遗书》卷 1 《语录上》。
③ 《朱子语类》卷 1。

内无不实，而外自无不应。凡物之生，必得此理而后有是形，无理则无形。"当人们问他："心也，性也，天也，一理也，何如？"他回答说："便是一以贯之。"又问："理出于天，天出于理？"答曰："天即理也。有则一时有，本无先后。"再问："一心可以宰万物，一理可以统万事？"他答道："是说一以贯之。"①

两相对照，不难看出，无论是程颐、朱熹，还是许衡，他们都认为"理"是宇宙的本源，天地万物不过是这个抓不住、看不见的"理"的体现者，因而，从哲学的角度来考察天理论，它不过是一种客观唯心主义的说教，许衡在这一问题上的观点与程朱是一致的。

2. "安于义命"的人生哲学。程颐在《未济》一文中写道："居未济之极，非得济之位，无可济之理，则当乐天顺命而已。""至诚安于义命而自乐，则可无咎。""人之处患难，知其无可奈何，而故意不反者，岂安于义命哉！"② 在《困》卦《象》中，又说："在困难艰险之中，乐天安义，自得其说（悦）乐也。时虽困也，处不失义，则其道自亨，困而不失其所亨也。能如是者，其唯君子乎？"③ 这可以说是程颐"安于义命"人生哲学的大要。而许衡的看法是："人处贫富贵贱，如天之春夏秋冬。天行春夏，令人有春夏衣服；天行秋冬，令人准备秋冬衣服。冬裘夏葛，即其义也。天有命，人有义，虽处贫贱富贵，各行乎当为之事，即义也。只有一个义字。都应对了，随寓而安，便是乐天知命也。"又说："凡事物之际有两件：有由自己的，有不由自己的。由自己的有义在，不由自己的有命在，归于义命而已。""人处患难间，只有个处置放下，有天之所为，有人之所为。合处置者，在乎人之所为，以有义也。合放下者，在乎天之所为，以有天命也。先尽人之道义，内省不疚，然后放下，委之于命也。"④

请看，程颐强调，人要"乐天顺命"，"安于义命而自乐"；许衡则强调，人要"随寓而安"，"乐天知命"，"由自己的有义在，不由自己的有命在"，二者的人生哲学，如出一辙，其承续性是自不待言的。

3. 人性论。人性论，也是理学家的重要命题。当人们向程颐提出

---

① 《许文正公遗书》卷2《语录下》。
② 《伊川易传》卷4。
③ 同上。
④ 《许文正公遗书》卷2《语录下》。

"人性本明，因何有蔽？"的问题时，程颐回答说："此须索理会也。孟子言人性善，是也。虽苟、杨亦不知性。孟子所以独出诸儒者，以能明性也。性无不善，而有不善者，才也。性即是理，理则自尧舜至于涂人，一也。才禀于气，气有清浊。禀其清者为贤，禀其浊者为愚。"人们又问："愚可变否"？答曰："可。孔子谓'上智与下愚不移'，然亦有可移之理。惟自暴自弃者，则不移也。"再问："下愚所以自暴自弃者，才乎？"答曰："固是也。然却道它不可移不得，性只一般，岂不可移？却被他自暴自弃，不肯去学，故移不得，使肯学时，亦有可移之理。"① 程颐还提出了"灭私欲"的问题，他说："人心私欲故危殆，道心天理故精微，灭私欲，则天理明矣。"② 朱熹发展了程颐的性论，提出了"性即天理"的命题，认为"率性就是循天理"③，主张"存天理，遏人欲"。

我们再看看许衡是怎样论述人性的。他说："性即是理。天生人物，既与之气以成形，必赋之理以为性。"④ 又说："人禀天命之性为明德，本体虚灵不昧，具众理而应万事，与尧舜神明为一。但众人多为气禀所拘，物欲所蔽，本性不得常存。"把《中庸》教人"存养省察"，阐释为"致中"与"致和"。所谓"致中"，就是在"盖不睹不闻之时，戒慎恐惧以存之，所以存天理之本然，而不使之须臾离道"，即"存养之事也"；所谓"致和"，就是在"人所不知而己独知"的"一念方动之时"下功夫，因为"一念方动、非善即恶。恶是气禀人欲，即遏之不使滋长；善是性中本然之理，即执之不使变迁，如此，则应物无少差谬"，即"省察之事也"。⑤ 非但如此，许衡还提出了"本然之性"与"气禀之性"的异同问题。他认为："合虚与气，有性之名。虚是本然之性，气是气禀之性。"又说："仁义礼智信，是明德，人皆有之，是本然之性，求之在我者也，理一是也。贫富、贵贱、死生、修短、祸福禀于气，是气禀之命，一定而不可易也，分殊是也。"进而他又说："性者，即形而上者谓之道，理一是也。气者，即形而下者谓之器，分殊是也。"许衡对朱熹性论的主要观

---

① 《二程遗书》卷 18。
② 《二程遗书》卷 24。
③ 《四书集注·孟子集注》。
④ 《许文正公遗书》卷 5《中庸直解》。
⑤ 《许文正公遗书》卷 1《语录上》。

点奉若神明，说："率性便是循理，循理便是率性"①，并且反复强调"人欲之萌，即当斩去"，"遏人欲于将萌"②。

尽管许衡对性论的阐述较之程朱为铺张，但其基本观点，却与程朱毫无二致，最终都归结到禁欲主义上来。

4."格物致知"论。格物致知论是程朱认识论的核心。二程认为："格物"就是"穷理"。他们说："学莫大于知本末终始。致知格物，所谓本也，始也；治天下国家，所谓末也，终也。治天下国家，必本诸身。其身不正而能治天下国家者，无之。格犹穷也，物犹理也，若曰穷其理云尔。穷理然后足以致和，不穷则不能致也。"③

朱熹发展了二程的学说，并将之补入《大学》正文，其曰："所谓致知在格物者，言欲致吾之知，在即物而穷其理也。盖人心之灵，莫不有知，而天下之物，莫不有理。惟于理有未穷，故其知有不尽也。是以大学始教，必使学者即凡天下之物，莫不因其已知之理而益穷之，以求至乎其极。至于用力之久，而一旦豁然贯通焉，则众物之表里精粗无不到，而吾心之全体大用无不明矣。此谓物格，此谓知之至也。"④

而许衡的《大学直解》，对于朱熹所补入的这一章，全盘接受过来，只不过作了一些字、句的解释，使之更加通俗化而已，并没有赋予更多的新意。他说："二程以格物致知为学，朱子亦然，此所以度越诸子。大学，孔氏之遗书也，其要在此。"⑤ 许衡以此表明，他领悟到了程朱"格物致知"论的真谛。所以，当人们问他："穷理至于天下之物，必有所以然之故，与其所当然之则，所谓理也？"时他答道："博学审问慎思明辨，此解说个穷字。其所以然，与其所当然，此说是个理字。所以然者，是本原也。所当然者，是末流也。所以然者，是命也。所当然者，是义也。每一事每一物，有所以然与所当然。"⑥ 许衡这段对于"穷理至于天下之物"问题的回答，实质上是讲"格物"就是"穷理"。从表面上看，许衡所说的"物"，似乎是指客观世界；他所说的"格物"，好像是要探求客观世

①《许文正公遗书》卷 2《语录下》。

②《许文正公遗书》卷 1《语录上》。

③《二程粹言》卷 1。

④《大学章句》。

⑤《许文正公遗书》卷 1《语录上》。

⑥ 同上。

界的真理，其实则不然。由于他最终又把"穷理"诠释为"命""义"，所以，从认识论上来看，它仍然是唯心主义的。正像他在《大学直解》里对朱熹补入文字的解释那样，把"格物致知"，最后回归到"吾心全体大用无不明"，以及"精微义理，入于神妙，至致用处，是行得熟，百发百中"。也就是他所津津乐道的"万物皆备于我，反身而诚，乐莫大焉。""知其性，是物格，尽其心，是知至也"。① 由此可见，在"格物致知"这个命题上，二程→朱熹→许衡，是一脉相承的。

5. 讲涵养功夫，也是程、朱理学的一个重要内容。这是程、朱吸收佛教禅宗"主敬"论所赋予理学的一个特点。

程颐讲："学者先务，固在心志。有谓欲屏去闻见知思，则是绝圣弃智。有欲屏去思虑，患其纷乱，则是须坐禅入定，如明鉴在此，万物毕照，是鉴之常，难为使之不照。人心不能不交感万物，亦难为使之不思虑。若欲免此，唯是心有主。如何为主？敬而已矣。"又说："所谓敬者，主一之谓敬。所谓一者，无适之谓一。""但存此涵养，久之自然天理明。"②

朱熹也十分注重持敬说。《朱子语类》卷12，载有他反复论证持敬若干条，兹录于后：

其一，"大凡学者，须先理会敬字，敬是立脚去处。程子谓'涵养须用敬，进学则在致知'，此语最妙"。

其二，"敬字工夫，乃圣门第一义，彻头彻尾，不可顷刻间断"。

其三，"敬非是块然兀坐……只是有所畏谨，不敢放纵，如此则身心收敛，如有所畏"。

其四，"为学，自有个大要，所以程子推出一个敬字与学者说，要且将个敬字收敛个身心，放在模匣子里面，不走作了，然后逐事逐物看道理。……心地光明，则此事有此理，此物有此理，自然得见"。

其五，"问：'敬何以用工？'曰：'只是内无妄想，外无妄动'"。

其六，"持敬说，不必多言。但熟味整齐严肃，严威严格，动容貌，整思虑，正衣冠，尊瞻视，此等数语，而实加工焉，则所谓直内，所谓主一，自然不费安排，而身心肃然，表里如一矣"。

---

① 《许文正公遗书》卷2《语录下》。
② 《二程遗书》卷15。

此外，朱熹还作《敬斋箴》，概括了他的持敬说的全部观点。

许衡对程朱所讲的涵养功夫，可以说深信不疑。他认为："横渠教人以理，使学者有所据守。程氏教人穷理居敬。""礼只是个敬之节文。"又说："圣人之心，如明镜止水，物来不乱，物去不留。用工夫主一也。主一是持敬也。"① 在《大学要略·论明明德》中，许衡对"持敬"说，阐发得最为完整。他说："为学之初，先要持敬，敬则身心收敛，气不粗暴，清者愈清，而浊者不得长；美者愈美，而恶者不得行。静而敬，常念天地鬼神临之，不敢少忽。动而敬，自视听色貌言事疑忿得，一一省察，不要逐物去了。虽在千万人中，常知有己，此持敬之大略也。《礼记》一书，近千万言。最初一句，曰毋不敬。天下古今之善，皆从敬字上起。天下古今之恶，皆从不敬上生。在小学便索要敬；在大学便索要敬。为臣为子，为君为父，皆索要敬。以至当小事，当大事，都索要敬。这一件先能著力，然后可以论学。"② 在《小学大义》中，许衡还提出"古人修身，必本于敬"的问题。他说："敬身，序引孔子言，君子无不敬也。敬身为大。身也者，亲之枝也，敬乎？不能敬其身，是伤其亲。伤其亲，是伤其本。伤其本，枝从而亡。圣人以此垂戒，则知凡为人者，不可一日离乎敬也况人之一身，实事万物之所本。于此有差，则万事万物，亦从而差焉。岂可不敬乎？敬身之目，其则有四：心术、威仪、衣服、饮食。心术正乎内，威仪正乎外，则敬身之大体得矣。其衣服、饮食二者，所以奉身也。苟不制之以义，节之以礼，将见其所以养人者，反害于人也。分而言之，心术、威仪，修德之事也。衣服、饮食，克己之事也。统而言之，皆敬身之要也。盖唯敬身，故于父子君臣夫妇长幼朋友之间，无施不可。此古人修身，必本于敬也。"③

非但如此，许衡还对"敬"与"不敬"作了阐释。他认为，"东莱尝言，南轩言心在焉，则谓主敬，且如方对客谈论，而他有所思，虽思之善，亦不敬也。才有间断，便是不敬"④。我们从许衡的这些论述中，可以看出，他所说的"敬则身心收敛，气不粗暴""敬身为大""敬身之大体"在于"心求正乎内，威仪正乎外"，以及"心在焉，则谓之敬"，

---

① 《许文正公遗书》卷2《语录下》。
② 《许文正公遗书》卷3。
③ 同上。
④ 《许文正公遗书》卷2《语录下》。

"圣人之心，如明镜止水，物来不乱，物去不留。用工夫主一也，主一是持敬"等，完全是从程朱持敬说中移植过来的，谈不上有什么发展或创新。

通过以上比较，我们不难得出结论：许衡理学的基本观点，与程朱理学的基本观点，没有本质上的差异。许衡虽然领悟到了程朱理学的精髓，并对之作了阐释，但却没有发展。在理学发展史上，许衡只不过扮演了程朱理学在元代的传人的角色而已。

与理学思想相关的几个问题

关于许衡的理学思想，学术界有不同看法。这里拟就不同意见者的论据，作些补充说明：

一是至元十年（1273）权臣阿合马屡毁汉法，搞得国子学廪食不继，诸生多引去的时候，许衡讲过"为学者治生最为先务"一段话如何理解的问题。其云：

> 先生尝言：为学者治生最为先务。苟生理不足，则于为学之道有所妨。彼旁求妄进，及作官嗜利者，殆亦窘于生理之所致也。诸葛孔明，身都将相，死之日，廪无余粟，库无余财。其廉所以能如此者，以成都桑土，子弟衣食，自有余饶尔。治生者农工商贾而已。士子多以务农为生，商贾虽为逐末，亦有可为者，果处之不失义理，或以姑济一时，亦无不可。若以教学与作官，规图生计，恐非古人之意也。①

这段话，《考岁略》与《元史》卷158《许衡传》均系于至元十年。但清人郑士范所作《许鲁斋先生年谱》，却说是至元八年（1271）说的。其实，是郑士范弄错了。因为，国子学廪食不继，是权臣阿合马报复反对他的许衡所采取的一个手段。众所周知，至元七年（1270）正月，许衡被任命为中书左丞。至元八年，阿合马任中书平章政事，领尚书省六部事，专权"征利"，与汉族官僚发生了严重的矛盾。许衡当时身为中书左

---

① 《许文正公遗书》卷末《国学事迹》。

丞，也与阿合马多次发生冲突，指责"阿合马所用部官……多非其人"①。至元八年（1271）三月，许衡"以老疾辞中书机务"②，旋被忽必烈任命为集贤大学士国子祭酒。至元十年（1273），阿合马欲命其子忽辛为同签枢密院事。许衡独执异议说："国家事权，兵民财三者而已。今其父典民与财，子又典兵，不可。"忽必烈问道："卿虑其反邪？"许衡对曰："彼虽不反，此反道也。"③ 忽必烈把许衡的话告诉阿合马，阿合马诘问许衡说："君何以言吾反？"许衡说："吾言前世之反者，皆由权重。君诚不反，何为由其道？"阿合马反咬一口曰："君实反耳。人所嗜好者，势力、爵禄、声色，君一切不好，欲得人心，非反而何？"许衡说："果以君言得罪，亦无所辞。"④ 阿合马由此大恨许衡，图谋陷害。这时，许衡已经主持国子学两年，阿合马故意断绝对诸生廪食的供应，"诸生多引去"。正是在这种情况下，许衡才讲了"学者治生最为先务"的问题，强调"苟生理不足，则于为学之道有所妨"。用现在的话来说就是，饿着肚皮是没法做学问的。充其量，这不过是"民以食为天"的翻版，因此，不能引申为"与朱熹'存天理，灭人欲'的思想大相径庭"的结论。

　　二是关于许衡理学思想特点的问题。我们知道，许衡非但与朱熹没有师徒关系，而且没有进过赵复在燕京开办的太极书院。他只不过与被俘到北方来的、讲授程朱之学的儒者窦默，以及在先窝阔台伐德安，曾协助杨惟中俘获名儒赵复北归，并听过赵复在燕京讲授程朱之学，后又弃官隐居柳城苏门，传授赵复伊洛之学的姚枢，"相讲习"。从此，许衡才真正步入程朱理学的堂奥。然而，这已经是他34岁以后的事了。从这个意义上讲，许衡学程朱，基本上是自学的，属于无师自通。由于他一生主要以教书为业，以"洒扫应对""为进学之序"，生徒"无大小皆自《小学》入"，干的是"课蒙"差事。他主持国子学，以"幼稚""质朴未散"的蒙古贵族子弟为教授对象，因此，讲授过程中设譬引喻，词求通俗，往往将诡谲的道、理、气、心、性、义、命等概念。结合修齐治平、三纲五常、贫富贵贱、死生祸福、善恶消长、喜怒哀乐，乃至"日用常行"等来讲解。这在许衡的《语录》中，不胜枚举。即如"亲出其门"，受到许

①　《元史》卷205《阿合马传》。
②　《元史》卷7《世祖纪四》。
③　《元史》卷158《许衡传》。
④　《许文正公遗书》卷首《考岁略》。

衡"提耳之言，面命之诲"的儒生许约所说：许衡"尽小学之精微，为后人之龟镜。言仁义必本诸身，言道德必由乎性。动静必循乎礼，始终不忘乎敬。……出而佐时也，必欲底雍熙之和；进而事君也，必欲止唐虞之圣。事必探乎几先，俟其久而乃应。言治乱之所生，尽天人之交胜。其高也入于无伦，其近也不离日用。叙天工而振王纲，正人心而祈永命。观其运用天理而见诸行事者，欲名言而奚馨耶"①。这就是说，许衡理学思想的特点在于，不故弄玄虚，力求浅显，然而并没有脱出程朱的窠臼。他的门生姚燧说："先生之学，一以朱子之言为师"②，所以，大德十二年（1308）怀孟路儒学教授续执中写的《赠谥碑记》称许衡"讲明道义，源洙派洛，斥末薄本"③。

三是许衡是否看出"理学的弊病"的问题。许衡有不少论及古今文化的言论，诸如"论古今文字""魏晋唐以来诸人文字""宋文章"及"诗文""词章""作文"等。除了重复程朱理学的那套"文章之为害，害于道"，"君臣父子五教，人文之大者"，以及文章乃"德性中发出"，诗文"出于性"之类陈词滥调之外，实在说不出有多少新意。他认为那些专意于"辅叙转换，极其工巧"的"艳丽不羁诸文字"，虽然能使"身心即时便得快活"，但"皆不可读"。只有"以义理诲人"，才能"不隳先业，而泽及子孙"，"大能移人性情"。④ 显而易见，许衡与程朱一样，认为理就是一切。除了讲理性的理学文字之外，其余文字，都不能算作文化。因此，他批评"人者能文之士，道尧舜周孔曾孟之言，如出诸其口，由之以责实，则霄壤也"⑤。这句话，由于并非针对空谈理性的理学家而言，所以，谈不上是许衡"深刻"看出"理学的弊病"。

许衡在谈论古今文化的时候，强调"二程朱子不说作文，但说明德新民"⑥，认为"明德"是从事文化活动的最高原则。他说："大而君臣父子，小而盐米细事，总谓之文。以其合宜，又谓之义；以其可以日用常行，又谓之道。文也，义也，道也，只是一般。"⑦ 许衡在这里，用"道"

---

① 许约：《告从祀文》，《许文正公遗书》卷末。

② 《许文正公遗书》卷末《名儒论赞》。

③ 同上。

④ 《许文正公遗书》卷1《语录上》。

⑤ 同上。

⑥ 同上。

⑦ 《许文正公遗书》卷1《语录上》。

即"理"来统帅一切，讲的是"文理"，并且由小及大，将"盐米细事""日用常行"都纳入理学范畴，实际上是二程"凡事皆有理"，"万理出于一理"思想的具体化，因此，不能认为他的理学思想比程朱有多大的进步。

四是许衡是否抨击过"礼"的问题。许衡说过这样一段话：

> 夫子哂子路，为国以礼，其言不让。大抵礼不是强生出来束缚人，只是天理合有底行将去。后世所谓礼近于法，束缚禁忌，教人安行不得，非圣人所谓礼也。子路不因人情之所固有，便要硬做将去。尧舜之治天下，因人情而已，非有所作为也。三代以后人材，多是硬做，如孔明尚不免，圣人不如此。①

这里有三层意思：第一层，"礼不是强生出来束缚人，只是天理合有底行将去"。简而言之，就是礼即天理。所以许衡又说："天理不可诬，圣言不可忽，非是圣人姑为一等绳墨之语结束人，天命人心当然之理，不容己也。"② 第二层，"后世所谓礼迫于法，束缚禁忌，教人安行不得，非圣人所谓礼也。"讲的是三代以后，人们对"礼"的认识变化，与孔老夫子所说的"礼"不是一回事。认为"礼近于法"，没有使人懂得其所以然。所以，许衡在另一处又说："横渠教人以礼，使学者有所据。……亦使知礼之所以然乃可。礼岂可忽邪？制之于外以资其内，外面文理，都布摆得是，一切整暇。心身安得不泰然。若无所见，如吃木札相似，却是为礼所窘束。知与行，二者当并进。"③ 显而易见，许衡在这里批评的是人们对于礼的误解，（如谓"礼近于法"；以及不正确的教人以礼的方法，即"未使知礼之所以然"）而并非批评"礼"之本身。第三层，"子路不因人情之所固有，便要硬做将去；尧舜之治天下，因人情而已，非有所作为也。"讲的是子路不因人情之所固有，教人"硬做"的方法。许衡所说的"人情之所固有"，指的是伦理道德。尧舜"因人情"，指的是"事天、事祖宗、事亲"。正如他的另一段话所云："凡天伦如父子兄弟夫妇长幼，

---

① 《许文正公遗书》卷2《语录下》。
② 同上。
③ 同上。

礼应如法，不可妄意增损，简易者略之，细密者过之，皆非也。礼者人事之仪则，天理之节文。圣人之于仪则节文，乃所以当然者，不可易也。""尧舜文武，事天事祖宗事亲，礼文敬严，非是圣人作为勉强，理当如此。"① 总之，许衡的这些话，表明他是极力维护封建礼教尊严的。他所说的"人情"与"礼"并不相悖，内涵却是同一的。因而它与"违反理学禁欲主义"毫不相干。

许衡的教育思想及其他

许衡是元朝国子学的创始人，虽然他主持国子学的时间不长，前后仅两年，但是，他所创立的国子学制度，却成为有元一代的教育制度的成法，影响八九十年。许衡一生的大部分光阴，是在教书中度过的。"以洒扫应对进退为始，精义入神为终"②，主张理论联系实际，躬行实践为先，是他教育思想的核心。

许衡教授生徒，以《小学》《四书》为基本教材，"凡指示学者，一以朱子为主"③。《小学》，是朱熹"以孔门圣贤为教为学之遗意，参以《曲礼》《少仪》《弟子职》诸篇"，选辑而成的四卷本宣扬理学观点的著作。《四书》，即朱熹的《四书集注》。《小学》"教之以洒扫应对进退之节，礼乐射御书数之文"。《大学》，"教之以穷理正心，修己治人之道"。

《小学》的纲目有三：立教、明伦、敬身。所谓立教，许衡认为是"因天命之自然，为人事之当然"。许衡是孟子性善论的追随者，在他看来，只是"由存生之后，气禀所拘，物欲所散，私意妄作，始有不善"。因此，设教的目的在于，"使养其良心之本善，去其私意之不善"，搞理学禁欲主义，并引《中庸》里的"天命之谓性，率性之谓道，修道之谓教"，来阐明"立教"的必然性和重要性。

所谓明伦，许衡说就是明伦理，使学生知"父子之有亲，君臣之有义，夫妇之有别，长幼之有序，朋友之有信"。

所谓敬身，就是敬亲。许衡认为，敬身之要，为心术、威仪、衣服、

---

① 《许文正公遗书》卷 2《语录下》。
② 《圭斋集》卷 9《许衡神道碑》。
③ 《元朝名臣事略》卷 8《左丞许文正公》。

饮食。修身必本于敬。①

　　由此可见，许衡之所以专以《小学》《四书》为修己教人之法，那是因为，他把《小学》《四书》看成是"入德之门"，即如他自己所说："《小学》教人自下事上之道"②，如子孝于父、臣忠于君之类。

　　至于《大学》，许衡一以朱熹阐释为准，突出讲"明德、新民、止至善"三纲，及"格物、致知、诚意、正心、修身、齐家、治国、平天下"八目。他说："《大学》教人自上临下之道，如敬天修德，节用爱民之类。"③

　　许衡选中《小学》《四书》为基本教材的出发点，在于巩固封建秩序。用他的话来说，就是"上知所以临下，则下顺；下知所以事上，则上安。上安下顺，此古昔治平之兴，必本于《小学》《大学》之教也"④。《小学》《四书》，在许衡的眼里，是掇忠孝之大纲，以立其本；发礼法之微权，以通其用的经典，故"敬信如神明"，"他书虽不治，无憾也"⑤。

　　许衡的教学方法有四：一是因材施教，循序渐进。他承袭"性三品"的分法，认为"人生气禀不齐"，将人分为三类，即所谓"上品之人，不教而善；中品之人，教而后善；下品之人，教亦不善。凡上品、下品之人，分数常少，而中品之人，分数常多"⑥。因而力主"敬敷五教在宽"，认为"今日学中大体，虽要严密，然就中节目，须宽缓"。他说："大概人品不一，有夙成者，有晚成者，有可乘其大者，有可成其小者。且一事有所长，必一事有所短，千万不同，遽难以强之也。"故教人应"各因其材"，因其所明，开其所蔽。它与用人正好相反，"用人当用其长，教人当教其短"。⑦

　　与因材施教相表里，许衡还主张教人要循序渐进。他说："学记，自一年离经辨志，至九年知类通达，强立而不反，其始终节次，几多积累，必不可以苟且致之"。所以，教学除了因材施教之外，还得"随其学之所

---

①　以上参见《许文正公遗书》卷 3《小学大义》。
②　《许文正公遗书》卷 3《总论小学大学》。
③　同上。
④　同上。
⑤　《许文正公遗书》卷 9《与子师可》。
⑥　《许文正公遗书》卷 3《总论小学大学》。
⑦　《许文正公遗书》卷末《国学事迹》。

至而渐进也"。①

二是针对国子学中的蒙古生员，采行伴读制。许衡认为："蒙古生，质朴未散，视听专一。苟置之好伍曹中，涵养三数年，将来必能为国家所用。"于是，他奏召散处四方的门生王梓、韩思永、苏郁、耶律有尚、孙安、高凝、姚燧及其弟燉、刘季伟、吕端善、刘安中、白栋 12 人，"皆驿致馆下为伴读，欲其夹辅匡弼熏陶浸润而自得之"。非但如此，许衡为了让蒙古生员学习算术，"遂自唐尧戊辰，距至元壬申，凡三千六百五年，编其世代历年为一书，令诸生诵其年数而加减之"。使其一面学会了加减法，一面又了解了历史。此外，许衡还在诸生读书之暇，"令蒙古生年长者习拜，及受宣拜诏仪，释奠冠礼，时亦习之。小学生有倦意，令习跪拜辑让进退应对之节，或投壶习射，负者罚读书若干遍"。② 许衡的这种教学方法，可谓煞费苦心。他所创立的伴读制，成为有元一代国子学的定例。③ 他针对蒙古生员的特点所采用的这些特殊教学方法，固然是因材施教原则的应用与发展，但同时又是他"必行汉法"政治主张在教育上的实施。他不仅为元王朝培养了接班人，而且还促其汉化。

三是设譬引喻，循循善诱。许衡讲书，"章数不务多，唯肯款周折。若未甚领解，则引证设譬，必使通晓而后已"。他曾问诸生："此章书义，若推之自身，今日之事有可用否？"④ 注意引导学生融会贯通，学以致用。每当学生提问，必喜气溢于眉宇，认为这是学生进步的表现。他培养学生，以"欲其践行而不贵徒说"为目标。所以，他反复强调："圣人之教，只是两字。从学而时习为始，便只是说知与行两字。"⑤

四是教学生读书穷理，突出一个"贪"字，提倡读死书，死读书。许衡说："读书穷理，学圣贤做底，是合贪。""讲究经旨，须是将正本反复诵读，求圣人立言指意，务于经内，自有所得。若反复诵读，至于二三十遍，以至五六十遍，求其意义不得，然后以古注证之。古注训释不明，未可通晓，方考诸家解义，择其当者，取一家之说，以为定论，不可泛泛莫知所适从也。"他还特别提出，诵经习史，须是专志，摒弃外物，非有

---

① 《许文正公遗书》卷末《国学事迹》。
② 同上。
③ 参见虞集《道园学古录》卷 5《送李亨赴广州教学诗序》。
④ 《许文正公遗书》卷末《国学事迹》。
⑤ 《许文正公遗书》卷 1《语录上》。

父母师长之命，不可因他而辍。非但如此，许衡还教导学生读书要学会"折衷"。所谓"折衷"，就是一依六经、论语、孟子定是非，并作为取舍原则。他说："阅子史必须有所折衷，六经语孟，乃子史之折衷也。譬如法家之有律令格式，赏功罚罪，合于律令格式者为当，不合于律令格式者为不当。诸子百家之言，合于六经语孟者为是，不合于六经语孟者为非。以此夷考古之人而去取之，鲜有失矣！"①

显而易见，无论是读书穷理，突出一个"贪"字也好，抑或是强调不厌其烦的数十遍诵读也好，还是以六经语孟来"折衷"子史也好，许衡在这里所展示出的教学方法，乃是传统儒家所提倡的读死书、死读书的教学方法。许衡运用这一教学方法教授子弟，客观上使传统得以在蒙古贵族统治下的元朝延续下来。

许衡的教风极其严肃，注重立教与身教相结合。据记载，国子学当时"所选子弟，皆幼稚。衡待之如成人，爱之如子，出入进退，其严若君臣"②。他坚持不在国子学内会客，"凡宾客来学中者，皆谢绝之"。他曾说："学中若应接人事，诸生学业必有所妨，外人谤詈，是我一己之事，诸生学业，乃上命也。"非但如此，许衡为人师表，还严于律己。当诸伴读以酒礼至许衡家，许衡辞曰："所以奏取诸生者，盖为国家、为吾道、为学校、为后进也，非为供备我也。我为官守学，所当得者俸禄也。俸禄之外，复于诸生有取焉，欲师严道尊难矣。"③ 许衡所要维护的"师严道尊"，实际上就是维护传统的儒家教风。

由此可见，许衡"以洒扫应对进退为始，精义入神为终"，以及"躬行实践"的教育思想，其终极目的，在于培养广大生员（主要是蒙古贵胄子弟）具有儒家的传统品格，提高他们的素质，这是许衡的教育为"必行汉法"服务的具体体现，反映了他壁守传统儒家文化而矢志不移的原则立场。他所开创的国子学及在各地办的蒙馆，都起到了不使儒家传统教育在元代中断的作用。

此外，许衡写过《稽古千字文》《编年歌括》等史学文章，又对大量历史人物进行过褒贬。他虽然没有明确的夷夏观念，如将宋、辽、金并

---

　　① 《许文正公遗书》卷1《语录上》。
　　② 《元史》卷158《许衡传》。
　　③ 《许文正公遗书》卷末《国学事迹》。

列；但却又赞扬"春秋大一统"，蜀、魏、吴三国鼎立，则以蜀为先。褒贬人物，一以"正心""义理"为准绳。他的正统观念，通过道统而折射出来，从而表现出他的史学思想依然没有脱离儒家传统史学观念的轨道。

许衡还参与更订历法，他的历理思想，主要渊源于邵雍的象数学说。

传统文化在元代的传人

统览许衡全部的政治、文化活动，可以看出，许衡不失其为中原传统文化在元代的传人。但在学术上，若与小于他 40 岁的吴澄相比，可以说毫无建树。吴澄的道统观念、经学及天道思想、象数与心性学说，皆有自己的独到之处，远比许衡的理学思想深刻得多。许衡曾对儿子说过，"《小学》《四书》，吾敬若神明。……他书虽不治，无憾也"，足见其浅薄。所以，清人评论他的作品，"皆课蒙之书，词求通欲，无所发明"①，是切中要害的。然而，许衡的名声，却比吴澄大得多。他的同时代人姚枢就曾说过："衡之出处，关乎世道之隆污，先生自处审矣；不可强，宜以圣贤待之。"② 他死后，被捧为"继圣学之坠绪"的"圣人"，元廷下令以他与宋朝周敦颐、程氏兄弟等九人"从祀"孔子。这种情况，与其说是学术成就，不如说是历史机遇造成的。

一则，许衡活动于大蒙古国向元朝嬗变的时期，他的"王道"即"汉法"主张，符合广大汉族知识分子的思想愿望和中原农耕民族人民的利益，对保全中原传统文化做出了积极贡献。在两种文化的激烈冲突中，许衡大力推广儒家传统文化，必然受到广大汉族知识分子和中原农耕民族人民的普遍欢迎，人民歌颂他，是必然的。

二则他倡导恢复科举制虽未兑现，但到他儿子参政时，却付诸实行。他创办了国子学，以程、朱著作作为基本教材，奠定了程朱理学成为元代官学的基础。元仁宗皇庆二年（1314）下诏实行科举制，考试办法以朱熹的《贡举私议》为蓝本，考试的内容一以程朱注解的《四书》《五经》为范围，考试程式，实行分场、分榜，弥封、誊录等制度，标志着程朱理学在思想文化领域里的统治地位被正式确立。这在理学发展史上，具有重

---

① 《四库全书总目提要》卷 32《集部·鲁斋遗书》。
② 《圭斋集》卷 9《许衡神道碑》。

大意义。后世学者吹捧他，也是不足怪的。

三则许衡在国子学教授的一批蒙古贵族子弟，促其汉化；在大名、辉、秦、河内等地教授的生徒"积多至数百人"①，这些门生中，后来有不少人"致位卿相，为代名臣"②，学生吹捧老师，这是司空见惯的。

正是由于以上这三种因素，许衡在元初及其死后，声名大著。有人说："彬彬然号称名卿士大夫者，皆其门人矣。呜呼！使国人知有圣贤之学，而朱子之书得行于斯世者，文正之功甚大矣！"也有人说："继往圣，开来学，功不在文公（朱熹）下。"还有人说："道学之真，朱子之后，许公继之。"③诸如此类，不一而足。然而，就许衡的实际学问来说，千真万确是"盛名之下，其实难副"！

原载《元史论丛》第 5 辑，中国社会科学出版社 1983 年 8 月版

---

① 《牧庵集》卷 4《送姚嗣辉序》。
② 《圭斋集》卷 9《许衡神道碑》。
③ 《许文正公遗书》卷末《名儒论赞》。

第 4 辑

投石问路

元代西北少数民族与汉族的经济、文化交流

　　我国是一个统一的多民族的国家。国内各民族"虽然文化发展的程度不同，但是都已有长久的历史"①。在漫长的历史过程中，在共同的阶级斗争和生产斗争中，各族人民之间结成了亲密的友谊。他们的经济联系和文化交流，是历史上民族关系的主要方面。这是不以统治阶级的主观意志为转移的。元代，国内各民族都统一在元朝中央政府的管辖之下，以蒙古贵族为首的联合色目豪贾、汉族地主及其他各族上层分子的封建专制政权，为着他们共同的阶级利益，在全国各地开辟驿道，建置站赤，设立行省，实行"移民实边"和"屯田"，大量蒙古人、色目人内迁，大批汉族农业和手工业劳动者赴边，为各族人民交流生产技术、生产工具，交流科学文化知识，客观上提供了条件，从而促进了国内各族人民经济、文化联系的进一步加强和友好关系的巩固与发展。本文拟就元代蒙古族、维吾尔族、藏族等与汉族之间的经济文化联系，作一阐述。

一

　　元代各族人民的经济联系，是随着元朝政府"移民实边"和"屯田"政策的贯彻而逐步加强的。元承金制，在"海内既一"的情况下，"内而各卫，外而行省，皆立屯以资军饷"②，西北少数民族地区的甘、肃、瓜、沙"皆因古制以尽地利"；蒙古地区也"或以地所宜，或为边计，虑至周

---

① 《毛泽东选集》第 2 卷，第 616 页。
② 《元史》卷 100《兵志》。

密，法甚美矣"①。元朝政府实行屯田的目的，在于获得军事用粮，以增强镇压各族人民反抗的力量。但是各族劳动人民有着共同的命运，在共同的生产斗争中，能够和睦相处，互相学习。这是统治阶级始料不及的。早在1266年（元世祖至元三年）五月，元朝政府就曾颁布"浚西夏、中兴、汉延、唐来等渠，凡良田为僧所据者，听蒙古人分垦"的法令②，当时有大批的蒙古族劳动人民离开游牧生活的蒙古高原，来到农业定居的内地与汉族劳动人民一道从事农业生产，也有大批的汉族农民和手工工匠源源不断进入畏吾儿、蒙古地区，与当地劳动人民一道从事农业和手工业劳动。成吉思汗时代已经有许多汉族劳动人民进入蒙古地区③，元世祖中统二年（1261）四月，也曾派遣大批汉族制弓技师到鄯善地方，教畏吾儿人制弓④。汉族与其他诸兄弟民族的经济联系，大致就是通过这种方式逐步加强起来，出现了元朝前期少数民族地区社会生产力逐步增长的局面。

据《元史》记载，蒙古地区早在成吉思汗时代就开始屯田，当长春真人西行路过这里时，"有汉民工匠络绎来迎"⑤，证实这里的劳动人民有很多汉族。1247年曾经到蒙古去的张德辉，则明言在鱼儿泊一带（今内蒙古达里泊）有"民匠杂居"，或"杂以蕃汉，亦颇有种艺"⑥。这些汉族民匠和种艺之人，当然都是迁来的。后来成宗元贞元年（1295），仁宗延祐六年（1319），又先后摘六卫汉军和分拣蒙古军到蒙古地区屯田；到英宗时便设立屯田万户府⑦。进入蒙古地区的汉族劳动人民，传播了汉族先进的农业生产技术、经验和工具。当时，"择军中晓耕稼者（指汉军），杂教部落"，并且"购工冶器"，"又浚古渠"⑧。这样，便发展了蒙古地区的农业生产。蒙古族的畜牧业，有极大的脆弱性，遇有风雪灾害，则"往往以其男女弟侄易米以活"⑨。自从实行屯田以来，情况逐步改变，出现了"谷恒以贱，边政大治"的新气象。

---

①　《元文类》卷41《经世大典序录·政典总序·屯田》。
②　《元史》卷6《世祖本纪三》。
③　李志常：《长春真人西游记》上。
④　《元史》卷4《世祖本纪一》。
⑤　李志常：《长春真人西游记》上。
⑥　张德辉：《纪行》，见《秋涧文集》卷100，附录。
⑦　《元史》卷100《兵志三》。
⑧　《元文类》卷25刘敏中《丞相顺德忠献王碑》。
⑨　同上。

畏吾儿地区，到了元世祖忽必烈时代也大力屯田，以别失八里（天山以北、伊犁河流域）、斡端（于阗）等地著称。1279 年刘恩率蒙古军征斡端，"师次甘州，奉诏留屯田，得粟二万余石"①。1281 年，命令"刘恩所将屯肃州汉兵千人，入别失八里"②，1282 年便"设立冶场……鼓铸农器"③；1286 年十月"遣侍卫新附兵（汉兵）千人屯田别十八里，置元帅府即其地总之"，十一月，"遣蒙古千户曲出等总新附军四百人，屯田别十八里"④。这些新附军的士兵，大多出身于汉族劳动人民，他们把先进的农耕经验带到畏吾儿地区，使当地农业生产得到长足的发展。先进的农业生产技术传入少数民族地区，加强了汉族与各民族的经济联系；而汉族及其他各兄弟民族的共同劳动，则又加深了各族人民之间的友谊。

元朝政府对西北少数民族地区的农业生产是采取扶植的态度。这些地区偶遇灾荒，便给予赈济。如 1305 年（大德九年），"朔方乞禄伦之地岁大风雪，畜牧亡损且尽，人乏食，其部落之长咸来号救于朝廷，公（即秃坚里不花）为之请官市驼、马，内府出衣币而身往给之，全活者数万人"。1317 年（延祐四年），"朔方又以风雪告，公复为请如大德时"。⑤在畏吾儿地区，也有这种例子。早在 1285 年（世祖至元二十二年），"合剌禾州民饥，户给牛二头、种二石，更给钞一十一万六千四百锭，籴米六成四百石，为四月粮，赈之"⑥。1288 年（至元二十五年），"合迷里民饥，种不入土，命爱牙赤以屯田余粮给之"⑦。1289 年（至元二十六年），"合木里（哈密）饥，命甘肃省发米千石赈之"⑧。对藏族亦如此。据《经世大典》载，西藏曾有"数年田禾不收，头匹倒死，甚至消乏"的厄困，世祖、成宗时，"曾令官给物力"，至仁宗延祐六年（1319），又"依先例济之"⑨。这种赈济，是汉族地区劳动人民辛勤劳动的成果，被统治阶级榨取后，挥霍之余，以一小部分作为"恩典"赈给边疆少数民族。

---

① 《元史》卷 166《刘恩传》。
② 《元史》卷 11《世祖本纪八》。
③ 《元史》卷 12《世祖本纪九》。
④ 《元史》卷 14《世祖本纪十一》。
⑤ 虞集：《道园学古录》卷 17《宣徽院使贾公（秃坚果不花）神道碑》。
⑥ 《元史》卷 13《世祖本纪十》。
⑦ 《元史》卷 15《世祖本纪十二》。
⑧ 同上。
⑨ 《经世大典·站赤》6，见《永乐大典》卷 19421，第 11 页。

因此，这实际上是汉族人民对兄弟民族人民的物质援助。

另外，西北少数民族劳动人民因应军役，来到中原屯田的为数也不少，对发展内地的农业生产也做出过贡献。关于蒙古族劳动人民到内地屯田的事，《元史》几乎随处可见；畏吾儿人在内地屯田的，也不乏例子可举。如1288年（至元二十五年）十一月，斡端（于阗）、可失合儿（喀什噶尔）工匠一千五十户在甘肃、陕西一带屯田①；1301年（大德五年），南阳地方也有畏吾儿人屯田②。在治理黄河水患时，各族的劳动人民都付出过巨大的人力和物力。西夏人朵儿赤曾"录其子弟之壮者垦田，塞黄河九口，开其三流，凡三载，赋税增倍"③。

此外，西北的兄弟民族还把当地的农作物品种移植到内地来，加以栽培推广。我国的棉花栽培，在元代得以普及，其来源之一就是自畏吾儿地区传入中原。《农桑辑要》说："苎麻本南方之物，木棉亦西域所产，近岁以来苎麻艺于河南，木棉种于陕右，滋茂繁盛，与本土无异。二方之民，深荷其利，遂即已试之效，令所在种之。"④棉花在全国范围内的推广栽植，对汉族劳动人民的生活产生了极大影响，这是兄弟民族的一大贡献，也是元代各族人民经济联系密切的典型例证。

经济联系的加强，还在兄弟民族的手工业部门里表现出来。元朝主要是官手工业，除中央设有官手工业局院外，太子后妃位下，也都设有各种手工业局院。⑤那里几乎集中了全国各地的手工工匠，进行强制劳动，产品全部供统治阶级奢侈生活和军需之用。蒙古地区的上都，也设有官手工业局院，"造作金银、皮货、毡、染诸物"，1262年"岁羊毛毡大小三千二百五十段，赴中尚监送纳"⑥，可见当时蒙古地区手工业生产的种类是繁多的，规模相当大。在那里生产的工匠，与蒙古地区其他手工业局院工匠一样，"盖初所徙汉人也"。元代官手工业局的工匠，大多是来自全国各地的名手，甚而不乏西域工匠。镇海就曾"收天下童男童女及工匠，置局弘州，既而得西域织金绮纹工三百余户，及汴京织毛褐工三百户，皆

---

① 《元史》卷15《世祖本纪十二》。

② 《元史》卷20《成宗本纪三》。

③ 《元史》卷134《朵儿赤传》。

④ 《农桑辑要》卷2，论苎麻木棉条。

⑤ 参见《元史》卷87、88、89《百官志三、四、五》。

⑥ 《大元毡罽工物记》。

分隶弘州"①。上都的工匠来源，大致与此相同。这些出身不同的名工巧匠，云集在官手工业局院里，交流了生产技术和经验，同时在共同遭受的压迫剥削下，在共同的劳动中，结成了兄弟般的友谊。

畏吾儿地区也有汉人工匠杂处。如别失八里，有"掌织造御用领袖纳失失等段"②的官手工业局院，这里的工匠主要是畏吾儿人，自然汉族工匠也起了作用。如前所述，忽必烈曾派遣制弓工匠到鄯善地方，向畏吾儿人民传授制弓经验。正是两族工匠交流了生产技术，才使这些官手工业局院生产出皇家专用的高级绸缎。如1281年元朝政府在河西置织毛段匠提举司，专门生产皇室贵族用的毛织品。③

元朝的交通十分发达。自大都至全国各地，站赤很多，为商业的发展提供了有利条件。因此商业经济在元代空前发展。当时不仅西域"大贾擅水陆利，天下名域区邑，必居其津要，专其膏腴"④。就是一般汉族地主、商人也很活跃，他们"北出燕齐，南抵闽广，懋迁络绎"⑤。这些商人为了追求奇货谋利，在全国范畴内活动，客观上促进了汉族同西北各少数民族的经济联系。当时蒙古地区的上都、应昌、肇州等地，都是著名的商业中心，"在市者则四方之商贾与百工之事为多"⑥。忽必烈为了鼓励各地商人到蒙古地区贸易，还"特免收税以优之"⑦。来到这里的商贾，多贩运粮食。元朝政府还"悉出户部茶盐引，募有能自輓自输者，入其粟而授其券"，来"捐利以予商人"⑧。从事畜牧业的蒙古族人民十分需要粮食，粮食源源不断运入蒙古地区，对改善他们的生活、发展生产起了积极作用。此外，还有许多钱币、镜子、银器皿、陶器、丝织品等由中原输入蒙古地区。这些，都密切了蒙古地区与中原的经济联系。

畏吾儿地区的哈剌火州、别失八里、斡端等地，亦为著名的商城。不仅那里的商人纷纷来到内地，而且有中原的商人到那里去行商。他们对交流畏吾儿地区与内地的产品，起了媒介的作用。在成吉思汗时代，畏吾儿

① 《元史》卷120《镇海传》。
② 《元史》卷85《百官志一》。
③ 参见《元史》卷11《世祖本纪八》。
④ 许有壬：《至正集》卷53《碑志》10《西域使者哈只哈心碑》。
⑤ 陆文圭：《墙东类稿》卷12《巽溪翁墓志铭》。
⑥ 虞集：《道园学古录》卷13《上都留守贺惠愍公庙碑》。
⑦ 《元史》卷7《世祖本纪四》。
⑧ 柳贯：《柳待制文集》卷16《送刘宣宁序》。

商人就贩卖粮食出入蒙古地区，"面出阴山之后二千余里，西域人贾胡以橐驼负至"①。尤其是田姓畏吾儿商人，他们甚至出没于中原各省，所谓"且回鹘（即畏吾儿）有田姓者，饶于财，商贩巨万，往来山东、河北"②。这些贸易活动也促进了汉族与畏吾儿族人民的物资交流，加强了边疆与内地的经济联系。

对于藏族，忽必烈于 1277 年（至元十四年）"置榷场于碉门、黎州与吐蕃贸易"③。西藏地区劳动人民与内地汉族人民进行产品交换的机会多了起来，他们可以自由交易所需的物品。④ 同时，还有许多奉诏出使西藏的使者，"附带碧甸子、铜器、碗碟、靴履装、驮铺，以营市利"⑤。

元代，蒙古族、维吾尔族、藏族与汉族人民之间的经济交流大致就是通过上述各种方式来进行的。各族人民经济联系的加强，促进了祖国的统一，同时进一步发展了彼此间的传统友谊。

二

除经济联系的加强外，在元代，汉族与西北各少数民族也在文化上互相学习，互相吸收，形成文化大交流的局面。当时，有大批的蒙古人和畏吾儿人内迁。其中一部分是中、小贵族，他们来到内地，当上路府州县的长官，即随官定居。任满以后，大都不返原籍。而更多的是随镇戍军到内地来的平民，他们在各地屯田农耕，向汉族劳动人民学习先进的农耕技术，然后也大多留居下来。这些内迁的蒙古人、畏吾儿人在内地安家落户后，长期与当地汉人杂居，年深日久便慢慢改变了原来的风俗习惯，以至于与汉人通婚，取汉人姓氏，吸收汉族文化，习汉文学，有的成了儒者或文学家。同时，汉族人民也从他们那里吸收了各民族的文化成果，促进了民族间的文化交流。

文化交流的突出事例，便是蒙古文字的创制。蒙古初起时，对先进文化的吸收，采取积极的态度。1209 年高昌畏吾儿归附成吉思汗后，畏吾

---

① 李志常：《长春真人西游记》上。
② 赵珙：《蒙鞑备录》。
③ 《元史》卷 9《世祖本纪六》。
④ 参见姚燧《牧庵集》卷 20。
⑤ 《经世大典·站赤》6，见《永乐大典》卷 19421。

儿人中有材艺的都被罗致来，"有一材一艺者毕效于朝"①。远在成吉思汗时代，就曾敕令塔塔统阿依据畏吾儿字母，拼写蒙古语，教育贵族子弟。即所谓"教太子诸王，以畏兀字书国言"②。所以元世祖说："我国家肇基朔方，俗尚简古，未遑制作，凡施用文字，因用汉楷及畏吾字，以达本朝之言。"后来的有学识的畏吾儿人，也受到元朝统治者的赏识。如命令诸皇子跟哈剌亦哈赤北鲁"受学"，让岳璘帖穆尔去"训导"诸王子。③撒吉思也当上了斡真的"必阇赤"（文书官）兼领王傅④。中统元年（1260）元世祖又授权给藏人八思巴，让他根据藏文字母，按汉人方块字格式创制八思巴字（即蒙古新字）。据说"其字仅千余，其母凡四十有一"⑤，于至元六年（1269）诏颁行于全国。这两种文字的创作，是维吾尔、蒙、藏三族文化交流的最好例证，汉族文字也对蒙古新字产生了重要影响。所有这些，对于后世各民族文化艺术的发展，都提供了极为有利的条件。

移居内地的蒙古人、畏吾儿人中的上层分子，他们在战争结束后，为了维护其统治，也不得不适应汉族地区的水平，觅求新的统治工具，或寻找上爬的阶梯，于是很多人接受了汉族儒学家的影响，变成儒者；更有很多人工于文学，成为著名的诗人或文学家。他们的作品曾盛极一时，有的且流传至今。著名的"笃好经史，手不释卷"的畏吾儿人廉希宪，有"廉孟子"之誉⑥。西夏人高智耀的儒术，也受到忽必烈的器重。⑦不忽木及其两个儿子回回和巙巙都博览群书；巙巙还是出名的大书法家，"善真行草书，识者谓得晋人笔意，单牍片纸，人争宝之，不翅金玉"⑧。回回人赛典赤赡思丁在任职云南期间，也曾"创建孔子庙、明伦堂，购经史，授学田"⑨，以推崇儒术。世为雍古部的马祖常则是显赫一时的大诗人，"工于文章，宏赡而精核，务去陈言，专以先秦两汉为法而自成一家

①　赵孟頫：《松雪斋文集》卷7。
②　《元史》卷124《塔塔统阿传》。
③　《元史》卷124《哈剌亦哈赤北鲁传》《岳璘帖穆尔传》。
④　《元史》卷134《撒吉思传》。
⑤　《元史》卷202《释老传》。
⑥　《元史》卷126《廉希宪传》。
⑦　参见《元史》卷125《高智耀传》。
⑧　《元史》卷143《巙巙传》。
⑨　《元史》卷125《赛典赤赡思丁传》。

之言；尤致力于诗，圆密清丽，大篇短章，无不可传者"①。他的《石田集》一直流传至今。畏吾儿人贯酸斋既是诗人又是散曲家，"其古文峭厉有法，及歌行古乐府，慷慨激烈"②。在他的影响下，"海盐腔"自成一派，在元杂剧中独立发展，并于元、明时期广泛流传于浙东一带③，获得极高的评价。所著《贯酸斋诗集》迄今仍为人们喜爱。其他如薛都剌、偰哲笃、偰玉立等，也是有名望的诗词家。他们分别有《雁门集》《偰玉立诗集》《世玉集》等著作流传于世。特别是薛都剌的作品，享有更高的声誉，"其诗诸体俱备，磊落激昂，不猎前人一字"。各民族中诗人学者辈出，这正是接受了汉族文化深刻影响的表现和结果。

　　另外，西北各民族的文化艺术也随着他们移居内地而传入，对汉族产生了影响，丰富了祖国的科学文化艺术宝库。具体表现在以下几方面。

　　第一，西北各民族的史学家，参与了《辽史》《金史》《宋史》的编纂工作。除三书的监修官是蒙古人脱脱外，《辽史》纂修官四人中的第一个即畏吾儿人廉惠山海牙；提调官中有畏吾儿人偰哲笃。《金史》的纂修官六人，第一个是畏吾儿人沙剌班。《宋史》提调官中有畏吾儿人岳柱和全普庵撒里二人。这三部断代史保存了丰富的有价值的史料，他们个人的学识对这三部书都产生了重大影响，因此他们对祖国史学的发展是有贡献的。

　　第二，西北少数民族音乐艺术对汉族音乐艺术的影响。成吉思汗时代，西夏人高智耀建议"征用西夏旧乐"④，于是西夏乐与汉人乐和回回音乐构成了元代的宫廷音乐。当时，礼部之下设有仪凤司，"掌汉人、回回、河西（即西夏）三色细乐，每色各三队，凡三百二十四人"⑤。不少兄弟民族的音乐家受到了汉族人民的高度赞赏。人们称赞畏吾儿人唐仁祖"尤邃音律"⑥，对畏吾儿僧人间间的评语是"习二十弦（即箜篌），悉以铜为弦，乐工皆不能用也"⑦。不仅如此，汉族的艺人也进入各民族地区，

① 《元史》卷143《马祖常传》。
② 《元史》卷143《小云石海涯传》。
③ 王士禛：《香祖笔记》卷1。
④ 《元史》卷66《礼乐志二》。
⑤ 《元史》卷77《祭祀志六》。
⑥ 《元史》卷143《唐仁祖传》。
⑦ 孔齐：《至正直记》；参见魏源《元史新编》卷79《乐志》。

在畏吾儿人的葡萄园中，"侏儒技乐，皆中州（即汉族）人士"①。通过以上不同的方式，使各民族与汉族的音乐艺术得以交流和融合。

第三，西北各民族的翻译家，尤其是畏吾儿人的翻译家，把大量的外族文献、佛教经典译成汉文，或把汉族的历史著作、儒学经籍转译成少数民族文字，进一步促进了各族人民的文化大交流。今有史可据者，如畏吾儿人阿鲁浑薛理，自幼受业于藏人八思巴，"既通其学，且解诸国语。世祖闻其材，俾习中国之学，于是经史百家及阴阳历数、图纬、方技之说，皆通习之"②。后来受到元世祖的器重，成为著名的翻译家。而迦鲁纳答思则通习畏吾儿文、蒙文、藏文，并且以畏吾儿字译西番（藏文）经论。③ 安藏精通儒学，曾将《尚书》《贞观政要》《申鉴》《资治通鉴》《本草》等著作从汉文译成畏吾儿文，扩大了汉族先进的封建文化对兄弟民族的影响。④ 还有一位著名的畏吾儿翻译家必兰纳识理，通晓畏吾儿文、蒙文、藏文、汉文。他从汉文、藏文译的佛经达五六种之多。⑤

第四，兄弟民族的建筑艺术对汉族也有影响。居庸关元代雕刻，就是具有西藏风格的完美艺术遗物。关门边墙上刻有蒙古字、畏吾儿字、八思巴字和汉字。现存的安阳白塔、北京的妙应寺白塔等，也都是汉族吸收西藏建筑艺术风格的最好见证。

元朝是我们伟大祖国统一多民族国家进一步巩固和发展的时期。由于全国大一统，为各族人民的经济、文化交流准备了条件，促进了西北各民族与汉族的经济、文化交流。这种交流又推动了各民族经济的发展、文化的提高，同时也加强了彼此间的传统友谊和祖国的统一。

原载《民族团结》1964 年 5 月号

---

① 李志常：《长春真人西游记》上。
② 《元史》卷 130《阿鲁浑萨理传》。
③ 参见《元史》卷 134《迦鲁纳答思传》。
④ 参见《新元史》卷 192《安藏传》。
⑤ 参见《元史》卷 202《释老传》。

略论元代畏兀儿人的历史贡献

一

维吾尔族，是祖国统一多民族大家庭中，文化比较先进的成员之一。在历史上，先后有袁纥、韦纥、乌护、乌纥、回纥、回鹘、畏兀儿等不同的称呼。远在嗢昆水（鄂尔浑河）游牧时代（744—840），就一直与中原地区在政治、经济和文化等方面保持比较密切的联系。他们曾两次帮助唐朝平定安史之乱，收复两京（长安、洛阳）和河北大片失地；唐朝中央也多次敕封他们的首领，维持和亲关系。在经济上，茶、丝、绢、马、贸迁有无。840 年前后，回鹘汗国在鄂尔浑河流域因畜牧经济的崩溃，加上内乱和外受黠戛斯的进攻，于是西向分三支迁徙。其中一支——元代畏兀儿人的直系祖先——西州回鹘，聚居在今天新疆吐鲁番和吉木萨尔地区，转营以农业为主的经济生活，同内地的联系也逐渐加强。到了五代、两宋时期，贸易活动日趋频繁，不少回鹘商人携家来到中原经商。[①]

13 世纪蒙古崛起，当时畏兀儿已受西辽多年的蹂躏。1209 年，高昌（今吐鲁番地方）畏兀儿人在"亦都护"（国王）的率领之下，归附了成吉思汗；到了忽必烈时代，元朝在畏兀儿境内设官府、置驿站、立屯戌，畏兀儿地区便直接属于元朝中央政府的管辖。[②]

---

① 以上参见《资治通鉴》卷 220；《旧唐书》卷 195《回纥》；王静如《突厥文回纥英武远威毗伽可汗碑译释》（载于《辅仁学志》第 7 卷第 1—2 合期）；《宋会要辑稿》蕃夷四"回鹘"、七"历代物贡"；《册府元龟》972；《蒙鞑备录》。

② 参见《元朝秘史》第 238 节；虞集《道园学古录》卷 24《高昌王世勋碑》（见《文物》1964 年第 2 期载黄文弼《亦都护高昌王世勋碑复原并校记》）；《元史》卷 63《地理志》，卷 11、12、14《世祖本纪》。

12 世纪至 13 世纪初，畏兀儿地区已进入发达的封建社会，而蒙古尚处在由奴隶制向封建制过渡的阶段。况且，蒙古南有先进的金国，西邻强大的西辽。虽然在军事和外交上与金国有些接触，但与强大的西辽却未发生关系。因而，文化较高而又最先归附的高昌畏兀儿，受到了大蒙古国和元朝统治者的器重。成吉思汗首先将畏兀儿人中间有"一材一艺"的人都罗致起来，作为自己发展势力、统治被征服地区的工具。忽必烈统一全国以后，又将大批的畏兀儿人迁到内地屯戍或者充任各级地方长官。这样，畏兀儿人渐次成为元朝社会政治生活、经济生活和文化生活中的重要活动角色。据《元史氏族表》的不完全统计，畏兀儿人入仕元朝的共有三十三族之多。他们中间，有许多人是军事名将、政治活动家、理财家、绝域使者、翻译大师、儒学者、史学家、诗人、散曲家，或是在书法、绘画、音乐等方面有专长的人物。他们的实践活动，促进了祖国统一多民族国家历史的发展和各族人民间友好关系的进一步加强。这都说明了我们伟大祖国的历史，从来就是国内各族人民共同创造的。

二

以成吉思汗为首的蒙古贵族集团，在统一蒙古诸部以后，为了扩大和满足本集团的掠夺贪欲，决定南进中原。最先归附他的高昌畏兀儿上层分子，出于阶级利益的一致，他们中间有军事才干的人做了蒙古贵族集团的帮凶。在成吉思汗、蒙哥、忽必烈等攻打金、西夏和南宋的历次战役中，畏兀儿军事将领土坚海牙、月举连赤海牙、马木剌的斤、阿里海涯、铁哥术、都尔弥势、合剌普华、雪雪的斤、脱力世官等，或出谋定计，或转战沙场，分别起过重要作用。特别在灭南宋的决定性战役——襄樊战役中，阿里海涯与阿术等枹鼓相应，运用西域回回炮攻下樊城，紧接着又打下襄阳。后来，阿里海涯坐镇鄂州，使伯颜东下"无后顾之虞"；铁哥术下德安等，均具有战略意义。在忽必烈灭南宋的整个战争过程中，阿里海涯"所下州：荆之南十四、淮西四、湖南九、江之西二、广西二十有一、广东海南各四，凡五十八"[1]，

---

① 《元史》卷 124《哈剌亦哈赤北鲁传》、卷 133《叶仙鼐传》《脱力世官传》、卷 135《月举连海涯传》《铁哥术传》；虞集：《道园学古录》卷 24《高昌王世勋碑》；苏天爵：《元朝名臣事略》卷 2 之 3；《元文类》卷 59《湖广行省左丞相神道碑》；黄溍：《金华黄先生文集》卷 25《合剌普华公神道碑》。

铁蹄踏遍大江南北，使蒙古贵族集团的既定政策，得以顺利地推行。他们和蒙古贵族集团一样，都是抱着为掠夺财物、扩略地盘的目的而参战的。在战争过程中，他们大量地俘虏各族劳动人民作为自己的农奴。单阿里海涯行省荆湖时，就先后将三万八千余人"没入为家奴"，甚至私设官吏，征收租税，以致"有司莫敢问"①。他们肆无忌惮地掠夺人口，使社会生产力遭到了严重的破坏。

在忽必烈平定阿里不哥、海都等叛乱过程中，一些畏兀儿上层分子积极地协助忽必烈。从"亦都护"巴尔术阿而忒的斤、纽林的斤到著名的叶仙鼐、昔班、八丹等人，或者固守城池不受海都等的迫胁；或者出兵与阿里不哥、海都等直接交锋；或者在后方调度军队，督粮筹饷，支援前线。②战争的结果，使阿里不哥等分裂割据势力统一在元朝中央政权之下，维护了国家的统一，使北方出现了有利于各族劳动人民的和平安定环境，无疑是应当肯定的。

蒙古以畜牧为业，不需要大量的劳动力，因而其统治集团在战争过程中，屠杀各族人民毫不顾惜，每每用惨无人道的屠城手段对付英勇抗战的人们。人口大量死亡，劳动力就减少了，使社会生产遭到严重的破坏。这不仅与各族地主阶级的利益相抵触，而且对他们的军队作战也不利。因此，当时一批有远见的畏兀儿军事将领，如撒吉思、铁哥术等，在山东、河南等战役中，先后建议蒙古贵族集团改变屠城政策。他们的建议，分别被采纳③，使大量被征服人民免于死亡，家园免于焚毁，这就为社会生产的恢复和发展提供了可能的条件。

三

在元朝的社会政治生活中，由于畏兀儿人最先归附蒙、元统治者，而且文化又高，所以受到了蒙、元统治者的赏识与信任，分别被任命担任各种官职，其中，不少人是有卓识的政治家，曾经做出了一些对当时社会的发展有益的事情。

---

① 《元史》卷11、卷12《世祖本纪》，卷163《张雄飞传》。
② 参见虞集《道园学古录》卷24《高昌王世勋碑》；《元史》卷133《叶仙鼐传》、卷134《昔班传》《小云石脱忽怜传》。
③ 《元史》卷134《撒吉思传》、卷135《铁哥术传》。

当元宪宗蒙哥 1259 年在合州战死以后，蒙古贵族集团内部发生了王位争夺战。畏兀儿人撒吉思、廉希宪、孟速思等与金朝遗民刘秉忠、严忠济、史天泽等人拥戴忽必烈即皇帝位，并建元中统。这样，被动摇了的封建政权得以稳定。蒙古贵族集团进入中原以后，蒙古本土的统治方式不适用了。如果利用汉族一套现成的、严密的封建制度控制人民，便可以得到更多的利益。所以，他们不得不舍去"旧俗"，采用"汉法"①。元初"九儒十丐"之说②也逐步改变。后来，畏兀儿人阿鲁浑萨理强调"治天下，必用儒术"，于是忽必烈"置集贤院，下求贤之诏"，大批汉族地主阶级知识分子从垂危的边缘被畏兀儿政治家挽救出来（单廉希宪在鄂州一次，就保举了五百名汉族地主阶级知识分子），成为蒙古贵族集团统治中原的得力工具③，从而扩大了元朝封建政权的统治基础，促进了元朝封建统治机构进一步趋于完善。

忽必烈即位不久，全国各地因战争的浩劫，社会生产不同程度上受到了破坏，社会秩序也十分混乱。这对企图进一步压榨各族劳动人民的元朝封建统治者来说，是极其不利的。当时居官各地的畏兀儿人，各自在其管辖的范围内，从维护封建秩序的愿望出发，分别推行了一些开明政策。

一是禁止掠夺人口，减轻劳动人民负担。其中，以廉希宪最为突出。他曾经严禁四川之军吏"贩易生口"；奏请免括京兆诸郡马牛；"禁剽夺、通商贩、兴利除害"于荆湖。合剌普华在江南统一之后，上疏元世祖要"却贡献，以厚民生之本"。脱烈海牙在任隆平县达鲁花赤时，"均赋、兴学、恤农、平讼、桥梁、水防、备荒之政，无一不举"。岳柱则以"民惟邦本"的思想劝谏元朝统治者要注意抚恤百姓。④

二是健全封建统治机构，加强封建教育。廉希宪等人曾同汉族地主阶级士大夫一道建议忽必烈学习金朝封建统治机构的设置，建御史台、设诸道提刑按察司、立迁转法以考核官吏；同时大兴学校教育。合剌普华也极力主张"兴学校、奖名节，以励天下之士；正名分，严考课，以定百官

① 《元文类》卷 57《中书令耶律公神道碑》。

② 《谢叠山文集》卷 3《送方伯哉归三山序》。

③ 赵孟頫：《松雪斋文集》卷 7《赵国公谥文定全公神道碑》；《元文类》卷 65《平章政事廉文正王神道碑》；《元朝名臣事略》卷 7 之 3。

④ 《元文类》卷 65《平章政事廉文正王神道碑》；《元朝名臣事略》卷 7 之 3；《金华黄先生文集》卷 25《合剌普华神道碑》；《元史》卷 137《脱烈海牙传》、卷 130《阿鲁浑萨理传》。

之法。"

三是打击权贵，澄清吏治。畏兀儿人廉希宪、普颜、野纳、廉惠山海牙、答里麻、道童等人皆不畏强暴，以"其为民害者除之，为民利者登与兴之"为准则，对一批危害民生的不法官吏严加弹劾。甚至对"国婿"和丞相都不客气。有的奏罢福建绣工工官"大集民间子女"的弊政；有的"请以中都花囿还诸民"；有的对"怙势夺州民田"的弓匠提举进行惩办；有的令大户与小户一样"纳粮"，以平均赋役负担。特别是普颜在任职河北河南道肃政廉访司事期间，雷厉风行地"黜污吏四百人"。① 作为封建统治阶级的一个成员，对官场的一些贪暴腐败势力敢于冲击的勇气，是难能可贵的。

四是革新驿道，促进商业交流。元朝全国南北的空前大一统，为商业交流提供了有利的条件。但是，各地区之间，或受地理条件的限制，或因地方豪强的侵夺，彼此处于隔绝状态。畏兀儿人燕只不花、阿里海涯、亦辇真等，先后在山南湖北道的辰州到沅州地区、湖北的阳逻至蔡州地区、山西的大同、内蒙古的东胜地区，"凿山通道"，设置驿传，打击侵夺驿站"牧马草地"的豪强。结果，交通畅达，商旅称便。②

此外，畏兀儿人亦黑迷失是元初著名的绝域使者，曾先后四五次奉诏出使东南亚和南亚。从 1272 年到 1292 年，前后 20 年间，亦黑迷失"遣郝成、刘渊、谕降南巫里、速木都剌……"他先后到过占城（今越南南部）、南巫里（今东苏门答腊西）、速木都剌（今苏门答腊）、僧迦剌国（今锡兰）、马八儿国（今印度东南部）等地区和国家。他不仅把高度发达的元代文化传播到遥远的异城，而且把那里的方物土产带回中原。东南亚和南亚各国的使者，在亦黑迷失的引导下，也纷纷带着"良医善药"接踵来到元朝。③ 这在客观上促进了中华民族同东南亚和南亚各国人民之间的经济文化联系的加强，在中华民族与东南亚、南亚各国人民的友好关系史上，写下了光辉的篇章。

---

① 许有壬：《至正集》卷 61《普颜公神道碑》；《元史》卷 137《阿礼海牙传》、卷 145《廉惠山海牙传》、卷 144《答里麻传》《道童传》。

② 陆文圭：《墙东类稿》卷 12《中奉大夫广东道宣慰使都元帅墓志铭》；《元文类》卷 59《湖广行省左丞相神道碑》；黄溍：《金华黄先生文集》卷 24《亦辇真公神道碑》。

③ 《元史》卷 131《亦黑迷失传》。

四

元代社会经济的恢复和发展，是各族劳动人民披荆斩棘从事生产斗争的结果。在社会经济领域内，畏兀儿人的活动也十分广泛。

第一，元代的畏兀儿劳动人民，由于应征军役而大量内迁。他们随着镇戍军队错居民间，有的在各地屯田务农，有的到内地经商，有的到某些州县做官。久而久之，便在那里安家落户，直接与当地居民一起从事农业或手工业生产劳动。在元世祖、元成宗、元武宗、元仁宗各朝，甘肃、陕西、云南的大理和乌蒙地区、湖北的荆襄一带、河南的南阳周围，都有数千名畏兀儿人同汉族或其他诸兄弟民族的劳动人民一道，垦荒农耕。① 他们把本民族优良的农作物品种带进中原，并迅速得到推广，直接引起各族劳动人民的生产和生活的变化。其中木棉及葡萄尤受汉族劳动人民的欢迎。在成吉思汗时代就以屯田闻名的畏兀儿人田镇海，后来"收天下童男童女及工匠"，在弘州地方领导局院手工业生产②，卓有成效。因此，元初社会经济的恢复与发展，畏兀儿劳动人民曾经做出了自己的贡献。

第二，畏兀儿人对农业生产有密切关系的水利事业也十分关注。在先，岳璘帖穆儿在河西"乏水"的"榛莽"之地，"凿井置堰"，结果"居民使客相庆称便"。后来，廉希宪在江陵"泻潴水于江，得田数百万，听民耕佃"，一年收成"足二岁用"。至元二十四年（1287），畏兀儿人阿散治理滹陀河水患有方，受到嘉奖。廉惠山海牙曾任职都水监，在疏浚会通河的工程中，很有成绩。此外，忙欢也担任过都水少监③，负责兴修水利。

第三，居官各地的畏兀儿人对农业生产也采取扶植态度。元初，经过战争浩劫的大河南北，农业生产力受到了严重的破坏。一些在这里担任地

---

① 参见《元史》卷13、卷15《世祖本纪》，卷20《成宗本纪》，卷22《武宗本纪》，卷100《兵志·屯田》。

② 《元史》卷120《镇海传》。关于镇海的族属问题，历来说法不一。自晚清王国维起，多数学者认为，他就是回鹘商人"田镇海"，今从之。参见蒙思明《镇海与回鹘田姓商人之关系》（见《大公报》1937年5月7日《史地周刊》第135期）。

③ 《元史》卷124《岳璘帖穆儿传》；《元文类》卷65《平章廉文正王神道碑》；《金华黄先生文集》卷24《亦辇真公神道碑》；《至正集》卷49《阿塔海牙公神道碑》；《元史》卷145《廉惠山海牙传》。

方官的畏兀儿人，各自在其管辖的范围之内，分别发放籽种、耕牛、农具。有的认真打击"畋游无度，害稼病民""（占）据民田以为草地"的蒙古贵族分子。著名的政治家义坚亚礼，在河南"适汴郑大疫"的情况下，"构室庐，备医药"，使成千上万的劳动人民免受传染病的毒害。① 元代，由于社会生产力的低下，对自然灾害的抗御能力是有限的。全国各地不时出现严重的自然灾害。一些居官的畏兀儿人多采取"赈饥"的方式，帮助各地受灾人民。这类事例很多，如阿里海涯在长沙、湘潭一带，"发仓以赈饿人"；唐仁祖在辽阳"赈饥"；偰玉立在泉州"赈贫乏"；拜降在庆元路"赈饥"②，保证了社会生产的恢复与发展。

第四，在理财方面，布鲁海牙、廉希宪等对盘剥劳动人民的"羊羔利"采取打击政策，严厉地惩办了一批从事高利贷剥削的富商大贾，焚毁他们的债券，并把这些著为法令，公布于世③，受到了各族劳动人民的欢迎。

元代畏兀儿人在社会经济领域里最突出的活动成就，还应数鲁明善所著《农桑衣食撮要》一书的问世。鲁明善从"农桑，衣食之本，务农桑则衣食足"的经济思想出发，创造性地总结了元代各族劳动人民的生产斗争经验，依十二月令，以时令为纲，将耕种、养畜、收割、敛藏等农业生产技术，按物叙述于月令之下④，简明易晓，补元司农司编纂的《农桑辑要》之不足。这是维吾尔族人民在祖国农业科学史上的杰出贡献。

五

移居内地的畏兀儿人长期与汉族劳动人民生活在一起，在高度发达的汉族封建文化熏陶之下，逐渐在文学艺术各个方面全面地接受了汉族文化的影响。他们中间有许多人成为著名的文学家、艺术家、史学家、翻译大师，是元朝文化艺术舞台上的重要角色。他们的著作在元代盛极一时，有的还流传至今。

---

　① 欧阳玄：《圭斋集》卷11《高昌偰氏家传》；《元史》卷135《铁哥术传》。
　② 《元文类》卷59《湖广行省左丞相神道碑》；《元史》卷134《唐仁祖传》；《闽书》卷53《立莅志》；《元史》卷131《拜降传》；《雁门集·别录》。
　③ 《元史》卷125《布鲁海牙传》、卷126《廉希宪传》。
　④ 鲁明善：《农桑衣食撮要·自序》。

　　畏兀儿人最初是以蒙古人的文化导师的身份出现的。在先，蒙古人并没有文字，所谓"元肇朔方，俗尚简古，刻木为信，犹结绳也"①，便是真实的写照。1204 年成吉思汗俘虏了乃蛮国的掌印官——畏兀儿人塔塔统阿，"遂命教太子诸王，以畏兀字书国言"②。于是，以畏兀字母为基础的蒙古字创制成功。蒙古字的创制及其广泛使用，促进了蒙古民族共同体的形成。蒙古族作为一个独立的民族，开始登上世界历史舞台。既而，一批有学识的畏兀儿人陆续充当了蒙古人的文化导师。哈剌亦哈赤北鲁、岳璘帖穆儿、撒吉思、昔班、大乘都、安藏等，或为诸王太子的"训导"，或被诏入"宿卫"任"必阇赤"（文书官）③。在蒙古贵族子弟的启蒙教育中，分别做了一些工作。众所周知，后来的满文是沿用蒙古字制作而成的，因而又可以说是间接从畏兀字脱胎而来。从而说明了畏兀儿人塔塔统阿创制蒙古字，对祖国文化的发展产生了深远的影响。忽必烈时代曾授权藏人八思巴根据藏文字母创制方格体的蒙古新字。但由于其自身的缺点和藏、蒙不属于同一语族，蒙古人学起来也困难等原因，结果使用不多，流传不广。④ 这就更显示出塔塔统阿创制的蒙古字的优越性。

　　在史学编纂方面，畏兀儿人在元朝也花费了不少功力。我国现存的正史——二十五史中的《辽史》《金史》《宋史》三部巨著的编纂工作，就是由一批畏兀儿史学家和其他几个兄弟民族的史学家合作完成的。廉惠山海牙、偰哲笃、沙剌班、岳柱、全普庵撒理等，都分别为三部正史编纂机构的成员。这些人，在当时大都居于较高的社会地位上，对汉文学有较高的修养，是著名学者的后人。在修史过程中，他们大致做过两类工作：一类如廉惠山海牙、沙剌班等。他们分别是《辽史》和《金史》的主笔之一，是编纂工作的骨干力量。另一类如偰哲笃、岳柱和全普庵撒理等。他们分别是《辽史》或《宋史》的提调官。他们凭借自己渊博的学识和地位，给编纂工作中的主笔提供了丰富的资料。⑤《辽史》《金史》《宋史》是兄弟民族史学家通力合作编就的。在当代史料因战乱而散佚或史著失传

---

　　①　陶宗仪：《书史会要》卷 7。

　　②　《元史》卷 124《塔塔统阿传》。

　　③　《元史》卷 122《哈剌亦哈赤北鲁传》《岳璘帖穆儿传》、卷 134《撒吉思传》《昔班传》；程巨夫：《雪楼集》卷 8《秦国先公墓碑》、卷 9《秦国文靖公神道碑》。

　　④　参见《元史》卷 202《释老传》。

　　⑤　参见《辽史》《金史》《宋史》的卷首《进辽史表》《进金史表》《进宋史表》。

的情况下，这三部正史所保留下来的资料，成为我们研究这段历史的宝贵依据。它开创了祖国史学史上，兄弟民族史学家分工合作，共同修史的先例。

此外，安藏、唐仁祖、贯云石、偰百僚逊、偰帖该等人，在元朝先后担任过国史院的编修或知制诰同修国史等职务①，直接参与元代各朝实录的辑录工作，记述了大量的史料，成为明初修《元史》的资料依据。

在促进国内兄弟民族间文化交流方面，元代畏兀儿人的许多大翻译家翻译过许多经笈，给各族人民留下了深刻的印象。安藏、阿鲁浑萨理、迦鲁纳答思、必兰纳失理、阿璘帖木儿、桑哥等大都精通畏兀文、蒙文、汉文、藏文、梵文。他们先后把汉族文献如《尚书·无逸篇》《贞观政要》《申鉴》《尚书》《资治通鉴》《难经》《本草》等译成畏兀文；又把大量的佛经如《楞严经》《大涅槃经》等五六种，或从梵文、或从藏文转译成畏兀文、蒙文、汉文。其中，有些人还在元朝政府的外事活动中承担译员。在沟通中外文化交流及国内各兄弟民族间的文化联系方面，做出了显著成绩。②

在文学艺术领域，畏兀儿人涌现了不少散曲家、诗词家。在散曲方面，首推小云石海涯。近人陈乃乾辑录的《元人小令集》中，收录了他的《塞鸿秋》《清江引》等15种曲牌子共83首作品。小云石海涯的作品是在金朝"俗谣俚曲"的基础上，大胆革新，继承并发展了宋代以来民间歌谣的优良传统，纯熟地运用民间口语，形成了浓郁的地方色彩和民间风格。小云石海涯的作品题材广泛，有劳动生活欢乐的作品，也有"借曲言志"表白他不愿同污世合流的作品，有的是歌颂男女青年的纯洁爱情，有的是借历史题材来发泄他对现实的抗议。过去，有些研究者指责小云石海涯的作品题材狭窄，是没有什么道理的。正因为小云石海涯的散曲汲取了"俗谣俚曲"的营养，所以使他的作品对后世产生了深远的影响。元明时代，浙东一带流传的"海盐腔"，"实发于贯酸斋（小云石海涯），

---

① 程巨夫：《雪楼集》卷9《秦国文靖公神道碑》；《元史》卷134《唐仁祖传》；欧阳玄：《圭斋集》卷9《贯公神道碑》；黄溍：《金华黄先生文集》卷25《合剌普华神道碑》。

② 参见《雪楼集》卷9《秦国文靖公神道碑》；赵孟頫：《松雪斋文集》卷7《赵国公谥文定全公神道碑》；《元史》卷130《阿鲁浑萨理传》、卷134《迦鲁纳答思传》、卷202《释老传》、卷205《奸臣传》。

其源流远矣"①!

薛昂夫的散曲作品，以小令为主。现在我们所能看到的，有三十余首。此人擅长以"失题"的形式，描写复杂的思想情绪。在婉转流畅的散曲语言里，凝聚着浓厚的诗意。例如《甘草子·失题》《楚天遥带清江引·失题》《朝天子·失题》等，都显示了作者的这一特殊风格。这与他会写乐府、诗有密切关系。因为"小令"本身与乐府、诗相近。薛昂夫的乐府、诗在元朝素享盛名。元代文豪赵孟頫称赞他在乐府、诗上所取得的成就，就是"累世为儒者"，"（也）有所不及"②。

在元朝有诗名的畏兀儿人很多。其中，小云石海涯（即贯酸斋）、薛昂夫为之最。贯酸斋自幼接受著名的汉族散文大家姚燧的影响，最初是以写乐府、诗而在元朝诗坛上崭露头角的。他的诗有"慷慨激烈"的特点，特别是《桃花岩》《画龙歌》《观日行》等诗篇深受人们的赏识，享有（犹）"如夫骥摆脱缰羁，一踔千里"的佳誉。

此外，《元诗选》还收录了偰玉立、偰哲笃、三宝柱、边鲁、伯颜不花的斤等畏兀儿人的一些诗篇。偰玉立有《世玉集》流传，擅长写五言长诗，内容以游历和登临名山大川的题颂为多，风格爽朗，洋溢着爱国热忱。偰哲笃的诗，限于题画赠答，缺乏思想性和艺术特色，局限性较大。三廷圭（字宝柱）长于写风景诗，边鲁喜欢采用古乐府体，伯颜不花的斤则注重字句的锤炼。他们都有自己的风格与特点。

在艺术方面，畏兀儿人不少在书法、绘画、音乐等方面有所专长。除小云石海涯的书法享有盛名之外，达理麻识理"尤工小篆"、廉希宪"善扁牓大字"，隐也那失理的"楷书"师于唐代虞世南，喜山也以"工书"知名③。有的人书画并茂，如伯颜不花的斤，不仅善"草书"，而且"工画龙"。据《绘事备考》记载，他的名作有《衮雾对波龙图》《坐龙图》《出山子母龙图》《戏龙图》等。另一位画家边鲁，"工古文奇字"，"善画墨戏花鸟"，史称"尤精于钩勒颤掣之势，则有得于李后主云"④。他的

---

① 姚桐寿：《乐郊私语》；王士禛：《香祖笔记》卷1。

② 陈乃乾：《元人小令集》；赵孟頫：《松雪斋文集》卷6《薛昂夫诗集序》；王德渊：《薛昂夫诗集序》卷15《天下同文集》。

③ 陶宗仪：《书史会要》卷7。

④ 陶宗仪：《书史会要·补遗》；夏文彦：《图绘宝鉴》卷5；顾嗣立：《元诗选·边鲁小传》。

作品有《群鸦话寒图》《芦汀宿雁图》《水墨牡丹图》等。伯颜不花的斤和边鲁的作品的题材，都是传统的中国画的题材。他们不仅继承了注重"写风骨"和"绘事后素"的汉族绘画传统，而且以其多变的笔法，赋予作品以较强的感染力。这对兄弟民族出身的人来说，是一件了不起的事情，从而又一次证明了兄弟的维吾尔族人民在历史上，对祖国文化的贡献是多方面的。

在音乐上，唐仁祖"尤邃音律"；伯颜不花的斤也"倜傥好学，晓音律"；僧人间间，"世习二十弦（即箜篌），悉以铜为弦，乐工皆不能用"①。这些畏兀儿人，不远万里，来到内地，把畏兀儿的音乐艺术带进内地，从而丰富了中华民族的音乐艺术宝库。

总之，元代畏兀儿人在文学艺术领域里的活动是多方面的。他们的成就，为祖国的文化艺术增添了新的血液。遗憾的是，他们的许多作品失传，我们今天很难能窥其全豹。

六

有元一朝，畏兀儿人来到内地，参与社会活动的各个方面，由于他们出身于不同的阶级，在社会上处在不同的地位，因而对祖国历史有着不同的贡献。归纳上文，可以得出如下几点结论。

第一，统一多民族国家，是我们伟大祖国历史发展的主流。各个少数民族对中国的历史都做过贡献。广大劳动人民是构成民族的主体，各族人民间的友好往来是历代民族关系的主要方面。尽管以蒙古贵族集团为首的元朝统治阶级，处处实行反动的民族歧视政策，抱着阶级压迫和民族压迫的目的，把国人分成蒙古、色目、汉人、南人四等；尽管他们利用各族上层分子作为自己的统治工具，但是，各族劳动人民在共同的阶级斗争、生产斗争和科学文化活动中，发展了彼此间的友谊。这是不以统治阶级主观意志为转移的。元代内迁的畏兀儿人同以汉族劳动人民为主体的各族人民之间的关系证实了这一点。

第二，元朝是我们祖国统一多民族国家进一步形成和巩固时期。畏兀

①　《元史》卷 134《唐仁祖传》、卷 195《忠义传》；杨瑀：《山居新话》，见魏源《元史新编》卷 79《乐志》。

儿人由于最先归附以成吉思汗为首的蒙古贵族集团，因而参与了忽必烈统一全国的战争。战争的结果，使处于四分五裂的祖国复于统一，为促进祖国历史的发展和国内各民族人民友好关系的加强提供了条件。在战争过程中，一批畏兀儿军事将领的军事行动和战略决策，加速了忽必烈统一战争的完结，一定程度上阻止了蒙古贵族集团野蛮的"屠城"政策的推行，从历史唯物主义的观点来分析，有它积极的方面。但是，这些军事将领，大都出身于封建地主阶级，他们的阶级地位决定了他们在尖锐而复杂的社会矛盾面前站在反动立场上，他们中的一些人参与了镇压各地人民的反元斗争和农民战争。从本质上讲，他们属于反革命营垒的力量。

第三，畏兀儿人原来的社会发展水平较高，在元朝的政治舞台上，他们是重要的活动角色。其中一些上层分子与其他各族的上层分子相勾结，共同帮助蒙古贵族集团健全了封建统治机构，加强了封建教育，挽救了一批又一批汉族地主阶级知识分子。居官各地的畏兀儿人又各自在其管辖的范围内，实行了一些开明政策，这对于促进社会的前进，是有意义的。一些绝域使者的外交活动，也曾促进了中华民族同东南亚和南亚各国人民友好关系的发展。

第四，维吾尔族是一个勤劳勇敢的民族，极富于创造力。在元代，内迁的畏兀儿劳动人民与汉族及其他兄弟民族的人民一道，从事了艰苦的生产斗争，促进了元朝社会经济的恢复与发展，他们是历史的真正的主人。

第五，光辉灿烂的中华民族文化是国内各族人民共同创造的精神财富。元代畏兀儿人在文化艺术方面的创造性活动，给各族人民留下了不可磨灭的印象，使以汉族为主体的中华民族文化大动脉里，再次融进了维吾尔族文化的血液，进一步丰富了祖国的文化艺术宝库。

原载《徐州师范学院学报》1978 年第 3 期

元顺帝妥欢贴睦尔

元顺帝名妥欢贴睦尔，是元朝的末代皇帝，蒙古语叫乌哈笃皇帝，庙号惠宗。因明军打到通州（今北京通县），半夜弃都北遁。明太祖朱元璋说他"知顺天命"，特加其号为"顺帝"①。

元顺帝降生在元蒙统治集团内部争相角逐最高统治权的混乱局势之中。少年时代，屡遭流放。13岁时被迎立为皇帝，成为权臣伯颜的傀儡。亲理朝政后，重用脱脱，欲图"更化"。不久，又荒于酒色，酷嗜"天魔舞女"。最后，在日益尖锐的阶级斗争和统治集团内讧的双重打击下，仓皇逃窜。明人或者谓其"以昏愚而失天下"，或者谓其"以优柔不断失天下"，或者谓其"阴毒"而失天下。② 总之，是一个误国亡国的皇帝。

历尽劫难　又遭流放

妥欢贴睦尔，是元朝开国皇帝元世祖忽必烈的五世孙。他的父亲和世琜是元朝第三个皇帝武宗海山的长子。武宗海山死后，传位于其弟爱育黎拔力八达，是为仁宗。海山与爱育黎拔力八达曾经约定，将来和世琜可以继承皇位。但是，延祐三年（1316），丞相铁木迭儿与太后幸臣识烈门密谋，敦促仁宗改变了主意，立嫡子硕德八剌为皇太子（英宗）。和世琜则被封为周王，出镇云南。和世琜就镇途经陕西，便将被迫出镇之事，告诉了陕西行省丞相阿思罕。阿思罕原为太师，被政敌铁木迭儿夺其位，因此对铁木迭儿不满，遂与平章政事塔察儿等悉发关中兵，分道出潼关，以兴师问罪。不料在河中，塔察儿倒戈，袭杀了阿思罕等。和世琜见形势突

① 《元史》卷47《顺帝纪十》。
② （明）权衡：《庚申外史》卷下。

变，遂率部西奔，至北边金山（今阿尔泰山西北），从此开始了流亡生活。不久，他娶郡王阿儿厮兰的孙女迈来迪为妻，于延祐七年（1320）四月，生妥欢贴睦尔。

泰定五年（1328）七月，泰定帝死于上都。武宗的旧部——大都留守佥枢密院事燕帖木儿趁机发动兵变宣布："武宗有圣子二人，当迎立之，不从者死。"遂遣使迎和世㻋与其异母弟图贴睦尔。图帖睦尔封怀王，居建康（今南京），后迁江陵。图帖睦尔自江陵经河南先至大都，推让说："大兄和世㻋在北，以长者为德，当有天下。我迫不得已，暂即帝位，但我志已定，特此播告中外。"九月即帝位，是为文宗，改元天历。他在即位诏中表示："谨俟大兄之至，以遂朕固让之心"，并遣使迎和世㻋回朝。[①]

天历二年（1329），和世㻋得讯南还，在西北诸王的拥戴下，于和宁之北（和林北）即帝位，是为明宗。当明宗南行至上都附近的旺忽察都（今河北张北县北），名义上已逊位的图帖睦尔与燕帖木儿前往迎接，伺机毒死明宗。图帖睦尔复于八月在上都即帝位。9 岁的妥欢贴睦尔成了孤儿。

至顺元年（1330）四月，明宗的后妃八不沙被谗遇害，10 岁的妥欢贴睦尔也被流放到高丽大青岛，过着"不与人接"的幽禁生活。第二年，文宗图帖睦尔复诏天下，以所谓"明宗在朔漠时，素谓其（妥欢贴睦尔）非己子"为借口，又将妥欢贴睦尔流放到广西静江（今桂林）府大图寺。并派刑部侍郎哈剌八失"馆伴南行"进行监视，还多次下达密旨，责成哈剌八失伺机加害妥欢贴睦尔。

流放广西静江期间，妥欢贴睦尔受到大图寺秋江长老的照顾。秋江长老教他读《书》《论语》《孝经》，每日写字两张。然而，时年十二三岁的妥欢贴睦尔童心未泯，十分贪玩，或者钻地穴和泥，或者领群儿将二三十余竿纸旗插城上，或者好养八角禽而调习之，因此，常常受到秋江长老的责备和禁止。秋江长老还教导他说：你和普通老百姓不一样，"见大官人来，切不可妄发言，亦不可不自重"。由是，每当司官、府官来，他就按秋江长老的教诲，正襟危坐在长老的法座之上，一无所言。等司官、府官一走，他便下座嬉戏如初。正如明初人权衡所说："盖其性度如此，一

---

① 参见《元史》卷 32《文宗纪一》。

时勉强，素非涵养有之。"①

从阿尔泰山西北到高丽大青岛，再到广西静江，十三年间，妥欢贴睦尔在颠沛流离中度过了他灰色的童年。

忽交鸿运　却成傀儡

至顺三年（1332）八月，元文宗死于上都，遗诏传位于明宗子。而权臣燕帖木儿请文宗皇后不答失里立太子燕帖古思。文宗皇后不同意，而命立明宗次子懿帖只班，是为宁宗，在位 53 天而卒。燕帖木儿再次请立燕帖古思，文宗皇后说："吾子尚幼，妥欢贴睦尔在广西，今年十三矣，且明宗长子，礼当立之。"② 遂派中书右丞阔里古思前往广西静江去迎接妥欢贴睦尔。

在元文宗、元宁宗相继死亡，皇位继承问题发生危机的情况下，历尽劫难的妥欢贴睦尔忽然交了鸿运，被迎立为皇帝，从此结束了被流放的生活。

妥欢贴睦尔一行来到良乡，燕帖木儿为了向妥欢贴睦尔讨好，以郊祀卤簿礼，动用庞大的仪仗队，亲自来迎接。燕帖木儿还驱马与妥欢贴睦尔并辔徐行，陈述迎立之意。妥欢贴睦尔年幼，从未见过这种场面，心里十分害怕，始终一言不发。于是，燕帖木儿心里疑惧，不知妥欢贴睦尔心里想的什么。所以，妥欢贴睦尔到京后，由于燕帖木儿从中作梗，迁延数月，迟迟不能即位，朝政皆决于燕帖木儿，奏文宗皇后不答失里而行之。说来也巧，燕帖木儿惧怕杀害明宗的阴谋败露，心情忐忑不安，又纵欲过度，不久身亡。文宗皇后不答失里召集诸王大臣会议，决定立妥欢贴睦尔为帝，同时还议定，仿武宗、仁宗故事，立燕帖古思为皇太子。至顺四年（1333）六月初八日，妥欢贴睦尔在上都举行登基仪式，正式即帝位，改元元统，尊文宗皇后不答失里为太皇太后。③

顺帝即位之初，朝政操在文宗系统的权臣燕帖木儿的党徒和太皇太后不答失里手里。年仅 13 岁的顺帝不过是他们手中的傀儡。太皇太后"每

---

① 《庚申外史》卷下。
② 《元史》卷38《顺帝纪一》。
③ 同上。

言帝不用心治天下，而乃专作戏嬉"，而临朝称制。燕帖木儿死后，其弟撒敦为左丞相，义子唐其势为御史大夫。同年八月，又立燕帖木儿之女伯牙吾氏为皇后，此人自恃权臣家女，习于骄贵，又因顺帝年幼，根本不把顺帝放在眼里，对顺帝宠爱高丽女子奇氏十分不满，百般虐待奇氏，日夜捶楚，动辄罚跪，筹问其罪，甚至加烙其体，无所不用其极。顺帝只得忍气吞声。①

顺帝即位，虽然使元朝自中叶以来频繁的帝位之争告一段落，但统治集团的内部矛盾并未消除。先前拥立文宗有功的两大臣燕帖木儿和伯颜，分别被封为太平王和凌宁王。燕帖木儿虽死，但他的党徒依然显赫，于是他们又与伯颜展开了权力角逐。

顺帝自广西回京途经汴梁，当时任河南行省左平章的伯颜，不详朝臣的意向，为防不测，便率所部蒙古、汉军，扈从顺帝入京。顺帝即位后，以扈从有功，被加封为太师、右丞相，旋又晋封为秦王，地位在唐其势之上。唐其势愤愤不平，说："天下者本我家天下也，伯颜何人而位居我上？"② 于是他们之间的矛盾进一步激化。当时有个名叫阿鲁辉帖木儿的原明宗近臣，向顺帝进言道："天下重事，宜委托宰相去决定，并可督责其成功；若躬自听断，万一失败，则自负恶名。"顺帝听信了他的劝言，从此深居宫中，每事无所用心。伯颜得以专理国家大政，总领蒙古、钦察、斡罗思诸卫亲军都指挥使。唐其势越想越窝火，遂与其叔撒敦弟答里、答剌海，勾结所亲诸王晃火帖木儿，暗中谋废立，结果于后至元元年（1335）六月，被伯颜一网打尽。据说，伯颜率兵追捕唐其势及其同党时，唐其势与答剌海逃匿后宫。唐其势攀折殿槛不肯出，答剌海走匿皇后伯牙吾氏座下，并用衣服盖上，旋被搜出斩首，以致血溅皇后衣。伯颜上奏顺帝说："岂有兄弟谋不轨，而姐妹可匿之乎？"遂执皇后，以付有司。伯牙吾皇后呼顺帝曰："陛下救我？"顺帝答道："汝兄弟谋害我，我如何救得？"接着被迁出宫，酖死于开平民舍。不久，顺帝立翁吉剌氏为正宫皇后，复立奇氏为次宫皇后，两宫并为后，自此始。③

伯颜诛杀唐其势之后，独秉国钧，专权自恣，益无所忌。他提拔亲

---

① 《庚申外史》卷上。

② 同上。

③ 参见《庚申外史》卷上，《元史》卷138《燕帖木儿传》。

信，任用邪佞，以至省台官，多出其门下；又将诸卫精兵收为己用，任意出纳府库钱帛，"势焰薰灼，天下之人惟知有伯颜而已"①。他的各种封号、官衔加在一起，足足有246字之多。为了打击异己，他罗织罪名，置郯王彻彻都、高昌王帖木儿不花于死地。他还排斥儒生，废除科举，规定汉人、南人不得持寸铁，禁止百姓养马，甚至提出要尽杀张、王、刘、李、赵五姓汉人。他的这一主张遭到顺帝的拒绝，便觉得顺帝不听话，于是勾结太皇太后不答失里，图谋废立。当时京师流传的民谣说：伯颜"上把君欺，下把民虐，太皇太后倚恃着"②。这就必然引起已经成年的元顺帝本人的不满，暗下决心伺机除掉伯颜。

正在矛盾双方剑拔弩张之际，由于伯颜收养的侄子，当时任御史大夫的脱脱倒向顺帝，使力量对比发生了有利于顺帝的变化。脱脱自幼从师于儒士吴直方，受汉文化影响较深，他出于自家利益的考虑，见其伯父伯颜骄纵已甚，挟震主之威，深恐一旦败亡，同遭灭族之祸。便把这一想法告诉父亲马札儿台，其父以为然。但脱脱仍犹豫不决。又请教老师吴直方，吴直方答道："《传》有之'大义灭亲'。"于是，脱脱下定决心，暗中向元顺帝"自陈忘家殉国之意"，取得了顺帝的信任，并与顺帝心腹世杰班、阿鲁密谋，准备等伯颜入朝之机，将其擒获。

后至元六年（1340）二月，脱脱等人乘伯颜请太子燕帖古思到柳林（今通县南）田猎之机动手。为了防止走漏风声，顺帝撇开伯颜控制的中书省及翰林院，密诏近臣馆客杨瑀、范汇入宫，口授伯颜罪状，令其草诏。又派太子怯薛月可察儿夜驰柳林太子营，接回燕帖古思太子。接着命中书平章只儿瓦歹奉诏往柳林，贬伯颜为河南行省左丞相。伯颜闻变，遂率所部诸卫军匆忙回京，不料京师城门紧闭。脱脱坐在城门楼上高声宣读顺帝圣旨说："诸道随从伯颜者，并无罪，可即时解散，各还本卫。所罪者，唯伯颜一人而已。"诸卫军听罢，一哄而散。伯颜请求入朝向顺帝辞行，不准，只得俯首就范。同年三月，伯颜被放逐岭南南恩州阳春县（今广东阳江），行至江西龙兴路（今南昌），病死于驿舍。

六月，台臣上书顺帝，奏称："太皇太后（不答失里）非陛下母，乃陛下婶母也。前尝推陛下继母（八不沙）坠烧羊炉中以死，父母之仇，

---

① 《元史》卷138《伯颜传》。
② 《庚申外史》卷上。

不共戴天。"尚书高保哥也奏称:"昔文宗制治天下有曰:我明宗在北之时,谓陛下素非其子。"顺帝大怒,遂颁诏撤掉太庙中文宗庙主,贬太皇太后不答失里于东安州(今河北安次西),并把太子燕帖古思流放到高丽。[1]

元顺帝依靠脱脱翦除了政敌,从此结束了长达七年之久的傀儡生活,开始亲理朝政。

改元"至正"　脱脱"更化"

后至元六年(1340),脱脱逐走伯颜后,其父马札儿台即被任命为中书右丞相。马札儿台"于通州置榻坊、开酒馆、糟坊,日至万石,又使广贩长芦、淮南盐。"脱脱不以为然,让参政佛喜闾向顺帝告了一状,迫使马札儿台辞职,封为太师。同年十月,脱脱继为右丞相。第二年正月,顺帝发布改元诏,将至元七年(1341)改为"至正元年",表示要"与天下更始"。脱脱上台和顺帝改元,即废除伯颜旧政,史称"更化"[2]。

"更化"政策的主要内容有:

1. 崇尚儒学,恢复科举取士制,以加强"文治"。后至元六年(1340)十二月,顺帝下诏复行科举,国子监积分生员,三年一次,依科举例入会试,中者取一十八名。[3]又大兴国子监,使蒙古、回回、汉人三监生员多达三千余人。以此笼络汉族地主阶级知识分子,引导他们走读书入仕的道路,消除由于伯颜排儒所造成的民族间心理隔阂。至正元年(1341),顺帝又下了诏遴选儒臣欧阳玄、李好文、黄溍、许有壬等数人,五日一进讲,读五经四书,写大字,操琴弹古调。顺帝"常御宣文阁用心前言往行,欣欣然有向慕之志焉"[4]。此外,康里人巎巎、回回人沙剌班,以及月鲁帖木儿等,也都曾任经筵官,对顺帝产生了很大影响。尤其是巎巎侍讲经筵时,每日劝顺帝务学。凡《四书》《六经》中所载治道,巎巎都详细阐释,直感动得顺帝拍案叫绝,像柳宗元的《梓人传》、张商英的《七臣论》,也都是巎巎特别喜欢讲说的教材。顺帝闲暇时,喜欢看

---

① 《庚申外史》卷上。
② 《元史》卷40《顺帝纪三》。
③ 同上。
④ 《庚申外史》卷上。

名画，巙巙即拿郭忠恕的《比干图》以进，趁机向顺帝讲商王不听忠臣劝谏而亡国的教训。有一次，顺帝欣赏宋徽宗的画，十分钦佩。巙巙便引导说：宋徽宗多才多艺，就是不会为君治国，以此勉励顺帝要励精图治。在一批儒臣的影响下，顺帝坚定了加强文治的信念。至正二年（1342）二月，又下诏把《贞观政要》译成蒙文，以便随时习读和借鉴。①

2. 下令减轻人民负担，以缓和阶级矛盾与民族矛盾，包括开马禁、减盐额、免旧欠赋税、废除各地采珠户和船户等的劳役，等等。至正二年二月，顺帝出元载门耕籍田，重刊《农桑辑要》一万册，以示重视农桑。至正三年（1343），诏立天下立常平仓，在先前以五事备取守令的成法基础上，增加以常平仓得法，凑成六事。顺帝本人也注意节俭，下令将一餐五羊的御膳改为四羊，禁止用金银刺花装饰御用鞋靴，每逢天寿节，还禁天下屠宰宴贺，以免扰民。②

3. 修宋、辽、金三史和《至正新格》。至正三年，顺帝接受巙巙、脱脱等人的建议，下诏修宋、辽、金三史，命脱脱为都总裁官，以欧阳玄、揭奚斯等于国史院修撰。同年，又修《至正新格》，颁行全国，使当时有了比较完整的成文法。至正五年（1345）十月，三史完成。③ 这二者都标志着顺帝要加强"文治"。

4. 整饬吏治。剪除伯颜后，顺帝对朝臣作了大幅度调整。在任命脱脱为中书右丞相、录军国重事的同时，恢复实施省、院、台参用汉人、南人的制度，先后任命贡师泰、周伯琦、贺惟一（太平）等人为监察御史。并且颁布一系列诏旨，加强对各级官吏的监察和考核。至正三年三月，顺帝下诏："在京内之官有不法者，监察御史劾之；在京外之官有不法者，行台监察御史劾之。每岁以八月终出巡，次年四月中还司。"至正四年（1344）正月下诏："定守令黜陟之法，六事备者升一等。"至正五年，命奉宣抚巡行天下。至正六年（1346），又下诏："犯赃罪之人，常选不用。"④ 至正七年（1347）十二月，选台阁名臣26人出为郡守县令。顺帝每次亲自接见即将上任的郡守县令，对他们说："守令之职如牧羊。羊饥与之草，羊渴与之水。饥渴劳逸，天失其时，则羊蕃息矣。汝为我牧此

① 参见《元史》卷143《巙巙传》。
② 参见《庚申外史》卷上。
③ 参见《庚申外史》卷上，《元史》卷40、卷41《顺帝纪三、四》。
④ 《元史》卷41《顺帝纪四》。

民，无使失所而有饥渴之患，则为良牧守矣。"① 当时，顺帝有励精图治之意，凡选转某人为官，必问此人以前行过事迹，要求选司将候选人的优劣善恶据实向他报告。

顺帝依靠脱脱推行"更化"政策，使朝政一度比较清明，脱脱也被誉为"贤相"。但是，这时的元朝已经病入膏肓，自中叶以来所积累的各种社会矛盾交并上升，纵使元顺帝和脱脱再精明，也无回天之力了。他们的一些图治措施，常常落空。

例如，至正五年（1345）顺帝曾下令分十道奉使宣抚巡行天下，以"黜陟幽明，问民疾苦，访求贤俊"，但由于奉使多半是些"脂韦贪浊"之徒，执法犯法，趁机敲剥勒索，反而加重人民的负担。于是百姓作歌控诉道："奉使来时惊天动地，奉使回时乌天黑地，官吏都欢天喜地，百姓却啼天哭地！""官吏黑漆皮灯笼，奉使来时添一重。"② 据说，十道奉使宣抚，只有四川一道的王士熙、武子春，曾稍振纪纲，其余九道，皆成闹剧。

至正四年（1344），脱脱因病辞去相位。至正九年（1349），复为中书右丞相。这时元廷发生了财政危机。吏部尚书偰哲笃等建议用加造至正交钞的办法，企图摆脱财政危机，得到了顺帝及脱脱的支持。③ 新钞值一贯相当于钱千文，折准至元宝钞一贯，同时铸造至正通宝钱，与历代铜钱并用。新钞大量印造，发到全国，自然迅速贬值，物价上涨十倍。新钞低质低劣，用不多久就糜烂了，连倒换都来不及。百姓视交钞如废纸，因变钞而破产者日多，人们只好以货易货。脱脱下令，凡是不用至正宝钞的人，处以严刑。但也无济于事。南、北方都出现了"米价贵似珠"的局面。国家财源受到了根本的破坏。

然而，祸不单行。至正四年五月，中原大雨二十余日，黄河白茅堤、金口堤相继决口，豫、鲁、苏、皖十几个州县被淹，有的地方水深二丈。诗人高志写道："屋倒人离散，风生水浪滔；周围千里外，多少尽居巢。"第二年，大旱又加瘟疫流行，灾区人民死亡过半。到至正十一年（1351），河患已连续六年，不仅中原大地饿莩遍野，而且元廷财政收入

---

① 《庚申外史》卷上。

② 《农田余话》卷下。

③ 参见《元史》卷138《脱脱传》、卷185《吕思诚传》。

也受到严重影响。黄河北浸到会通河流域，影响漕运；溢漫到河间路和济南路，又危及河间、山东两盐场，使元廷尚能控制的盐利来源受到损害。至正九年（1349）贾鲁提出疏塞并举的治河方略，立即得到元顺帝和脱脱的批准。至正十一年（1351）四月，元顺帝任命贾鲁为工部尚书、总治河防使，征发汴梁、大名等路民工十五万以及庐州（今合肥）等地戍卒二万到河上服役。治河本身是无可非议的，但是州县官吏及监工乘机敲诈勒索、大肆暴虐，甚至侵占民工口粮，以致死亡枕藉，怨声载道，阶级矛盾进一步激化。

当时有一曲传遍南北的《醉太平小令》说："堂堂大元，奸佞专权，开河变钞祸根源，惹红巾万千。官法滥，刑法重，黎民怨。人吃人，钞买钞，何曾见？贼做官，官做贼，混愚贤，哀哉可怜！"[①] 这首小令，是当时社会情势的写照。"开河""变钞"不久，韩山童、杜遵道、刘福通、芝麻李、彭莹玉、徐寿辉、郭子兴、张士诚等，相继在河南、山东、江淮一带扯旗造反，元王朝的土崩之势遂成。本来就不具备政治家素质的元顺帝，在深刻的社会危机面前束手无策，从此一蹶不振，荒于嬉戏了。

沉湎酒色　朝臣倾轧

元朝以藏传佛教（喇嘛教）为国教，自元世祖忽必烈起，历届皇帝无不崇佛。元顺帝由于早年流放广西静江大图（按，一作"园"，此据明人小史八种本）寺，受到秋江长老的关照，所以在他即位后也笃信佛教。后至元二年（1336），他下令以燕帖木儿的第宅赐给灌顶国师曩哥星吉，号大觉海寺，塑千佛于其内。后至元三年（1337），又征西域僧加剌麻至京，号灌顶国师，赐玉印。其后，他曾亲幸大承天护圣寺、大护国仁王寺拜佛、赐地、贷钞，其规模和数量之大，实在惊人。亲理朝政以后，虽一度向往"文治"，但在其图治努力失败以后，特别是经筵侍讲巙巙死后，便乞灵于喇嘛教作精神寄托了。他热衷于喇嘛教那套游皇城的宗教仪式，每年二月二十五日，动用万余人的队伍，吹吹打打，由皇宫出发，游皇城一周，据说是为民祈福。俗话说，上梁不正下梁歪。元顺帝还指令皇子弃儒从佛。史称：太子酷好佛法，尝坐清宁殿，分布长席，列坐西番、高丽

---

① 《南村辍耕录》卷23《醉太平小令》。

诸僧。太子说："李好文先生教我儒书许多年，尚不省其意。令听佛法，一夕即能晓焉。"太子学习大字，专门喜欢临摹宋徽宗的字帖，谓之瘦筋书。李好文告诉他："宋徽宗乃亡国之君，不足为法。"太子却反驳道："我但学其笔法飘逸，又不学他治天下，有什么关系呢？"①

顺帝崇佛，一些大臣趁机以售其奸。至正十三年（1353），宣政院使哈麻与其妹婿秃鲁帖木儿向顺帝推荐西番僧，行房中运气之术，号"演蝶儿法"②。据说此法能使人身之气，或消或胀或伸或缩；又引荐名叫伽璘真的西番僧及其秘密佛法。伽璘真对顺帝说："陛下虽贵为天子，富有四海，亦不过保有现世而已。人生能几何，当受我秘密大喜乐……又名多修法，其乐无穷。"顺帝大喜过望，遂封西番僧为大元国师，以三女为之供养。国师伽璘真又荐以哈麻、老的沙、巴郎太子等十人为"倚纳"，"在帝前，男女裸居，或君臣共被。且为约：相让以室，名曰'郎兀该'，华言'事事无碍'。"十倚纳还用高丽姬妾为耳目，专门刺探公卿贵人家的命妇、市井臣庶之俪配，选择其善悦男事者引入宫内，供其"大喜乐"。"大喜乐"即房中术。在上都，元顺帝还建穆清阁，"连延数百间，千门万户，取妇女以实之"，也是为了"大喜乐"。③

至正十七年（1357）五月，起义的红军军分三路北伐：关先生、破头潘等入晋、冀，由朔方攻上都；白不信、大刀熬等趋关中；毛贵兵合田丰，趋大都。值此严重关头，元顺帝却与十倚纳"行大喜乐，帽戴金佛字，手执数珠，又有美女百人，衣璎珞，品乐器，列队唱歌金字经，舞雁儿舞，其选者，名十六天魔"。

至正十九年（1359），京师大饥，民殍死者20万人，11门外各掘万人坑，掩埋尸体。而元顺帝却下令在清宁殿周围，建"百花宫"，广置美女，以供淫乐。元顺帝酷嗜天魔舞女，贪恋色欲，觉得"皇帝五日一移宫"的旧制束缚了他的手脚，也怕宰相会以此为口实劝阻他，于是下令掘地道，盛饰其中，从地道往就天魔舞女，"以昼作夜"。

元顺帝自己沉湎于酒色，也要太子学会嬉戏，他曾对倚纳说：太子苦不晓秘密佛法，秘密佛法可以益寿。乃令秃鲁帖木儿教太子秘密佛法，没

---

① 《庚申外史》卷下。
② 《元史》卷43《顺帝纪六》。
③ 《庚申外史》卷上；《元史》卷205《哈麻传》。

过多久，太子也惑溺于房中术。①

元顺帝不仅荒于宣淫、怠于政事，而且潜心工巧造作。他在至正十四年（1354），亲自设计、绘制图样，在内苑建造了一条长120尺、宽20尺的龙船，巧其机括，能使龙首、眼、口、爪、尾皆动，而龙爪自动拨水。顺帝每登龙舟，用彩女盛妆两岸挽之，一时看中哪个，便呼而幸之。又令诸嫔妃百余人，皆受"大喜乐"。元顺帝还自制六七尺高的宫漏，"其精巧绝出，人谓前代所鲜有"②。他还喜欢替近侍设计住宅、画屋样，亲自削木制作模型，然后让工匠按比例放大建造。京师人遂称其为"鲁班天子"③。

当时次宫皇后奇氏，看顺帝荒于游宴，又造作不已，劝谏说："皇上年纪已大，太子也已长大成人，应该稍息造作，有诸夫人侍候已经足够了。希望皇上爱惜身体，不要被天魔舞女迷惑。"顺帝拂然大怒说："古今只我一人耶！"④ 由此，两个月不到奇皇后宫。奇皇后唯恐自己的地位受损，也只好多蓄高丽美人，分赠给京师达官贵人，拉拢关系，以保其位。

元顺帝荒于游嬉，脱脱总理军国重事。至正九年（1349）脱脱复为中书右丞相以后，变得专横跋扈，以其弟也先帖木儿为御史大夫，因亲信汝中柏挑拨离间，居然罢黜了曾有德于他的左相贺太平及太平所拔用的中书参政孔思立等人。从此揭开了朝臣倾轧的序幕。

至正十一年（1351），脱脱为了慑伏众臣，遂起大狱，置前高昌王益都忽并韩家奴于死地，未几，刑赏失措，所兴挑河工役，所在肆虐，又并省衙门，沙汰吏胥，无所容迹。是年，红巾军大起义，事闻朝廷，省吏抱牍题曰"谋反事"。脱脱看后，改题曰"河南汉人谋反事"。至正十三年（1353），红巾军大起义的烽火迅速燃遍大江南北，襄阳、湖广、安陆、江陵等地，相继被红巾军攻克。然而脱脱却"讳言中原兵乱"。先前，他的弟弟也先帖木儿曾领兵30万人去镇压刘福通，驻在沙河，军中夜惊，尽弃军资器械、粮草、车辆而溃散了。西台御史范文、刘希曾等弹劾其丧师丧国之罪，脱脱百般庇护，欺蒙顺帝。顺帝反而听信汝中柏的谗言，将

---

① 《庚申外史》卷下。
② 《元史》卷43《顺帝纪六》。
③ 《庚申外史》卷下。
④ 同上。

范文、朵儿直班等逐出朝廷。十倚纳之首哈麻向顺帝揭发脱脱欺君之罪。顺帝召见脱脱，怒斥曰："汝尝言天下太平无事，今红军半宇内，丞相以何策待矣！"脱脱吓得汗流浃背，自请出师徐州，镇压芝麻李。① 顺帝下诏："脱脱以答剌罕、太傅右丞相分省于外，总制诸路军马，凡爵赏诛杀，悉以便宜行事。"② 脱脱攻下徐州后，在军中又加封太师。

至正十四年（1354）脱脱听了近臣汝中柏的谗言，将中书平章政事哈麻降为宣政院使，使哈麻怀恨在心。以哈麻为首的十倚纳纷纷向顺帝说脱脱的坏话。顺帝令脱脱离京总制诸路军马，赴高邮围剿张士诚所部农民军。哈麻又唆使御史袁赛因不花等弹劾脱脱，说脱脱"出师三月，略无寸功，倾国家之财以为己用，半朝廷之官以为自随。其弟御史大夫也先帖木儿，庸材鄙器，玷污清台，纪纲之政不修，贪淫之心益著"③。顺帝信而不疑，遂下诏以脱脱"老师费财"的罪名，削去官爵，放逐淮安。改以太不花、月扩察儿、雪雪代将其兵。至正十五年（1355），又一再谪迁脱脱、也先帖木儿及其二子，籍没家产。最后，哈麻矫诏杀脱脱于云南。④

由于元顺帝荒淫昏聩，导致朝臣倾轧，特别是这次军前易帅，遂使从全国各地征调来的数十万大军，顿时陷于混乱，或溃或降，不堪一击。张士诚得以转败为胜，在战场上，元朝官军与农民起义军的对峙形势，发生了根本性的变化。从此，元朝政府再也无力对农民起义军进行大规模的围剿了。

哈麻潜杀脱脱以后，升为中书左丞，其弟雪雪升任御史大夫，兄弟二人狼狈为奸，控制了朝政。哈麻自以为从前向顺帝进西番僧是件不光彩的事情，担心其妹婿秃鲁帖木儿至今仍"专以媚上（顺帝）淫亵"会坏事。而被天下士夫讥笑，打算把秃鲁帖木儿除掉。并且对其父说：顺帝"日趋昏暗，皇太子年长，聪明过人，不若立以为帝"，而奉顺帝为"太上皇"。不料，哈麻在与其父密谋的时候，却被其妹听见，旋即告诉了其夫秃鲁帖木儿。秃鲁帖木儿担心皇太子为帝则自己必被诛，赶紧向顺帝告密说："哈麻谓陛下年老故耳！"顺帝大惊曰："朕头未白，齿未落，遽谓我

---

① 《庚申外史》卷上。
② 《元史》卷138《脱脱传》。
③ 《元史》卷43《顺帝纪六》。
④ 《元史》卷138《脱脱传》。

为老耶?!"于是,顺帝与秃鲁帖木儿设计除掉哈麻、雪雪。① 第二天,顺帝下诏分别贬哈麻、雪雪于惠州、肇州,临行,俱杖死,又籍没其家财。

元顺帝荒于嬉戏,怠于朝政,朝臣钩心斗角,相互倾轧,造成朝政日趋黑暗和腐败。元朝亡国之势,已无可挽回了。

上下分崩　北遁丧生

元顺帝怠于朝政而醉心于荒淫享乐,造成他与奇皇后、皇太子爱猷识里达腊之间的矛盾日趋尖锐,朝臣也分成两大派,分别依附于顺帝或奇皇后、皇太子,从而爆发了围绕帝位问题的宫廷斗争。

至正十七年(1357)五月,顺帝下诏重新起用贺太平,任为中书左丞相,时值三路北伐的红巾军东路毛贵所部逼近大都,朝廷大骇。廷议时,众口一词,力主迁都以避之。只有太平反对。顺帝接受了太平的建议,起用同知枢密院事刘哈剌不花,率官军从彰德出发,迎击毛贵,旗开得胜,京师转危为安。但在宫廷内部,次宫奇皇后与皇太子密谋,欲逼顺帝内禅,遣宦官资政院使朴不花谕意于太平,太平不答。奇皇后又把太平召进宫中,在酒宴上重申要太平协助逼顺帝内禅的意思,太平仍旧拒绝了。这里,皇太子想除掉顺帝身边的倚纳,令监察御史弹劾秃鲁帖木儿,还没等到奏章上报,而监察御史已迁转为他官。皇太子怀疑是也先忽都泄密给太平,于是决意罢去太平的政柄。以左丞成遵、参政赵中二人是太平的同党为口实,逮捕下狱,打入死牢,逼使太平称病辞去相位。② 至正二十年(1360)二月,贺太平罢相,搠思监升任中书右丞相。搠思监又倒向奇皇后和皇太子,与宦官朴不花等勾结在一起,力图左右朝政。而顺帝则依靠他的倚纳老的沙、秃鲁帖木儿,不肯放弃皇位。搠思监自恃有奇皇后、皇太子之援;老的沙自恃为皇帝母党之戚,于是双方构怨日深。③

至正二十年五月,又发生了阳翟王叛乱。阳翟王阿鲁辉铁木儿在漠北拥兵数万,传檄京师,向顺帝问罪。其称:"祖宗付汝以天下,今何故失天下大半?汝不可居祖宗大位,将国玺送与我,我当代汝为之。"顺帝闻

---

① 《庚申外史》卷下;《元史》卷205《哈麻传》。

② 参见《庚申外史》卷下;《元史》卷140《太平传》,所记与《庚申外史》卷下内容相左,待考。

③ 参见《庚申外史》卷下。

讯，面不改色，慢条斯理地说："他果有天命，我何不避之有！"遂命枢密知院哈麻剌朵儿只、秃坚帖木儿、八里颜迎击。又调哈麻赤万人为军。不料哈麻赤临阵倒戈，与阿鲁辉铁木儿合兵追奔百里，三知院单骑遁入上都。① 顺帝大惊，又派枢密知院事老章率40万大军北征，生擒阳翟王阿鲁辉铁木儿。至正二十一年（1361）九月，顺帝下令杀之，以其弟忽都帖木儿袭封阳翟王，诏加老章为太傅、和宁王。

在宫廷斗争和阳翟王叛乱的同时，各地在镇压红巾军的过程中涌现出一批新军阀。他们各自拥兵自重，但都打着服从朝廷的招牌，并与宫廷斗争相联结。

至正十九年（1359）时，实力最强大的新军阀，主要有孛罗帖木儿、察罕帖木儿、赵良弼、李思齐。随着顺帝与皇太子的权力之争的明朗化，孛罗帖木儿、赵良弼站到顺帝一边，而察罕帖木儿和李思齐则站到皇太子一边。

至正二十三年（1363），奇皇后加紧策划内禅太子。搠思监和朴不花把持军政大权，四方警报，皆对顺帝封锁。御史大夫老的沙支持一些朝官弹劾搠思监，奇皇后、皇太子立即给予报复。搠思监秉承皇太子旨意，诬老的沙、蛮子、按难达识理、沙加识理、也先忽都及脱欢等图谋不轨，执脱欢，煅炼成狱，连逮不已。顺帝知其无辜，特命大赦，而搠思监"增入条画，独不赦前狱"，将他们贬死远荒，只有老的沙逃到大同孛罗帖木儿军中。

至正二十四年（1364）三月，皇太子依靠扩廓帖木儿（察罕帖木儿之子）为外援，而责怪孛罗帖木儿匿老的沙不交出来，搠思监、朴不花遂诬孛罗帖木儿与老的沙等谋不轨，诏削其官，孛罗帖木儿拒不受命。四月，诏扩廓贴木儿讨孛罗帖木儿。孛罗帖木儿知道诏命调遣皆搠思监所为，便一不做，二不休，遂令秃坚帖木儿举兵向阙，兵临城下。顺帝把搠思监、朴不花交了出来，恢复了孛罗帖木儿的官职，皇太子逃出大都。加封孛罗帖木儿为太保，仍驻守大同。五月，诏皇太子回宫。皇太子恚怒不已，遂命扩廓贴木儿分道以讨孛罗帖木儿。于是孛罗帖木儿再攻大都，以清君侧。皇太子再次出逃。顺帝任命孛罗帖木儿为左丞相，旋进升右丞

---

① 《庚申外史》卷下。

相，节制天下军马，以老的沙为平章政事、秃坚帖木儿为御史大夫。①

至正二十五年（1365）三月，皇太子以孛罗帖木儿袭据京师，令扩廓帖木儿与李思齐出兵声讨。孛罗帖木儿柄国，竭力整顿庶政，执杀谗佞人并倚纳九人，逐西番僧，罢诸造作，沙汰宦官，甚至强索顺帝宠妃，荒于酒色。顺帝觉得孛罗帖木儿欺人太甚，遂暗中遣近侍行刺于延春门前，自己却躲进地宫指挥，直到事成才出来，下令尽杀其党。老的沙和秃坚帖木儿都逃之夭夭。九月，扩廓帖木儿扈从皇太子回京。诏以扩廓帖木儿为中书左丞相、知枢密院事。当时，奇皇后曾传旨，令扩廓帖木儿以重兵拥太子入城，欲胁顺帝禅位。扩廓帖木儿知其意，便在离京 30 里远，遣散部众。由是，皇太子心里怨恨扩廓帖木儿。②

扩廓帖木儿在军中恣纵无检束惯了，居京两月，觉得不自在，怏怏不乐。朝廷上的官僚也往往轻视他，说他是"非根脚官人"③。同年闰十月，他受封河南王，代皇太子亲征江淮，总制关陕、晋冀、山东并迤南一应军马，分省自随，官属之盛，等于朝廷。

至正二十六年（1366），与扩廓帖木儿的父亲察罕帖木儿一起发迹的李思齐，首先与扩廓帖木儿反目。当李思齐接到调兵札子时，大怒骂道："乳臭小儿，黄发犹未退，而反调我耶？我与汝父同乡里，汝父进酒，犹三拜然后饮，汝于我前无立地处，而今公然称总兵调我耶?!"④ 张良弼、孔兴、脱列伯等军阀亦皆以功自恃，不服扩廓帖木儿的调遣，遂推李思齐为"盟主"，与扩廓帖木儿对峙。双方在关中僵持一年，前后百战，胜负未分，而元廷的元气大伤。

至正二十七年（1367）八月，扩廓帖木儿由怀庆移屯彰德，而彰德素积粮草十万坐食之。顺帝开始怀疑扩廓帖木儿有异志，对左右说："扩廓之出，为治兵肃清江淮也。其后不肃清江淮，而结衅关中。今也关中之战，未定雌雄，而移兵彰德，其欲窥我京师也。" 又怒责奇皇后和皇太子说："向者扩廓举兵犯阙，今日扩廓总兵，天下不太平，尔母子误我！天下土疆分裂，坐受扼困，皆汝母子所为也。"⑤ 下诏命皇太子总制天下军

①　以上俱见《庚申外史》卷下。

②　参见《元史》卷 46《顺帝纪六》、卷 207《孛罗帖木儿传》。

③　《庚申外史》卷下。

④　同上。

⑤　同上。

马，并令扩廓帖木儿自潼关以东，进兵江淮；李思齐自凤翔以西，与侯伯颜达世进取川蜀；秃鲁及张良弼、孔兴、脱列伯共取襄樊。"诏书到日，悉宜洗心涤虑，共济时艰。"① 然而，诸将阳奉阴违根本不听指挥。扩廓帖木儿更拒不肯受命。他的部将貊高、关保倒戈。至正二十八年（1368）正月，皇太子命关保守晋宁路，总领扩廓帖木儿所属诸军，如果扩廓帖木儿拒命，即可乘机擒击。于是，扩廓帖木儿攻占太原，把朝廷命官统统杀掉。二月，朝廷下诏削夺扩廓帖木儿爵邑，令诸军共诛之。这时明军已进入河南。李思齐、赵良弼等都遣使向扩廓帖木儿表示出师并非本心，然后解兵大掠西还。

七月，扩廓帖木儿大败貊高、关保，抓住便杀了。顺帝闻讯，感到不妙。只得罢抚军院，以"误国"罪，杀了几个替罪羊。接着，扩廓帖木儿上疏自行辩解，顺帝顺水推舟，下诏"涤其前非"。这时明军势如破竹，所向无敌，已经定山东及河洛。闰七月，顺帝不得不下诏恢复扩廓帖木儿为河南王，任中书左丞相，要他南下。但明军已在中原地区节节取胜。扩廓帖木儿退守太原，不肯再为元廷卖命了。

闰七月二十七日，明将徐达率部进抵通州。元顺帝得报胆战心惊，即日诏淮王帖木儿不花监国，庆童为中书左丞相，同守京城。二十八日，顺帝在清宁殿，集三宫后妃、皇太子、皇太妃，同议避兵北行。右丞相失烈门及知枢密院事黑厮、宦者赵伯颜不花等谏，以为不可行。顺帝不听。伯颜不花恸哭谏曰："天下者，世祖之天下，陛下当以死守，奈何弃之！臣等愿率军民及诸怯薛歹出城拒战，愿陛下固守京城。"② 顺帝叹气说："时至今日，岂可再当宋朝的徽钦二帝？！"三十六计，走为上计，夜半即卷其女子玉帛，开建德门，出居庸关，逃往上都。

八月三日，明军至齐化门外，一鼓而克全城，元朝灭亡。

明洪武二年（1369）六月二十八日，明将常遇春、李文忠攻红罗山。七月二十七日破上都。元顺帝趁天未明，挈其后妃出城，北遁应昌（今内蒙古什克腾旗达里诺尔西岸）。洪武三年（1370）四月，元顺帝因患痢疾，死于应昌③，终年 51 岁，在位凡 36 年。

---

① 《元史》卷 47《顺帝纪十》。

② 《元史》卷 47《顺帝纪十》；《明史纪事本末》卷 8《北伐中原》。

③ 《元史》卷 47《顺帝纪十》。

元顺帝作为一个亡国型皇帝，兼具傀偏、荒淫、残暴等特点，但他的一生也不是一无是处，要作具体分析：

13 岁以前，他是元朝中期以来层出不穷的皇位之争的牺牲品，一再遭到流放。

即位之初，即元统、至元间，受制于权臣和太皇太后，不过是一名十足的傀偏。

至正改元以后，一度兴科举，行太庙时享，赐高年之帛，蠲免天下民租，选儒臣欧阳玄等诵讲五经四书，译《贞观政要》，出厚载门耕籍田，立常平仓，因水旱蝗灾下罪己诏，尽蠲被灾者田租等。凡此，都是其图治的种种努力，是唯一可以称道的地方。

然而，好景不长，元顺帝又自溺于倚纳大喜乐，耽嗜酒色，好听谗言，轻杀大臣，致使帝舅之尊，帝弟之亲，男女杂糅，如同禽兽。

至正后期，凡权臣赫赫跋扈有重名者，皆死于其手，前后至少杀一品大臣凡五百余人，又不可不谓其暴虐。

及至晚年，元顺帝宣淫于上，扩廓帖木儿肆愚于下，上淫而下愚，上虐而下暗，不亡国才怪哩！

从 1260 年忽必烈建立元朝，到 1368 年妥欢贴睦尔弃上都北遁而亡国，元朝立国历时 108 年，共传十帝。元顺帝妥欢贴睦尔在位时间，比在位 35 年的元世祖忽必烈多一年，是元朝在位时间最长的两个皇帝之一。但他却根本不能与他的五世祖忽必烈相比，压根儿就不具备作为一名政治家的基本素质和才干，而是按照皇位世袭制的原则，凭借血缘关系，被推上历史舞台的。所以，他既不可能解决元朝中期以来积累的各种社会矛盾，实现大治；又不可能跳出宫廷斗争和内讧的怪圈，消除统治集团内部的争权夺利。最后，他只能被汹涌澎湃的农民起义怒涛吞噬。从根本上说，这是皇帝制度本身所决定的。

原载《历代亡国皇帝》，黄山书社 1993 年 12 月版

元史史料要籍概述[*]

蒙古史、元史的史料，除保留于中文史籍之中外，还有俄文、阿美尼亚文、波斯文、阿拉伯文、拉丁文、朝鲜文和日本文等多种语言文字的记载。

由于元史是蒙古史的一个组成部分，本文除侧重介绍元代本身的史料之外，也兼及一些不得不交代的蒙古帝国的史料。

关于元代史料的总数，目前尚无精确的统计。1926年，上海中华书局出版李思纯的《元史学》，曾列举过数十人的元、蒙史书目，缺漏甚众，且史料与研究性撰述不分，中、西文史料互译者重复，又无适当的评介，作为学习元蒙史入门之向导，似不能胜其责。1930年日本刀江书院印行箭内亘《蒙古史研究》（日文版）一书，附录了《元史研究资料以及参考书目略》，分"日本撰述之部""中国撰述之部""欧美撰述之部"三大类，开列了中文书目483种，包括宋以前及宋金人的著述28种，元人的著述117种，追加35种，较之李氏书目前进了一大步。然而，箭内氏所介绍的书目也有不足之处，第一，有些书，他并未见到过，只是根据邵懿辰的《四库简明目录标注》（20卷）等列举上去的；第二，所列举的书目基本上依据成书年代为序，数量虽多，但并不完备，且失之于杂芜；特别是缺少从史料价值的角度进行筛检与评述，使读者不得要领。笔者仅就学习所得，连缀成篇。谬误之处，请史学界的师友们教正。

中国史料

（一）正史、杂史、政书

两唐书，中华点校本。

---

* 本文曾参考南京大学历史系元史室编《元史参考书目》，特此说明。

新旧两唐书有关列传，为考证蒙古族起源之最早史籍。《旧唐书》卷199下《北狄传》"室韦"条，《新唐书》卷218《沙陀传》、卷219《北狄传》"室韦"条，首载蒙古之名，作"蒙兀室韦"或"室韦蒙瓦部"。

新、旧五代史，版本同上。

《旧五代史》卷25、卷26《（后）唐武皇纪》及《新五代史》卷4、卷5《（后）唐庄宗纪》、卷74《四夷附录》"鞑靼"条，均称蒙古为鞑靼，是考证这一时期蒙古问题的必读材料。

辽、金、宋三史，版本同上。

《辽史》称蒙古为"萌古"，"谟葛失"，曾与辽通贡、交兵。《金史》和《宋史》有关纪、传，记述金蒙、宋蒙关系与蒙古灭金、蒙古灭宋事甚详，均为研究这一时期蒙古历史的主要史料书。

《元史》及续补诸书，版本同上。

此书是一部比较系统地记载元朝兴亡过程的"正史"。洪武元年（1368）八月，元顺帝北遁沙漠，明军入大都（今北京），尽得元朝"金匮之书"，十二月，明太祖朱元璋下令编修《元史》。全书共210卷，全部编纂工作，历时只331天，虽然仓促编就，但却保留了一些原始史料。它的材料，主要取材于元朝太祖至宁宗的十三朝《实录》《经世大典》及元人所撰碑传、笔记之类。后人批评《元史》的很多。有人认为它是二十四史中编得最坏的一部。今天看来，在元十三朝《实录》及《经世大典》等早已失传的情况下，本书史料价值还是比较高的，是学习元史最基本的参考书之一。

但是，《元史》仓卒成书的缺点，也是存在的，正因为如此，所以《元史》成书后，或者不满意其缺漏甚多而作补遗，或者企图推翻《元史》而重修，或者采择外文史料而作证补，自明以迄民国，均不乏其人。如参加《元史》修纂的朱右，就作了《元史补遗》12卷，这书虽早已湮没不存，然顾名思义，可以推知他对《元史》的缺漏已有所察觉，并力图补证之。永乐年间，胡粹中写了一部《元史续编》16卷，也是力图补《元史》之不足的又一明证。到了清初，邵远平作《元史类编》42卷。其书又名《续宏简录》，是续其祖父邵经邦的《宏简录》。邵氏自称除采用《元文类》《经世大典》《元典章》等书外，又广收元人文集中的资料，以补《元史》之不足。但是，今天看来，当时尚有许多材料，为邵氏所不见，遗漏不少。邵氏本意是在为其祖父一书作续编，却无意推翻

《元史》而另起炉灶。后来，钱大昕自称要重修元史，写《元史稿》100卷，没有成书，手稿也散失，现在只有他写的《补元史艺文志》4卷，及《补元史氏族表》3卷二书行世。继钱大昕之后，魏源又作《元史新编》95卷。其书也未完成，光绪末年始有刻本。这部书，不仅体例令人不满意，而且所采择的外国史料，如马礼逊的《外国史略》、玛吉思的《地理备考》，也都没有多大史料价值。至于曾廉，是魏源的同乡，其著《元书》102卷，大抵以魏源的《元史新编》为蓝本，稍增若干史实而已，就史料而言，更加不足称道了。

此后，洪钧接触到西方史料，作《元史译文证补》30卷，现存20卷。其中，《太祖本纪》是据俄人贝勒泽译拉施德哀丁《史集·成吉思汗传》重译而成，但节略太多，未可全信。《部族志》洪氏亦有译文与考证，但因稿本散佚，不知其详。从史料角度来考察，洪氏《元史译文证补》只有《太祖本纪译证》有参考价值，其余诸篇补传，皆取材于多桑《蒙古史》。而多桑《蒙古史》已有中译本，故洪钧的书，除考证外，已失去时代价值。

继洪钧之后，屠寄也企图熔中西史料于一炉，改造元史，著有《蒙兀儿史记》160卷，缺若干卷，分为28册。屠氏多武断，其杜撰的"蒙兀儿"一名，不足取。

其下，又有柯劭忞著《新元史》250卷。北洋军阀时代，徐世昌曾下令将该书并入二十四史，颁定为二十五史。此书无论新旧材料，皆不注明出处，难以定其是非，所以一般人不敢引用。

考诸明以来中国学者对《元史》的续、补、证、重修的努力，只有清人汪辉祖的《元史本证》50卷价值为高，可作阅读《元史》之参考。

《明史》，版本同上。

是书主要取材于《明实录》。其中《太祖本纪》及有关传，记元末事颇详。在看不到《明实录》的地方，《明史》也可作史料征引。

《元朝秘史》12卷，佚名；四部丛刊三编本。

是书写毕于鼠儿年（1240），即当太宗窝阔台十二年。本书正集10卷，续集2卷。第一卷叙述蒙古人的祖先世系事迹，第二卷至续集第一卷记成吉思汗一生事迹，最后一卷记载窝阔台即位后史事。书中多以诗歌、故事形式记载史事，前一部分述蒙古祖先及成吉思汗兴起事迹，主要取材于民间的口头传说。蒙古文本今已不存，现存的是明洪武初年汉字音译本。此书系蒙古族最古老、最丰富，也是最珍贵的历史著作，是研究蒙古族古代史、成吉思汗兴起及蒙古统一、蒙古国家的建立、社会制度等的最重要史料。清末李文田作《元朝秘史注》（浙西村舍本、万有文库本）；姚从吾、札奇斯钦合作《汉字蒙音蒙古秘史新译并注释》（连载于台湾大学《文史哲学报》第9、10、11期）；道润梯步著《新译简注蒙古秘史》（内蒙古人民出版社1979年版）可作阅读时参考。

《圣武亲征录》，佚名；王国维校注本（见《海宁王静安先生遗书》）。

该书译成汉文当在元世祖时，记载元太祖成吉思汗与太宗窝阔台事迹。记事与波斯人拉施德哀丁之《史集》及《元史》一致，但与《元朝秘史》有歧异处，当系根据元朝内廷国史所译，为《元史·太祖、太宗本纪》所本之主要史料。本书清末有袁氏刻本（系根据钱大昕钞本），王国维根据说郛本进行校勘，复据其他史料及研究成果予以注释，最为可读。

《国朝名臣事略》15卷，元·苏天爵编；中华书局影印元统刊本。

作者集录了元初至延祐间军事、政治及其他文化等方面重要人物（从木华黎到刘因，共47人）的碑铭、行状、家传等材料，汰芜取精，编为事略，并于每段之下，注明出处。由于该书集中了元朝初年（主要是世祖时期）主要人物的资料，便于研究元初历史者参考，而且他所辑录的资料，部分今已失传，因此显得更为可贵。

《宋季三朝政要》6卷，佚名；守山阁丛书丛本。

作者当为南宋遗民，自谓材料得自元初安南所献陈仲微著《二王本末》，记载南宋末年理宗迄少帝之史实。末附广王、卫王本末。记事略于宋史本纪，间有遗闻轶事，则为史所未录，尚可补足"正史"。

《汝南遗事》4卷，王鹗撰；指海丛书本。

作者在蒙古最后灭金的蔡州战役时，在蔡州城中，目击其事，按日记其见闻，于金国方面的记载，尤为详备，可补"正史"之不足。

《建炎以来朝野杂记》甲、乙两集共40卷，李心传撰；万有文库本。

作者为南宋史臣。该书乙集卷19"鞑靼款塞"条，系根据宋朝档案、边吏报告及私人所得的材料，记述蒙古兴起及攻金史事。蒙古与南宋第一次通使联系，文中亦有述及。

《明太祖洪武实录》257卷，明·姚广孝等撰；中华影印本。

　　此书始修于明成祖年间，后经多次修改，部分史实被歪曲，但是，由于距离元朝的时间较近，记载元末社会状况及阶级斗争也比较详尽，史料价值颇高。前24卷详细记载了朱元璋的出身及起兵灭元的经过，及韩林儿、徐寿辉、陈友谅、明玉珍、张士诚、方国珍等起义军的始末。《实录》中有关朱元璋的许多政治、经济、军事方面的措施，以及明初社会经济的资料，也是研究元末农民起义社会后果的重要依据。

　　《国初群雄事略》 12卷，明·钱谦益编；适园丛书本。

　　作者根据元末以来所存各种史书、文集、杂记、碑刻等辑成。计有韩林儿、郭子兴、徐寿辉、陈友谅、明玉珍、何真、张士诚、方谷真以及扩廓帖木儿、李思齐、纳哈出、陈友定等12人起兵或割据的事略。凡各书记载歧异处，作者也略加考订。因其综合了许多有用史料，并保存了一些今天已经散佚的史料，所以本书为研究元末明初阶级斗争必读史籍。

　　《庚申外史》，明·权衡著；学津讨原本、丛书集成本。

　　权衡，元末明初人，著书行世，未有闻达。本书载元顺帝一朝史事甚详，可补"正史"之不足。但史事的时间常有谬误。

　　《元典章》 60卷，附**《元典章新集》**，光绪戊申刻本、1957年古籍出版社重印本。

　　《通制条格》 30卷，1930年国立北平图书馆影印本。

　　《元典章》是元朝官纂的一部圣旨条画、律令格例以及司法部门所判案例等的集子。起自元世祖中统元年，迄于仁宗延祐七年（1320），在当时作为各级官吏处理政事的依据。内分诏令1卷，圣政2卷，朝纲1卷，台纲2卷，吏部8卷，户部13卷，礼部6卷，兵部5卷，刑部19卷，工部3卷。英宗至治时，又续辑了《元典章新集》，体例、格式一仍前书，迄于至治三年（1323）。新中国成立前，陈垣先生曾用几种本子校勘沈家本的刻本，作**《沈刻元典章校补》** 10卷，**《元典章补释例》** 6卷，纠正了《元典章》及《元典章新集》中的许多错漏舛误的地方。因此，阅读《元典章》时，必须参考陈著。另外，台湾地区出版了元刊本《元典章》的影印本、日本出了部分点校本，均可参考。

　　《通制条格》的性质和内容，与《元典章》类似，书辑于延祐三年（1316）至至治二年（1322）间，原为30卷，今存22卷，内分户令3卷，学令1卷，选举1卷，军防1卷，仪制1卷，衣服1卷，录令1卷，仓库1卷，厩牧1卷，田令1卷，赋役1卷，关市1卷，捕亡1卷，赏令

1 卷，医药 1 卷，杂令 2 卷，僧道 1 卷，营缮 1 卷。日本出版了汉字本。

以上诸书，是研究元朝历史必读的书，其史料价值与《元史》相匹畴。关于政治、军事、财政、司法、农业、手工业生产、商业经济、宗教文化、阶级关系以及民族关系等的资料，非常丰富。有的可与《元史》相互补充和印证。

《秘书监志》 11 卷，王士点、商企翁编；广仓学窘丛书甲类第一集本。

秘书监是元朝职掌天文、谶纬、版籍、图书等的机构，《秘书监志》则记述了这一机构及其所属各机构的组织、规模、官吏、工匠的题名待遇、天文阳阳人员的考试程式、编修《大元一统志》的概况，等等，内中收辑了不少有关奏议及诏令。

《经世大典·漕运》 2 卷；中华书局影印《永乐大典》卷15949—15950。

《经世大典·站赤》 10 卷；中华书局影印《永乐大典》卷19416—19426。

以上二书，系元朝官修的《经世大典》的佚文，幸赖《永乐大典》保存下来。前者关于元朝海运开辟、江南岁运大都粮的数字，记载甚详；后者记载站赤情况，十分可贵，读此书时，可参考危素的**《海运志》**（学海类编本）。危书系私人著作，价值当不及《经世大典》高，但关于站赤的建置、组织、制度、规模、站户的待遇负担，以及各地站赤的兴废情形的资料，非常完备。

另有《经世大典》若干残篇，由文廷式从《永乐大典》辑出，清末王国维将其编入广仓学窘丛书行世。它们是：**《大元马政记》** 和 **《元代画塑记》**。前者辑录了元太宗至文宗间有关括马、禁马、和买马匹、抽分羊马例等的奏议诏令，可补《元典章》马政的缺略；后者画塑了元代累朝帝后，以及宫廷、太庙、寺院供奉的人像和佛像，反映了当时统治者糜费的惊人和元朝画塑艺术的水平。记中载画塑所用的物料，有的来自外国，有的产自国内少数民族地区。每次画塑人像和佛像时，必有数个官手工业部门配合参加，反映了元朝国内外物质文化的交流和官手工业组织规模的庞大。

《大元毡罽工物记》，广仓学窘丛书甲类第二集本。

这是一部集中记载元朝新兴的毡罽官手工业生产状况的书。书中记述上自太宗，下迄泰定帝时期织造的氈类产品达数十种之多（重复者不计）。

《**大元仓库记**》，版本同上。

《**大元官制杂记**》，版本同上。

此两书所记的元朝仓库及官制虽不完备全面，有的地方也可以补充《元史》《元典章》的不足。

《**宪台通记**》《**宪台通记续集**》，中华书局影印《永乐大典》卷2608—2609。

《宪台通记》为元顺帝至元二年（1336）官修，记载元朝一代御史台的建官定制、司属存革、员额损益、累朝诏诰训辞，起自世祖至元五年（1269），迄于顺帝至元二年。《续集》作于顺帝至正十二年（1352）。此两书，为了解元朝封建统治机构中监察部门情况的必读书籍。书中反映元朝政治黑暗、民生艰难、民族关系、阶级斗争等情况，非常突出。

《**南台备要**》，中华书局影印《永乐大典》卷2610—2611。

本书仅记元朝江南行御史台及其所统江南三省诸道，司属政事。书成于至正三年。

《**历代名臣奏议**》350卷，明·黄准、杨士奇等编；明永乐刊本，太仓张溥删节本320卷。

书分64门，收元朝名臣奏议甚多，惜永乐刊本世所罕有，张溥删节本不全（有些仅存篇目）。尽管如此，它仍然保留许多奏议，可供研究元史者参考。

（二）文集、笔记

元人文集，包括由宋入元、由元入明的文集，总计二百余部，其中史料价值较高者，不足百部。今人陆俊岭先生编的《元人文集编目分类索引》（中华书局1979年版），可作阅读元人文集的工具书使用。这里择其最重要者，简介如下：

《**真文忠公文集**》51卷，宋·真德秀撰；四部丛刊初编本。

《**后村先生大全集**》196卷，宋·刘克庄撰；版本同上。

真、刘二氏，为南宋后期名人，著作甚多。其所上奏议述及南宋末年社会状况及宋、金、蒙关系甚多。宋末许多重要人物的墓志碑碣，亦多出其手，为研究这一时期南宋历史与早期宋蒙关系的重要史料。

《文山集》20 卷，宋·文天祥撰；四部丛刊初编本。

是集所收奏札、碑铭中，关于南宋末年社会状况及宋蒙关系的资料不少；《指南前录》1 卷、《后录》2 卷，则全部记载作者亲身所经历的南宋末年抗元史事，尤为重要。

《谢叠山集》5 卷，宋·谢枋得撰；四部丛刊二编本。

作者曾参加南宋末年抗元，宋亡后隐居拒聘仕元，后被强送大都，绝食而死。集中所作诗文，表达了南宋爱国知识分子坚持民族气节的思想，并记载了一些南宋亡国史事。更可贵的是所作诗中提到了元初人民反元斗争及作者对这种斗争的向往。

《湖山类稿》5 卷，《水云集》1 卷，宋·汪元量撰；武林往哲遗著本。

作者为南宋末年爱国乐师，曾服务于南宋宫廷，后随谢太后被俘北上，留大都数年，始得南归。诗篇记载了临安陷落，宋宗室被俘北上，自己被拘留大都及南归的见闻与感触。

《桐江集》8 卷，方回撰；宛委别藏本。

《桐江续集》36 卷，方回撰；四库珍本初集本。

作者为南宋末年人，后以严州守臣降元，为士大夫所不齿。集中所收奏议、诗文及碑志等作品，关于宋末元初历史的资料相当多。

《元遗山集》40 卷，元好问撰；四部丛刊初编本。

作者为金末北方大文人，金亡不仕。所作记、序、碑铭志碣极多，有相当丰富的金末元初人物、事件的历史资料。其诗集有施国祁笺注，最为详赅。

《元文类》70 卷，《目录》3 卷，元·苏天爵编；版本同上。

苏天爵在元朝曾三任史官，以其私人之力，费 20 年左右的时间辑成此书。书成于元统二年（1334），所编的都是元朝前、中期著名文人的作品，有些在现存的元人文集中尚可见到，有些则又存于此书中了。可作了解元朝前、中期历史的参考。

《郝文忠公陵川集》39 卷，首 1 卷，附录 1 卷，郝经撰；乾隆三年风台王氏刻本。

《许文正公遗书》14 卷，许衡撰；明万历二十四年枣强江学诗等刊本、乾隆五十五年怀庆堂刻本。

以上两书作者，早在大蒙古国时，即被征引服务于忽必烈藩邸，为元代建国重要谋臣，参与元代各种制度的建立，推动蒙古族统治者采用汉制。集中所收奏议及其他碑志等作品，多为有关元代初年历史的重要资料。

《静修先生文集》12 卷，刘因撰；四部丛刊初编本。

《紫山大全集》26 卷，胡祇遹撰；三怡堂丛书本。

《青崖集》5 卷，魏初撰；四库珍本初集本。

《秋涧先生大全集》100 卷，王恽撰；四部丛刊初编本。

《牧庵集》36 卷，姚燧撰；版本同上。

《雪楼集》30 卷，程钜夫撰；清宣统庚戌阳湖陶氏涉园刊本。

《松雪备文集》10 卷，《外集》1 卷，赵孟頫撰；四部丛刊初编本。

《清容居士集》50 卷，袁桷撰；版本同上。

《归田类稿》24 卷，张养浩著；乾隆五十五年周氏刊本。

《吴文正公文集》100 卷，吴澄撰；乾隆二十一年万氏刊本。

以上十种文集的作者皆为元代前、中期的主要文人，元代许多重要人物的碑铭志碣多出其手，是为元史列传的主要资料来源。他们所作的记、诗文，亦颇有史料价值。此外，魏初、胡祇遹、王恽、程钜夫，张养浩诸人集中所收奏议，事状等文，多有涉及元代前、中期的社会状况。张养浩所作《三事忠告》中的某些条目，揭露了元代吏治的腐败。王恽集中所收《中堂事记》乃记述中统初年中书省事迹；《乌台笔补》及其他事状，为其任台官时所作弹劾、保举、陈事等奏状，对元初社会政治黑暗面多所揭露，史料价值甚高。

《中庵先生刘文简公文集》25 卷，刘敏中撰；北京图书馆藏清抄本。

刘敏中为元朝中期人，官职甚高。集中收所撰元朝前期名人墓志碑铭很多，有些涉及当时社会状况及历史事件，为研究元史的重要参考文集之一，不可不读。

《贞一斋杂著》1 卷，诗稿 1 卷（见《贞一斋诗文稿》），朱思本撰；适园丛书本。

《剡源戴先生文集》30 卷，戴表元著；四部丛刊初编本。

《清河集》7 卷附录 1 卷，元明善撰，后人辑之成书；藕香零拾丛书本。

《墙东类稿》30 卷，陆文圭著；常州先哲遗书本。

《榘菴集》15 卷，同恕著；四库珍本。

《菊潭集》4卷，孛术鲁翀著；后人辑之成书；藕香零拾丛书本。

《吴礼部文集》20卷，附录1卷，吴师道著；续金华丛书本。

《渊颖吴先生文集》12卷，附录1卷，吴莱著；四部丛刊初编本。

《道园学古录》50卷，虞集著；版本同上。

《金华黄先生文集》40卷，黄溍著；版本同上。

《柳侍制文集》20卷，附录1卷，柳贯著；版本同上。

《揭文安公全集》14卷，揭傒斯著；版本同上。

《马石田先生文集》15卷，马祖常著；元四大家集本。

《至正集》81卷，许有壬著；清宣统三年聊城邹氏石印乾隆刻本。

《文忠集》6卷，王结著；四库珍本。

《麟原文集》24卷，王礼著；版本同上。

《圭斋文集》15卷，附录1卷，欧阳玄著；四部丛刊初编本。

《九灵山房集》30卷，戴良著；版本同上。

以上十八种文集的作者，都是生当元朝中、后期的官僚和文人，其所作奏议、诗、文、记、序、碑铭、行状、传记中，有很多反映出一定历史时期的社会经济及阶级斗争状况。奏议、碑铭、行状、传记等是这些文集的精华部分，不但所记录的资料是多方面的，并且时间上也不限于作者的活动年代，有的资料反映了元朝前期。这十八种文集中，较重要的是二、三、六、九、十、十二、十四计七种。

《金台集》2卷，迺贤著；汲古阁元人集十种本。

《滋溪文稿》30卷，苏天爵著；适园丛书本。

迺贤是葛逻禄人，在元末农民起义前，写了不少反映现实的诗。《金台集》中的《提乡媪》《颖州老翁歌》，描写了元末统治者水利不修、黄河长年泛滥，河南、山东人民在河患饥疫下难于生存，以至苛捐重役，压榨得连小地主阶层也纷纷破产的惨象。苏天爵死于至正十二年（1352），在元顺帝时，官职很高，多次上书议论时政，也为当时许多政界名人写过碑传行状，所以集中保留了不少元末政治、经济、阶级斗争的材料。

《青阳先生文选》9卷，余阙著；四部丛刊续编本。

《经济文集》6卷，李士瞻著；湖北先正遗书本。

两书作者都是元末统治阶级中反对农民起义的死硬分子。书中有他们在元末农民起义时所作的有关时政论说及镇压农民军的资料，从中也反映了元末红巾军反元战争的一些情况。

《伊滨集》24 集，王沂著；四库全书珍本初集本。

《石初集》10 卷，附录 1 卷，周霆震著；豫章丛书本。

二书作者寿命长，经历了元朝中、后期，于所见多所记述。后者对于元末江西的阶级斗争，反映尤多，很值得重视。

《铁崖先生古乐府》16 卷，杨维桢著；四部丛刊初编本。

《东维子文集》30 卷，附录 1 卷，杨维桢著；版本同上。

《铁崖文集》5 卷，杨维桢著；明弘治间刻本。

《夷白斋稿》35 卷，《外集》1 卷，《补遗》1 卷，陈基著；四部丛刊三编本。

《梧溪集》7 卷，补遗 1 卷，王蓬著；知不足斋丛书本。

以上五书，作者都是元末东南地区的著名文人。作品中保存有关张士诚的及元末东南地区阶级斗争的材料很多，可供了解元东南地区社会情况的参考。

《危太朴诗集》2 卷；《危太朴文集》10 卷，《附录》1 卷；《续集》10 卷，续《附录》2 卷：明·危素著；刘氏嘉业堂刊本。

《始丰稿》14 卷，《补遗》1 卷，《附录》1 卷，明·徐一夔著；武林往哲遗著本。

《王忠文公集》25 卷，明·王袆著；清康熙刻本，金华丛书本。

《太师诚意伯刘文成公文集》20 卷，明·刘基著；四部丛刊初编本。

《宋文宪公全集》53 卷，明·宋濂著；四部备要本。

以上五书的作者，都是元末明初重要政治人物和知名文人。危素在元末曾任翰林院编修、参知政事等职，后降明。宋濂、王袆、刘基为明初名臣；宋、王曾奉朱元璋命修《元史》。他们所著的碑铭、行状、记序之中，反映元末政治、经济、阶级斗争的资料很是丰富。《始丰稿》中《织工对》一文，尤为史学界所重视。

《明文衡》98 卷，明·程敏政选编；四部丛刊初编本。

编者为明成化二年（1466）进士。书中所录明初作品，反映了元末明初的某些历史事件和社会状况，可供研究元末社会及阶级斗争者参考。

《伯牙琴》，邓牧著；中华书局 1959 年版。

邓牧是我国中世纪的一位"异端"思想家，《伯牙琴》反映了他的反理学思想、社会批判论以及现实的人道主义精神。他对暴君与酷吏加以无情的抨击和讽刺，对人民寄予同情。在本书里，他还描述了一个美好的乌托邦社会。

《录鬼簿》，钟嗣成著，《续录鬼簿》，贾仲明著；古典文学出版社1957 年版。

《录鬼簿》成书于 1330 年，记述其前辈与同代杂剧作家的小传和作品目录，保存了有关元曲的宝贵史料。该书在自序里，还揭露了元朝统治者的黑暗，暴露了他的反压迫思想。贾仲明的《续录鬼簿》，是它的续编。1957 年子廉曾作《录鬼簿新校注》，将二书集在一起，可供阅读时参考。

《元曲选》，明·臧晋叔选；中华书局 1958 年刊本。

《元曲选外编》，隋树森编；中华书局 1959 年版。

元杂剧是我国古典文学遗产中的一个很重要部分。《元曲选》收录了元杂剧百种，大多数是元代优秀的作品。新中国成立后，又发现佚本很多，所以隋树森又作《元曲选外编》，汇集元杂戏作品 62 种，作为《元曲选》的补编。

《元诗选》首 1 卷，初集 68 卷，二集 26 卷，三集 16 卷，清·顾嗣立编；康熙刊本。

本书选录元代知名文人的诗词，反映了当时社会生活的各个侧面，可供研究元代历史者参考。尤其可贵的是，本书所收的某些诗作，如姚枢等的作品，已在他书所不见。

《长春真人西游记》2 卷，王国维校注本（见《海宁王静安先生遗书》）。

是书记述全真教长春真人丘处机奉成吉思汗之召，赴西域觐见时一路所见所闻。其经过蒙古时所记蒙古人民生产、生活状况及经行畏兀和居留中亚时的见闻录，为研究当时蒙古、畏兀人民生活、社会情况及成吉思汗西征等方面重要资料。

《北使记》1 卷，金·乌古孙仲端述，刘祁记；刘祁《归潜志》卷 13 所收，万有文库本。

作者于 1220—1221 年奉金朝之命出使蒙古，见成吉思汗于西域，书中多记蒙古、西域等地的情况，可供了解蒙古早期历史的参考。

《西使记》1 卷，常德述，刘郁记；王恽《秋涧先生大全集》，四部丛刊初编、玉堂嘉话本收。

1259 年，常德奉命出使波斯旭烈兀军中，本书记述了他往返途中的见闻，值得一读。

《西游录》，耶律楚材撰；庶斋老学丛谈本。

作者于 1219—1225 年随成吉思汗西征中亚，记其所经中亚的地理、风俗颇详。

《蒙鞑备录》 1 卷，赵珙撰；王国维校注本，见《海宁王静安先生遗书》。

《黑鞑事略》 1 卷，彭大雅、徐霆撰；王国维校注本，版本同上。

以上二书作者，均系南宋派赴蒙古使团的成员，根据他们出使时在北方以及蒙古各地的见闻，记载了蒙古人民生活、生产状况，成吉思汗兴起、立国经过，蒙古国家制度。是研究蒙古早期历史的重要资料。

《边堠纪行》，张德辉撰；王恽《秋涧先生大全集》，四部丛刊初编、玉堂嘉话所本收。

作者于 1246 年为忽必烈征召赴漠北，备访治道，将一路经行所见写成是篇，其中保存了当时蒙古地理、人民生产生活等方面的一些重要资料。

《昭忠录》 1 卷，佚名；墨海金壶本。

作者当系南宋遗民。该书简略记载南宋抗蒙斗争中 130 人的殉难经过。起 1232 年拖雷攻汉中马岭堡之役，迄南宋崖山覆亡，有的事迹为《宋史》忠义传所未载。

《宋遗民录》 15 卷，程敏政撰；知不足斋丛书本。

本书记载南宋末年爱国知识分子坚持民族气节，消极反抗元朝统治、隐遁不仕的事迹。

《癸辛杂识》，四集 6 卷，周密撰；津逮秘书本。

作者系南宋遗民，所记主要为宋朝的逸闻琐事，然其中一部分宋末元初人物的事迹与南宋抗战及元初历史有关。

《真腊风土记》，元·周达观著；百川学海本，说郛本。

作者周达观于成宗元贞二年（1296）随元朝使团出使真腊，第二年回国，撰成是书，书中记柬埔寨的风俗、习惯、物产及中柬关系等，大多为亲自闻见，可以征信。是研究元朝中柬交通和柬埔寨古代史的一部重要著作。

《岛夷志略》，元·汪大渊著；知服斋丛书本。

本书作者于至正中两次随商船远航南海诸国，是书即记载他在各地所见山川、风土、物产、贸易、人民生活习尚等事，而所记海外小国岛屿，远比南宋《诸蕃志》为多，是研究元代中外交通的重要资料。

《山居新语》1 卷，杨瑀著；知不足斋本。

《研北杂志》2 卷，陆友著；宝颜堂秘笈本。

《农田余话》2 卷，长谷真逸著；版本同上。

《至正直记》4 卷，孔齐著；粤雅堂丛书本。

这四种笔记，内容多记片断琐事和掌故者流，但也记载了一些有关元朝政治腐败、土地集中、手工业生产、元末张士诚割据等的资料。

《乐郊私语》，姚桐寿著；学海类编本。

姚桐寿，元末桐江人，系地主知识分子，至正十三年（1353），逃避农民军的打击，迁居海盐。本书记述其逃亡期间耳闻目睹之事，按条列载，成书于至正二十六年（1366）。对张士诚在嘉兴一带的活动、杨完者反动武装残害江浙人民的情状记述不少。为研究元末东南地区阶级斗争的必要参考资料。

《南村辍耕录》30 卷，陶宗仪著；中华书局 1959 年版。

作者系元末明初人，是书约成于至正末年。书中记载了元朝的社会掌故、典章文物、小说、戏剧等很多方面的问题，为研究元史的一部重要笔记。

《北巡私记》，刘佶著；云窗丛刻本。

刘佶为元末中小官僚，元亡后曾随元顺帝逃上都。书中按年月日的次序，详细记述元统治集团狼狈逃跑的情形。

《草木子》4 卷，叶子奇著；中华书局 1959 年版。

叶子奇是元末文人，在明初并不得意。本书所记范围很广，其中关于元朝的掌故和元末农民起义的史迹，有很多是他书所不及的。

（三）方志与金石录

《元一统志》（即《大元一统志》）10 卷，元·孛兰肹等撰，赵万里校辑；中华书局 1966 年刊本。

本书为元代官修全国地理书，始于元世祖至元二十二年（1285），至元三十一年（1294）成书。稍后得《云南图志》《甘肃图志》《辽阳图志》；固倡议重修，由孛兰肹、岳铉等主其事，元成宗大德七年重修成书。凡 1300 卷，定名《大元一统志》，元顺帝至正六年（1346）由杭州刻版；今所见残元本，即是杭州本。

本书继唐《元和郡县图志》、宋《太平寰宇记》和《舆地纪胜》等书成例，归纳为建置沿革、坊郭、乡镇、里村、山川、土产、风俗形势、古迹、官迹、人物、仙释等部门。书中有关江南各行省的资料，多取材于《舆地纪胜》和宋、元旧志；北方各省，则多取材于《元和郡县图志》《太平寰宇记》和金、元旧志。由于宋、元旧志十亡八九，金志全佚，而《元和郡县图志》《太平寰宇记》《舆地纪胜》等书也有缺页、缺卷，正赖此书得以补正，史料价值很高。赵万里辑元刊本残卷，及诸书所引《元一统志》的引文汇辑为一书，是目前最佳版本。

《大德昌国州图志》7卷，冯复京、郭荐撰；宋元四明六志本。

《延祐四明志》20卷，袁桷等撰；版本同上。

《至正四明续志》12卷，王元恭等撰；版本同上。

《至顺镇江志》21卷，脱因、俞希鲁著；道光二十二年丹徒包氏刻本。

《至正金陵新志》15卷，张铉著；民国钞本。

《至正昆山郡志》6卷，杨谦著；太仓旧志五种本。

以上六种元人编修的地方志，对于了解元朝社会经济状况有一定的参考价值。各志中所记的城市、户口、田土、赋役、物产、上贡、水利，以及寺院、学校、书院的地产和学田等，都是研究元朝土地占有状况、阶级关系、农业生产、手工业生产和商业经济等的很好材料。其关于"缉窃"或"武事"之类的记载，则突出地反映了元朝阶级斗争的情形。

此外，明清时期修的各地方志，如《正德彭城志》《嘉靖邵武府志》等，也是值得注意的。有时能捡到一些原书已散佚或流传不广的转手材料、地方性材料、史料价值很高的碑文和人物传记等材料。

《山左金石志》24卷，清·毕沅、阮元同辑；嘉庆二年刊本。

《山右石刻丛编》40卷，清·胡聘之编；光绪己亥胡氏刊本。

《江苏金石志》24卷，附《待访目》2卷，清·缪荃孙编；民国十六年石印本。

《两浙金石志》18卷，附补遗1卷，清·阮元编；光绪十六年浙江书局刻本。

《台州金石录》13卷，清·黄瑞编；嘉业堂丛书本。

《越中金石记》10卷，清·杜春生编；杭州西湖西泠印社刻本。

《吴兴金石记》16 卷，清·陆心源编；光绪十六年归安陆氏刻本。

《常山贞石志》24 卷，清·沈涛辑；道光二十二年刊本。

这八种地方性的金石录中，都集有元时许多寺院、书院、学校赡田和置田的碑文。这些碑文记载了当地地价、地租以及土地集中的情况，是了解元朝社会经济的好材料。均役和去思、民爱之类的碑文，则反映了元时人民所受的经济和政治压迫的苦状。

此外，其他各地的金石录中的元时碑文，都值得注意。如《陇右金石录》10 卷，校补 1 卷（1932 年甘肃刻本），便涉及了当地少数民族的资料。

《元代白话碑集录》，蔡美彪编注；科学出版社 1955 年版。

此书所录的碑文，是元朝蒙古统治者给许多寺院、道观的免除赋役等保护僧道利益的圣旨、懿旨、令旨等的碑文，为研究元朝宗教势力提供了不少资料。

（四）其他

《农桑辑要》7 卷，元司农司编；武英殿聚珍本，丛书集成本。

书成于至元十年（1273），时南宋尚未灭亡。书中吸收前代诸家农书的记录，分典训、耕垦、播种、栽桑、养蚕、瓜李、果实、药草、孳畜等按物叙述各种农作物和蚕畜等的栽种养殖方法，又有新添苎麻、木棉、甘蔗等十九种栽种方法，为研究金末、元初北方农业生产、手工业生产的重要书籍。

《种艺必用补遗》，张福撰；中华书局影印《永乐大典》卷 13194。

本书大约成书于元初。书中记载栽竹方法甚详，其次谈接木。"种植杂历"部分颇涉迷信，很少可取，但也反映了元初农学水平的一个方面。

《农书》22 卷，王祯著，武英殿聚珍版本、万有文库本。

王祯，山东东平人，于元贞二年（1296）至大德六年（1302）为江西旌德和永丰县令时，写成此书，劝民耕垦。王祯在写《农书》之前到过江浙一带，因而《农书》除了采录包括《农桑辑要》在内的前代诸家农书的精华外，又综录了他亲自闻见的南北各地的农业和副业生产的技术、工具，并绘有农器图谱 259 项，其中有 4/5 属于耕种、蚕桑、纺织方面的。《农书》所记百多种工具中，有宋元之际屡经改造的，也有元朝新制的。有关农产品的加工工具，多利用简单的机械原理。这些，一方面反映了当时农业、手工业生产较前有了发展，另一方面也反映了元朝高度的农学水平。

《农桑衣食撮要》 2 卷，鲁明善著；墨海金壶丛书本、丛书集成本。

作者鲁明善，是畏兀儿人。书成于延祐元年（1314），分十二月令，以时令为纲，将耕作、养畜、收割、敛藏等农业生产技术，按物叙述于月令之下，简明易晓，与《农桑辑要》《农书》二书同为研究元朝农业、手工业生产的重要著作。

《河防通议》 2 卷，赡思著；守山阁丛书本、丛书集成本。

《治河图略》 1 卷，王喜著；墨海金壶丛书本、丛书集成本。

以上二书，是元代治理黄河的重要著作。《河防通议》是赡思集宋、金《河防通议》汇合重编而成的，凡物料、功程、运输、安椿、下络、叠埽、修堤等法，条列缕述，很是周详。《治河图略》，则列图附说，讲求治河方略，为王喜进呈元廷的建议书。它们可以代表元朝水利学的水平。

《饮膳正要》 3 卷，忽思慧著；四部丛刊续编本。

作者是天历三年（1330）饮膳太医，是书集合文宗以前累朝皇帝进用的奇珍异馔、汤饼膏滋、日用榖肉、果菜等的煎造烹调方法，所用食品，都是根据各家本草名医的医学理论选择性味补益者，是供统治者进膳养生参考。书中绘有食用果、菜、动物的图画。实是一部讲求养生之道而及医家本草之类的书。而书中食品又多外来的及产自少数民族地区的，反映了元朝统治者生活的奢侈、国内外物质文化的交流和生活习尚的相互影响。

外国史料

《世界征服者传》，志费尼（Jnvaini）著；1958 年 John Andrew Boyle 英译本，书名 *The History of the World-Conqueror*。

作者为呼罗珊术外因人，其父投降蒙古，任蒙古波斯地区征税官。蒙哥即位时，作者曾随其父至蒙古朝觐。书分 I、II 两册，主要记述蒙古国家制度，成吉思汗征中亚、波斯、畏兀儿、西辽、花剌子模等国的始末，以及太宗窝阔台、定宗贵由的事迹，蒙哥即位及旭烈兀西征，灭木剌夷国之事。书止于 1257 年，其所载蒙古前四汗事迹，可与中国史书相印证，而记述波斯事甚详，为研究蒙古西征的重要史料。何高济先生据英文本转译成中文译本，将由内蒙古人民出版社出版。

《**史集**》，拉施德哀丁（Rashid-ea Din）著。

作者系波斯人，任伊利汗国宰相，奉合赞汗之命修史，书成于1308年完者都汗时代，共三集。其第一集为蒙古人的历史；第二集为世界史；第三集为世界各地区地志。但现存的《史集》各种波斯文抄本只有前两集。第一集分三卷，第一卷分二编（第一编部族志，又分四章，第一章志畏兀儿等六部，第二章志札剌亦儿等十九部，第三章志克烈等九部，第四章志蒙古各部，蒙古又分多尔勒斤氏与尼伦氏两部分；第二编记成吉思汗的历史）。第二卷记载窝阔台到元成宗铁木尔。第三卷记伊利汗国史，从旭烈兀到合赞，尤详于合赞汗一朝史事。作者所据系伊利汗国内廷档案（国史），又访问了当时任职于伊利汗国的蒙古等多族人士，还参考了当时的有关著作（如志费尼的《世界征服者传》）写成，资料丰富，且较可信，可与汉文史籍相参证。对研究蒙古史、元史，与汉文史籍有同等重要价值。原文为波斯文，19世纪末第一卷有贝勒津俄文译本，后苏联科学院又出版了新译本。第一卷出版于1952年，第二卷出版于1960年，第三卷出版于1964年。清末洪钧任驻俄公使时，适俄人贝勒津译出《史集·成吉思汗传》，遂将其转译成汉文，并据汉文史籍加以注释，作《元史译文证补》，是为《史集》最早的片断中译本。然贝勒津俄译不佳，洪氏转译又加删削润饰，不符原作之处甚多。1947年《清华学报》第十四卷一期，又刊登了邵循正的《剌失德丁〈集史·忽必烈汗纪〉译释（上）》，可供研究元初历史时参考。阿美尼亚人多桑于19世纪上半叶，著《蒙古史》一书，大量引用拉施德哀丁《史集》及志费尼《世界征服者传》的材料，此书有冯承钧中译本，可供阅读俄译本《史集》时参考。今人余大钧先生据俄译本转译的中文译本，不久即将问世。另外，波义耳（Boyle）的英译本，书名为《成吉思汗及其继承者》，早已问世，可供使用。

《**瓦撒夫书**》，1853年孟买波斯文石印本，共五册，J. Hammer Purgstall校订了第一卷，并译为德文，1856年于维也纳出版。

瓦撒夫（Wassaf），波斯历史学家，波斯石罗子（Shiraz）人。本书系志费尼《世界征服者传》（止于1257年）的续编，起1257年，迄1328年，共分五卷。主要记载波斯伊利汗国历史，兼及元朝和察合台汗国史事。

《**蒙古人的历史**》，卜拉诺·卡比尼（Plano Carpiui）著；1955年Dawson英译本，1956年Щастина俄译注释本。

作者于1245年奉教皇英诺森（Innocent）四世命出使蒙古，到和林，

1247 年西返。据其见闻作本书。记载蒙古的地理、气候、蒙古人的生活习俗、蒙古国家的建立及其制度和蒙古统治者的对外战争等，最后叙述其奉使经过及所经各地的见闻，为研究蒙古国家早期历史的重要资料。

《东方旅行纪》，卢布鲁克（Wiliam of Rubruck）撰；1900 年伦敦出版 Rockhill 英文译注本（1941 年北京影印本）、1955 年 Dawson 英译本、1956 年 Щастина 俄译注释本。

作者于 1253 年奉法王路易之命出使蒙古诸王，1255 年西返。所著《东方旅行记》除叙述其行程所历外，主要记载其觐见拔都子撒里答的经过、金帐汗国状况及到蒙古觐见蒙哥汗的经过、蒙哥时代蒙古国家状况、蒙古人民生活习俗以及和林城的面貌。是研究这一时期蒙古历史极为重要的史料。

《马可波罗行记》，马可波罗（Marco Polo）著；1936 年商务印书馆出版冯承钧译本。

作者系威尼斯人，于 1271 年随父亲及叔父奉教皇葛利葛里十世命出使元朝，遂留居中国，熟悉东方语言，为忽必烈所任用，自谓任职元朝达 17 年，曾受命出使各地，足迹西南达云南、缅国，东南到中国沿海诸城，并曾任管理扬州之职三年。于 1292 年乘船由泉州起程经伊利汗国回国。其行记分四卷二百二十九章。第一卷记其奉使往返始末，以及所历波斯、中亚各地情况、成吉思汗的兴起和建国历史；第二卷记忽必烈的事迹及中国各地情况；第三卷记载南海各国；第四卷记载伊利汗国与金帐汗国及两国战争。马可波罗元初东来中国，事属确实。他所记载的除部分有夸张之处外，大部可信，可与中文史籍相参证。行记中关于中国情况的记载，是研究元代历史极为重要的西方材料。

《高丽史》139 卷，朝鲜郑麟趾等著；1957—1958 年朝鲜版。

本书为郑麟趾奉朝鲜国王之命编修，成书于明景泰二年（1451）。全书用汉文写成，体例全访中国"正史"。包括世家 45 卷、志 39 卷、表 2 卷、传 50 卷、目录 2 卷，记载王氏统治高丽的历史。凡三十二主，475 年（918—1392）。其自熙宁至恭愍王十一主（1205—1374）的纪、传，对蒙古、元朝与高丽的关系记载甚详。

原载《历史教学》1981 年第 4 期

附录一 金莲川访古

金莲川，本来叫作曷里浒东川，以盛产金莲花而驰名中外。金世宗完颜雍以"莲者连也，取其金枝玉叶相连之义"，下令更改是名。七八百年前，它是蒙古草原上的伊甸。

金朝皇帝曾选择此地营建景明宫，每年来此驻夏。时人赵秉文《金莲川》诗云："一色天连王气中，离宫风月满云龙；向来菡萏香销尽，何许蔷薇露染浓。秋水明边罗袜步，夕阳低处紫金容；长杨猎罢回天仗，万烛煌煌下翠峰。"

元朝开国皇帝忽必烈建国前，曾开邸金莲川，延请藩府旧臣及四方文学之士，访问治道，并营造了开平府。不久，便在这里即大汗位，完成大蒙古国向元朝的嬗递。旋又确定为有元一代的上都，取代了哈喇和林。元朝诗人留下了无数美妙的诗篇，描述金莲川的婀娜多姿和上都城的巍峨壮观。

三伏时节，我和元蒙史专家陈高华、杨讷、史卫民同志，应锡林郭勒盟文化处和正蓝旗政府的邀请，与国家文物局黄景略处长结伴赴金莲川元上都遗址作学术考察，并观赏金莲花。离开下榻的正蓝旗政府招待所，汽车沿通往多伦的公路东行 20 公里，然后下公路折向东北开去，不大一会儿工夫，便来到古滦河（今称闪电河）上游。随着岁月的流逝，河床的淤积，滦河上游已不再是六七百年前"风吹滦水涌如淮"了。如今的滦河上游，变成涓涓细流，河床与草地几乎在一个水平线上。只是在元上都遗址正南段，曲折回环，形成几个不大的水泊，干流则在草丛中默默地自西向东流去。站在滦河桥头，向东西方向望去，真可谓平临难尽，遍地金色烂漫；幽雅处，余香满川——这就是富有诗情画意的金莲川了。

金莲川，清人呼为金莲花滩。锡盟文化处杜戈处长告诉我：蒙古语称"夏尔塔拉"，意为黄花川。川内没有树木，遍地地椒、野茴香、野葱韭，还有许许多多不知名的奇花异草，五彩缤纷，芳气袭人。就中，挺拔于草丛之巅，似荷而黄者，就是金莲花。我们步入花丛，金色的花朵随风摇曳，显示了它的端庄与华贵。这种金莲，高约50厘米，茎若菊，绿叶瘦尖而长，分五尖或七尖。花瓣似莲，比五分硬币稍大，七瓣两层，花心亦黄色，碎蕊平正而小，长狭黄瓣，环绕其心。一茎数朵，味极凉，佐茗饮之，可疗火疾。是时，正值蓓蕾初绽，一望无际，遍地金色灿然，仿佛置身于一个黄金铺盖的世界。于是我们动手移植了三株。如今这三株金莲，花开四朵，竞放在我的书斋阳台上，借杨讷教授的吉言："愿上都的金莲，在大都（今北京）落户。"

涉过滦河，北行半公里，便登上了元上都外城城门遗址。被称为"龙冈蟠其阴，滦水经其阳，四山拱卫，佳气葱郁"的上都，元人又呼作上京、滦京、凉京等。它是1256年忽必烈的幕僚刘秉忠按照从漠北到河南，"道里居中"的原则建造的，以便于"会朝展期，奉贡述职"。它是当时全国政治、经济、文化、军事以及外事活动的中心之一。元朝皇帝除在这里处理政务、避暑、狩猎外，蒙古诸王的朝会（忽里台）、诈马宴（只孙宴）、马妳宴和传统的祭祀活动，都在这里举行。其"形势尤重于大都"。

上都城是中原农耕文化与草原游牧文化奇妙结合的产物。被称作"上京大内"的大安阁，是1270年把故宋汴京的熙春阁迁建于此。它高耸云霄，气势宏伟。而水晶殿，与大都的同名建筑相类，通用玻璃为饰，日光回彩，宛若水宫之中。其集汉式宫殿建筑艺术之精华，自不待言。外城，分布着佛寺、道观、回回寺、文庙、三皇庙以及街坊和民家。"上都五月雪飞花，顷刻银妆十万家"，虽说是诗人的夸张，但当年的上都是一座居民繁多的草原城市，则是无疑的。西方人马可·波罗、马黎诺里等，都到过上都，并绘声绘色地描述过上都的面貌。波斯史学家拉施德的巨著《史集》，也曾有所著录。上都当时还是东西方文化交流的中心，迄今上都外城东墙的断壁上，还丛生着欧洲枸杞，就是历史的见证。

如今，上都城遗址保存基本完好，城墙犹在。登高鸟瞰，外城、皇城和宫城建筑的遗础与街衢布局，依稀可辨。除了随处可以捡到的元代白瓷、青瓷、青花瓷器皿碎片及砖瓦以外，荒台断础，零落于荒烟野草之间。我们登上宫城十来米高的殿基，置身于殿阁之中，虽不见当年富丽堂皇的宫顶，然而，忽必烈延请四方文学之士讲论治道的情景，诈马宴的杯光觚影，以及仪凤伶官、教坊舞女载歌载舞，舞出"天下太平"字样的盛大场面，仿佛就在眼前。

一百多年以来，元上都遗址已成为国际学术界瞩目的对象。从 1876 年英国公使馆员布什率先来此踏察起，其后俄国、法国、英国、日本、美国的学者接踵而至。他们分别将自己的实地考察所得，写成报告或专著。就中，美国地理学家劳伦斯·因佩的《忽必烈汗的夏都》、日本东亚学会编辑出版的大型考古报告集《上都》，在国际学术界都产生了很大的影响。毫不夸张地说：元上都，早已成为一门国际性的学问。

遗憾的是，我们国内迄今非但没有出版过研究元上都的学术专著，而且，连介绍性的小册子也没有。更令人不安的是，对元上都遗址迄未采取应有的保护措施。现在，上都遗址皇城东墙外侧，住有三户"盲流"；外城北部城墙内，还有某国营牧场的一个分场场部建在那里；纵横交错的大车道，穿越遗址而过。这无疑都是于遗址保护工作不利的潜在因素。作为一名史学工作者，我急切地期望能迅速改变这种情况，并希望在不久的将来，"全国重点文物保护单位"的牌子能悬挂在元上都城门的遗址上。

原载《中国文化报》1987 年 5 月 6 日

题记：本文是在 1986 年 7 月 20 日至 22 日，对元上都遗址进行实地考察之后撰写的《元上都考察散记》的缩写稿，刊发在 1987 年 5 月 6 日的《中国文化报》上。文末的期待，如今均已变成现实。1988 年 5 月，吉林教育出版社出版了陈高华、史卫民合著的《元上都》一书，对上都的肇建、布局及政治、经济、文化、生活等作了详尽的考述，填补了元代学术研究的一大空白，元上都遗址也被国务院列入"全国重点文物保护单位"。特补记如上。

附录二　答客问：元朝皇帝姓什么

中国语文杂志社：

　　元朝皇帝姓什么？笔者查了七种书，竟发现三种不同的答案。一种说法是，元朝皇帝姓"孛尔只斤"。新《辞海》附录《中国历史年表·（十一）宋辽金年表》、《现代汉语词典》附录《我国历代纪元表·元》都这么说。另一种说法是，元朝皇帝姓"齐渥温"。新版本《辞源》"元太祖"条和旧版本《辞源》《辞海》以及宋濂《元史·本纪第一·太祖》，都持这种观点。还有一种说法是，元朝皇帝姓"乞颜特·博尔齐锦"。这是《初中语文第六册教学参考书》第12页上说的。此书中的元太祖居然还比其他几种书中的元太祖大七岁呐！

　　这究竟是怎么回事儿？元朝距今不过六七百年时间，对于像元朝皇帝究竟姓什么这样的问题，学术界竟还有如此巨大的分歧意见。

　　笔者孤陋寡闻，被七种书弄得迷迷糊糊的，无力判断其中孰是孰非。故特此提出"元朝皇帝姓什么"这个问题，恳请读者和专家指教。

王成纲

王成纲同志：

中国语文杂志社转来你提出"元朝皇帝姓什么"问题的信，现不揣谫陋，奉答如下。

来信说你所见到的七种书，对元朝皇帝的姓说法不一，这是事实。造成这种情况的原因，不外乎：（1）汉文文献记载过于简陋；（2）突厥语、蒙古语的语音转译成汉文时的异写或误差；（3）将部落名称与姓氏牵混在一起。

由于元朝是由蒙古贵族建立的一个封建王朝，因此，要弄清楚元朝皇帝姓什么，就必须追溯到成吉思汗以前蒙古的来历。

目前最常见的有关元朝皇帝姓氏的史籍是《元史》。该书卷一《太祖纪》开宗明义，谓元太祖铁木真（即成吉思汗）"姓奇渥温氏，蒙古部人"。这也就是你所指出的新版《辞源》、旧版《辞源》和《辞海》等书说元太祖"姓齐渥温"（按："齐"系"奇"之误，是你写错了）的根据。其实，《元史》这条记载，非但没有交代清楚蒙古的来历，而且本身还有错误。

"奇渥温"，又译作"乞颜"，复数是"乞牙惕"。据蒙古族最古老、最珍贵的历史著作《元朝秘史》第六十三节记载：铁木真九岁时，他的父亲也速该带着他去向翁吉剌氏人德薛禅求亲。德薛禅说：

> 我昨夜梦见一个白海青，两手拿着日月，飞来我手上立。我对人说，日月但曾眼见，如今这白海青拿日月来到我手上，必然好。也速该亲家，原来你今日将这儿子来应了我的梦。必是你乞颜人的吉兆。

德薛禅所说的"乞颜人"，蒙古原文作"乞牙惕，亦儿坚"，意思是乞牙惕部众。换言之，也速该与铁木真的部众，都是"乞颜"，即"奇渥温"。因此，奇渥温是部落名称，而不是姓氏。正是《元史·太祖纪》误将部落名称当成姓氏，才造成新、旧版《辞源》和旧版《辞海》以讹传讹。

那么，元太祖到底姓什么呢？《元朝秘史》第四十二节说："孛端察儿做了孛儿只斤姓氏。"按照《元朝秘史》所记元太祖的世系，孛端察儿是元太祖的十世祖。如是，元太祖应当姓"孛儿只斤"。孛儿只斤，原来是突厥语，训为灰色目睛，所以元太祖父亲是灰色目睛的人，表明乞颜部落与突厥有血缘关系。

清代在纂修《四库全书》的过程中，大量删改古书，金元史乘，也在劫难逃。元代蒙古族的部落名称、姓氏、人名乃至地名，均被以谐音字改写，弄得面目全非。据清人罗密编纂、博清额修订的《蒙古家谱》（乾隆四十六年写本），对元太祖的姓氏，就有三种写法：（1）"博尔济吉忒氏"；（2）"博尔济吉特氏"（见罗密序文）；（3）"博尔济锦氏"（见博清额序文）。其中第二种写法相沿至今。今天生活在内蒙古阿拉善左旗的成吉思汗第二十九代孙达遴，仍以"博尔济吉特"为姓。你所说的《初中语文第六册教学参考书》第 12 页说元朝皇帝姓"乞颜特·博尔齐锦"（按："齐"可能系"济"之误，因手边无是书，无法查对），虽然是因袭清人成法，不过，它是将部落名称与姓氏连在一起，中间用圆点断开，而且将蒙古原文"乞牙惕"译成"乞颜特"。这种写法，只能认为不规范，但还说不上错误。

至于《初中语文第六册教学参考书》说元太祖的年龄比其他几种书的说法"大七岁"的问题，那是由于中外学术界对元太祖的生年有不同看法造成的。关于元太祖的生年问题，中外学术界大体有三种意见：（1）生于 1162 年。我国史籍《元史》、《南村辍耕录》卷一、《圣武亲征录》、《蒙古源流》、《蒙古黄金史》等为此种意见提供了确切的根据。（2）将元太祖生年向前提了七年，即 1155 年。波斯史家拉施德的《史集》就是这样做的。清末洪钧根据《史集》写成《元史译文证补》一书因袭此说。洪钧还专门写了一篇《太祖年寿考异》加以论证。苏联学者多持此种观点。然细加审定，此说多与史实不符，矛盾百出，不足为凭。你所说的教学参考书，大概因循此说。（3）生于 1167 年。这是 1938 年 12 月 9 日法国著名汉学家伯希和提出的。主要依据是杨维桢的《正统辨》。杨文系抄自《宋季三朝政要》，而《宋季三朝政要》则把元太祖事迹与元世祖事迹杂糅一块儿，犯了张冠李戴的错误。1962 年 5 月 31 日《内蒙古日报》上，刊登了周清澍同志的《成吉思汗生年考》一文，对这三种说法逐一辨析，论证详赅，最为可信，可供参考。

综上所述，你所提出的问题的科学答案是：元朝皇帝姓"孛儿只斤"，属于蒙古族"乞颜"部落。元太祖生于 1162 年，卒于 1227 年，终年 65 岁。

白　钢

原载《中国语文天地》1986 年第 5 期

第 5 辑

政坛多舛漫雌黄

辽太祖耶律阿保机

在我国古代历史上，曾经在不同地区、由不同民族的奴隶主或封建主建立过许多朝代，它们都是中华民族历史的有机组成部分。大约与中原地区的五代十国和北宋相始终的辽朝，就是由契丹族在我国北方建立的一个王朝。辽朝，是以契丹贵族为首，包括汉、奚、渤海等族上层人物的联合政权。在它所统治的诸民族中，汉族一直是重要成员之一，人口也最多。正因为如此，"契丹"自辽朝开国以来，就成为中亚以至亚、欧不少民族对中国的称呼。直到今天，还有的外国语言中仍然把中国叫作"契丹"。916年，契丹贵族耶律阿保机完成了部落联盟向辽朝的转化，是为辽太祖。他不仅是一位契丹族的雄才大略的政治家，也是契丹族的一位罕有匹畴的军事统帅。

将门出身

耶律阿保机，汉名亿，生于872年，出身于契丹族迭剌部的涅里家族。迭剌部拥有六个氏族，是契丹遥辇氏部落联盟八部之中最为强大的一部。早在737年，契丹大贺氏部落联盟被唐朝击溃后，涅里以他所属的乙室活部为基础，收集流散的氏族和部落，重新组成了契丹族的部落联盟，推选迭剌部的遥辇氏为盟长。按照契丹族的传统惯例，盟长由部落会议选举产生，当选部落联盟长的也只限于遥辇氏一族，这可以说是世选制特权。由于涅里在重建部落联盟中起过重大作用，因此，部落联盟的军事首长夷离堇，虽然也要选举产生，但是，必然会落到涅里氏手里。从涅里氏中产生出的统领军马的夷离堇，不仅是部落联盟的最高军事长官，而且，还掌管"刑辟"，即裁判权。这样，在迭剌部中，阿保机所在的涅里氏家族的权势与地位，就仅次于遥辇氏家族，成为契丹遥辇氏部落联盟中的显贵之一。根据《辽史》的有关记载，自阿保机四代祖耨里思以下，从阿保机一家，在迭剌部落联盟中，担任最高军事长官夷离堇的共有 13 人 24 任。

当时的契丹社会，正处在原始社会末期向奴隶制社会过渡的历史阶段，部落联盟也相应向奴隶制国家形态转化。社会生产力有了较大的发展，出现了冶铁业和种植业，贫富分化日渐明显。特别是通过一系列对外掠夺战争，掠夺其他民族的财富和奴隶，使契丹社会内部逐渐分化为奴隶主和奴隶两个对立的阶级。阶级分化的日益发展，一方面促成了氏族部落内氏族成员间的矛盾，另一方面，大量掠夺外族人为奴隶，也使以血缘关系为基础的氏族制度受到冲击。其结果，旧的部落联盟，必不可免地要演变为保护奴隶主阶级、压迫奴隶阶级的机关。国家的出现，已经是不可避免的了。

奴隶制的出现，导致契丹社会旧秩序的被破坏和阶级矛盾的日趋尖锐。反映到部落联盟内部，就爆发了围绕部落联盟最高军事长官夷离堇的世选制，在迭剌部各显贵家族之间，展开了激烈的争夺斗争。就在耶律阿保机出生的 872 年（唐咸通十三年），迭剌部内部便开始了争夺最高军事长官夷离堇职位的尖锐斗争。耶律狼德谋害了阿保机的祖父——担任最高军事长官夷离堇的匀德实，夺取了军马大权。以致阿保机出生后，他的祖母萧月里朵不得不把他藏到突吕不部的营帐，而未被人发现，才幸免于难。后来匀德实系的蒲古只，又诛杀了耶律狼德，重新夺回了夷离堇的职位。

契丹族，是一个游牧尚武的民族。阿保机自幼就开始了骑射生活。据说，他少年时代就力大无穷，可以挽动 300 斤的硬弓。当他的伯父释鲁担任于越（"于越"，史称"总知军国事"，地位仅次于部落联盟长，而高于夷离堇，掌握联盟的军事和行政的实际权力，有类于中原封建王朝的宰相）以后，创立了一支独立的侍卫亲军叫"挞马"，以保卫他个人的权力。阿保机作为释鲁的侄儿和心腹，被任命为"挞马狘沙里"，也就是这支侍卫亲军的首领。

释鲁权势的迅速增大，引起了有资格选充夷离堇的其他贵族的强烈不满。他们联合谋害了释鲁。阿保机依靠他所率领的"挞马"精兵，同这帮贵族展开了激战，并在战斗中显示出他杰出的军事天才和勇猛战斗的作风，迅速打败了谋杀他伯父释鲁的贵族。901 年，阿保机被推选为夷离堇，成为联盟的最高军事长官。接着，又在903年，晋升为"总知军国事"的于越，同时兼任夷离堇的职务。这样，31岁的阿保机，便成了仅次于遥辇氏部落联盟长的掌握了遥辇氏部落联盟全部军政实权的显赫人物。

从联盟长到皇帝

10世纪初，契丹族遥辇氏部落联盟长是痕德堇。此人软弱平庸，无所作为，是一个无能的盟长，对内治理无方，马多饥死；对外发动的侵掠战争，往往失利。结果引起了部落联盟内部各部贵族的强烈不满。与智勇双全、年轻有为的阿保机相比，痕德堇相形见绌。对于契丹贵族来说，他们希望有一个才华出众、胆识过人的人物，来代表他们以谋取更多的利益，为他们扩大掠夺财物的范围，加强对奴隶和平民的统治。恰巧这时阿保机连年对外发动了侵掠战争，掠获了大批的奴隶和牲畜。例如，901年，他率部接连打败了邻近的室韦、奚等民族，掳掠了他们大量的人口为奴隶和无数的牛羊驼马等牲畜。902年，阿保机又率部南下，越过长城，进攻刘仁恭统治下的汉地，连破九郡，俘虏居民95000人，驼马牛羊不计其数。阿保机所取得的这一连串胜利，不仅使他的威望在契丹奴隶主贵族中大大提高，而且，实际权力和经济实力都大大超过了联盟长痕德堇。结果，在907年正月，阿保机终于经过部落选举的仪式，罢免了联盟长痕德堇，当选为部落联盟长，从而把一切大权，包括军事和行政的实权，全部掌握在自己手中。

阿保机当上契丹族的部落联盟长以后，委任他的族弟剌葛为"惕隐"，负责管理迭剌部贵族的政教，调节贵族内部事务，以确保他们对阿保机的服从。与此同时，阿保机又设置了侍卫亲军，叫作"腹心部"，负责保卫阿保机的安全和权力不被篡夺。这些巩固阿保机权力的措施，客观上都起到了加速氏族部落制消亡的作用，朝着建立奴隶制国家的方向迈进了一步。

但是，要彻底废除旧的部落联盟制，就必须真正统一契丹各部，建立新的奴隶制国家。阿保机采纳了汉族知识分子的建议，援引"中原天子无受代"的惯例，改变部落选举制，实行君主世袭制，拒不交出权力，这就引起了同阿保机一样具有当选联盟长资格的迭剌部中各氏族贵族，尤其是遥辇氏贵族们的强烈反抗。甚至阿保机的亲属，包括他的几个弟弟也掀起"肘腋"之变，策划反对阿保机的战乱。他们打着维护部落选举制的旗号，以契丹族旧制三年一选，而阿保机"久不受代"为由，同阿保机展开了一次又一次的激烈斗争。不言而喻，这是一场你死我活的新旧势力、新旧制度之间的斗争。

斗争迅速发展成严酷的战争。从911年，即阿保机取代遥辇氏的第五年起，新任"惕隐"刺葛，串通阿保机的弟弟迭刺、寅底石、安端等，共同发起了反阿保机的叛乱。其后，在912年七月，刺葛和迭刺、寅底石、安端等，再次发动战乱，企图在阿保机领兵攻掠西南诸部还军的途中进行袭击。阿保机机智地引兵南移，并在十月的一天，重新举行了传统的部落联盟长的选举仪式，阿保机得以连任。这样，反叛者就失去了理由，不得不向阿保机谢罪，表示臣服。然而，斗争并没有结束。913年，由阿保机的弟弟迭刺、刺葛等人纠集了他们的兄弟部落的贵族，发动了更大规模的叛乱。这年三月，刺葛一方面遣迭刺、安端去伺机谋杀阿保机；一方面又准备旗鼓，图谋篡立。阿保机及时发现了他们的阴谋，拘捕了安端和迭刺，又亲率大兵追讨刺葛。这时，另一支叛军乘虚攻打阿保机的营帐。当时留守营帐的是阿保机的妻子，她据险自守。叛军烧毁了阿保机的辎重和庐帐，大肆杀掠，夺去了作为联盟长象征的旗鼓和祖先的"神帐"。经过三年多的浴血奋战，阿保机依靠他的心腹部侍卫军及被征服的邻近诸族的兵力，才彻底平定了刺葛及其弟弟们的叛乱。

然而，战乱造成了空前的破坏。阿保机后来说："他们恣行不道，残害好人，屠杀人民，剽掠财产。民间原来有马万匹，现在只能徒步，这是以前没有过的。"可见斗争之激烈。

发生在迭刺部内部的叛乱虽然平息了。然而，其他各部落的守旧的贵族，仍然对阿保机"久不受代"表示强烈的不满，坚持要阿保机按照传统的旧制下台。915年，守旧的贵族集结兵力，趁阿保机对外作战还军之机，半道上拦路劫持了阿保机，逼迫阿保机交出象征联盟长的旗鼓，要他表示不再担任联盟长的职务。阿保机在这种身不由己的状况下，急中生智，提出了自己可以不再任联盟长的职务，但必须允许自己单独统领一个部落，专门负责管理汉人为交换条件，结果守旧的贵族答应了阿保机的条件，放走了阿保机。而阿保机便利用这个机会，重整旗鼓，积聚力量，准备东山再起。就在阿保机被迫退位的第二年，他经过周密策划，以宴请守旧的贵族为名义，事先却在宴会的周围埋伏好精兵，等守旧的贵族到齐，将他们一网打尽，终于取得胜利，重新夺回了部落联盟长的职位，从而为他建立契丹族奴隶制的国家扫清道路。

916 年，阿保机正式废除了契丹族部落联盟的旧制度，按照中原汉族的政治制度为模式，建立了契丹族的奴隶制国家，仿照汉人王朝的体制，称为辽朝。他采用皇帝的称号，自称"天皇帝"，妻称"地皇后"，建元"神策"，立子倍为皇太子，确立了皇权的世袭制度。阿保机所建立的辽王朝，还保留了一些部落联盟制的旧传统的残余。例如选举联盟长的仪式以及某些官职的名称，都得以延续下来。921 年，他又规定了各级官吏的不同等级。尽管如此，辽朝的建立，标志着契丹各部落的空前统一，是契丹社会演进史上的一个划时代的大事。而阿保机作为辽朝的开国皇帝，其历史作用，是不容忽视的。

阿保机建国称帝之后，不断完善国家制度。918 年，他在潢河沿岸契丹故地"城西楼为皇都"。926 年，又仿照汉人城邑，建立了都城。920 年，阿保机下令依仿汉字偏旁，创制契丹大字，九月颁行。原来，阿保机的弟弟迭剌学习回鹘语文，又制契丹小字。契丹族从此有了文字，结束了刻木记事的时代。921 年，阿保机又命大臣"定制契丹及诸夷之法"，逐步完善了法制。此外，阿保机还对军队和卫军进行了整编。总之，阿保机作为辽朝的开国皇帝，在他统治时期内，适应奴隶制国家政权的需要，对各种制度逐步加以完善，不愧为契丹的民族英雄和杰出的政治家。

在侵掠战争中死去

奴隶制的本性，是以不断地对邻近诸族发动侵掠战争为手段，来满足他们对于奴隶和财产的贪欲。阿保机建国后，随即展开了对邻近各民族的大规模的侵掠战争，以扩展地盘，掳掠奴隶，劫夺财物。当时的社会形势，给阿保机发动侵掠战争提供了可能：长城以外，曾经统治过契丹的回鹘，早已衰微，而且偏居西隅，无力东顾；长城以内，正处在五代十国分裂割据的状态之中，混战不已，无暇北图。这样，阿保机无论对中原发动侵掠战争，还是对长城外诸族进行掠夺性的攻伐，都可以得心应手。

阿保机首先选择中原为侵掠对象，接二连三地南侵中原。916 年八月，阿保机率军越过长城，南侵朔州（今山西朔县），活捉了后晋振武节度使李嗣本。接着，乘胜东下，连克蔚、新、武、妫、儒五州。这样，从代北到河曲，越阴山，都成为契丹的控制地区。917 年三月，契丹兵又大举进攻幽州（今北京），把后晋周德威所部打得一败涂地。921 年，阿保机又率大军侵入居庸关，分兵侵掠檀、顺、安远、三河、良乡、望都、潞、满城、遂城等十余城，掠获大批居民而还。毫无疑问，这些侵掠战争，给华北人民带来了极大的灾难，社会生产力遭到了严重的破坏。这是问题的一个方面。另一方面，我们还应看到阿保机本人，作为野蛮的征服者，最后又不得不被征服地区的较高文明所征服。因此，他对汉族地区的农耕文化表示倾慕。这在他建国过程中，已有所表现。后来，他又积极兴建孔庙，认真学习汉语，熟悉汉地的风土人情，延纳汉族地主阶级知识分子，并且要求他的儿子们学习汉文化。对于俘获的汉族人民，阿保机采取"因俗而治"的方针，按照汉地原来传统的统治方式，建城以居，分地耕种，以征取赋税。这与中原地区混战不已、统治者巧取豪夺、人民终日处于水深火热之中的情况相比，相对地讲，反倒比较安定。因此，出现了许多居住在契丹境内的汉族人民并不愿意回到战乱频仍的中原地区来；相反，却出现不少中原地区的汉族人民忍受不了各封建割据政权的残暴统治和军阀混战所带给他们的灾难，而逃往契丹境内的现象。

大约在南侵中原的同时，阿保机于 916 年七月，发动了对西北诸族的侵略战争。发兵攻打突厥、吐谷浑、党项、沙陀诸部，俘获了他们的酋长及民 15600 户，驼马牛羊无数。924 年，阿保机再次西征吐谷浑、党项、阻卜诸部，并且越过流沙，征服西北诸部，捕获了甘州回鹘都督毕离遏。第二年，甘州回鹘乌主可汗遣使贡谢。契丹的政治势力扩大到甘州，西北至鄂尔浑河。

阿保机在取得了南侵中原和西掠西北各族的胜利以后，从 925 年冬天开始，集中兵力，东征渤海。渤海，是 713 年由靺鞨族的粟末部在东北地区建立的一个区域性的政权，政治、经济、文化的发展水平，均列北方各族之冠，素有"海东盛国"之称。当时，渤海在国王諲譔统治下，国力已经衰弱，远远不是处于上升阶段的契丹的对手。926 年春天，阿保机集中全部军力攻破了渤海国的西部重镇扶余城（今内蒙古巴林左旗西），杀死守将，乘胜围攻渤海国的国都忽汗城（今黑龙江宁安西南东京城），諲譔率臣僚三百多人开城投降。阿保机就这样轻而易举地消灭了渤海国。阿保机遂在渤海旧地，置东丹国，封太子倍为东丹王，统治这块地方。

　　此外，阿保机还在黑龙江、乌苏里江流域，广泛地设置官府，对当地实行有效的管理，从而结束了唐末以来东北地区的分裂状态，实现了东北地区的统一。这对东北地区经济、文化的发展和促进东北地区各民族间的经济文化交流，客观上都具有促进作用。

　　926 年七月，刚刚灭掉渤海国，年仅 54 岁的阿保机在回军途中，病死在扶余府（今内蒙古巴林左旗西）。这时，由阿保机建立的辽朝，已经是"东自海，西至于流沙，北绝大漠，信威万里"的赫赫大国了。阿保机死后，谥升天皇帝，庙号太祖。

参考文献

[1]《辽史》，中华书局校点本，1976 年版。

[2] 陈述：《契丹社会经济史稿》，三联书店 1963 年版。

[3] 蔡美彪等：《中国通史》第 6 册，人民出版社 1979 年版。

[4] 张正明：《契丹史略》，中华书局 1979 年版。

原载李祖德主编《中国历代开国帝王传》，

黄山书社 1987 年版

宋太祖赵匡胤

　　一千多年以来，大凡是粗知中国历史的人都知道有个"陈桥兵变，黄袍加身"的典故，说的是后周禁军最高长官殿前都点检赵匡胤，采用军事政变的手法，夺取政权，成为延续三百多年的宋王朝开国皇帝的故事。赵匡胤不仅是一位杰出的军事统帅，而且也是一名雄才大略的政治家。

将门虎子

　　927年，赵匡胤出生在洛阳夹马营的一个军官家庭。他的父亲赵弘殷，在五代十国的乱世中，先后当过后唐、后晋、后汉、后周四个中原王朝的禁军将领。母亲杜氏。关于他的出生，封建文人有许多谀辞。当时的中国，正处在"大者称帝，小者称王"的五代十国分裂割据时期。有的藩镇公开声称："天子，兵马强壮者当为之。"这就是说，谁握有兵权，谁就有争坐皇帝宝座的资格。在五十多年中，中原地区，像鏊子上翻饼那样，依次更替了五个朝代，都是靠发动兵变建立的。这种武将横行天下的社会现实，对于禁军将领家庭出身的赵匡胤来说，产生了深刻的影响，使他自幼爱好骑射与练武，并摔打出一身绝技。据说，有一次他曾经试骑一匹没有笼头和缰绳的烈马，这匹烈马烈性大作，狂蹦乱跳，突然从上城斜道，朝低矮的城门洞飞奔而过。赵匡胤猝不及防，一头撞在城门框上，摔下马来。人们都以为他的脑袋非摔碎不可，没想到赵匡胤慢慢地从地上爬起来，一跃而追上这匹烈马，翻身纵上马背，居然一无所伤。还有一次，有一群麻雀在门外嬉闹，赵匡胤纵身前去捕捉麻雀，不慎用力过猛，结果把屋子撞坏。力大无穷、身怀绝技的赵匡胤逐渐萌发了凭借自己的武艺去闯天下的念头。21岁那一年，赵匡胤就离家出走，漫游华北、中原、西

北的不少地方，企图寻找一个能施展自己才能的地方。949 年，赵匡胤 23
岁，终于遇到了机会。那就是掌管后汉朝政大权的大将郭威，在邺都
（今河北大名东北）招兵买马。当时赵匡胤正巧来到河北，于是他迅即奔
往邺都，投靠郭威。从此开始了他一生的政治和军事活动生涯。

后周禁军的最高统帅

951 年，后汉禁军的最高统帅郭威在将领们的拥立之下，取代后汉，
建立后周。赵匡胤因在这场军事政变中立下汗马功劳，而受到周太祖郭威
的器重，旋被提升为禁军的小头目。955 年，郭威死后，他的养子、柴皇
后的侄儿柴荣继位，不久便提拔赵匡胤为归德节度使，并使之成为参掌禁
军的高级将领。在这以后的五年中，他跟随周世宗柴荣南征北战，屡建功
勋。955 年，北汉勾结契丹人建立的辽王朝，向后周大举进犯。周世宗柴
荣亲自率兵应战，在高平（今山西晋城东北），双方展开了激战。后周大
将樊爱能、何徽等人，临阵脱逃。赵匡胤在危急关头，表现出大将风度，
毫无惧色。他对地位比他高的禁军将领张永德说："敌军士气正高，你看
西面的山坡，是一块有利的地形。你的部队擅长远射，可以迅速占领这块
山坡。我带领骑兵从左翼包抄，两面夹击，必陷敌军于混乱之中。"
张永德一听很有道理，便马上率部冲向西面山坡，占据了有利地形。
接着赵匡胤所部骑兵就从左侧杀向敌阵。赵匡胤身先士卒，全军上下，顿
时勇气倍增，打得敌军抱头鼠窜，从而使柴荣及后周全军化险为夷。赵匡
胤在后周禁军将领中的威望，也大大提高。柴荣因此更加信赖赵匡胤，遂
提升他为禁军的高级将领，并委托他改组后周禁军。柴荣在五代时期的众
多皇帝中，算是一个较有作为的皇帝。他不仅注意减苛税、均田赋，罢营
田赐民为永业，发展生产；而且，注重训练军队，努力进行封建统一战
争。他先后发动了对后蜀、南唐的战争。在这些战争中，赵匡胤起了很大
的作用。955 年，后周派兵试图夺取后蜀的秦（今甘肃天水）、凤（今陕
西凤县）等州，然而久攻不下。赵匡胤被派往前线踏勘是否应当撤兵。
他经过视察和分析，认定可以取胜。于是便重新调整了兵力部署，一举攻
占了秦、凤、成（今甘肃成县）、阶（今甘肃武都县东）四州。956 年，
柴荣亲自带兵攻打南唐，赵匡胤随行。在持续一年多的征战中，赵匡胤屡
战告捷。在后周夺取南唐淮南江北十四州之地的战争过程中，赵匡胤的战

功最为显赫。

赵匡胤足智多谋、心计过人。在征伐南唐过程中，他对周世宗柴荣表现出无限的忠诚。例如，当他攻占滁州后，他的父亲赵弘殷在夜半举兵到滁州城下，叫他开门。他却回答说："父子虽然是至亲，但城门的开闭，却是王事。"结果，他父亲只好等到天亮，城门开了才进城。南唐统治者看到赵匡胤所向无敌，认为是威胁南唐的最大人物，曾想施离间计，重金收买赵匡胤。而赵匡胤在收到南唐送来的3000两白银后，原封交给周世宗柴荣。这样，进一步得到了柴荣的信赖。959年，柴荣逝世前，赵匡胤就被提拔为殿前都点检，成为后周禁军的最高统帅。

陈桥兵变　黄袍加身

周世宗柴荣死后，由他七岁的幼子柴宗训继位，史称周恭帝。显德七年（960）正月初一，军权在握的赵匡胤以镇（今河北正定）、定（今河北定县）二州的名义，谎报军情，说是契丹勾结北汉大举南犯，要求后周中央急速派兵抵御。宰相范质、王溥等不辨真伪，立即让赵匡胤领兵出征。正月初三，赵匡胤率兵出城，傍晚驻军于开封东北四十里的陈桥驿。当天晚上，赵匡胤就让他的亲信赵普和弟弟赵光义去策动禁军中的主要将领，发动兵变。第二天早上，这些将领就拿出了象征皇帝登基时穿的黄袍，给赵匡胤穿上，拥立赵匡胤取代后周，建立宋朝，改元建隆。这就是我们开头所说的"陈桥兵变，黄袍加身"典故的由来。

由于赵匡胤曾经亲自参加过郭威的兵变，所以说，他对于兵变，是有经验的，并从中汲取了一些教训。这次用兵变的办法，取代后周，建立宋朝时，便一改五代时兵变的旧习。一方面下令对周恭帝、太后及宗室加以优待，不得凌辱，同时宣布对朝廷里的公卿大臣，加以保护和录用；另一方面，又下令班师回开封时，严肃军纪，不准将领和士兵像以往改朝换代的兵变那样到处劫掠。这样，赵匡胤代周，就赢得了京城开封的人民和多数后周的公卿大臣的拥护。

当然，也有一些拥兵在外的后周地方藩镇势力持反对态度。公元960年四月，后周的昭义节度使李筠、淮南节度使李重进，都在积极准备进行反抗。李筠是后周的开国元勋之一，李重进是周世宗柴荣的外甥。他们联合起来，准备共同对付赵匡胤。值此危急关头，赵匡胤以他卓越的政治才干和军事天才，运筹帷幄，决定先稳住李重进，采取集中兵力先平定李筠，然后再对付李重进的策略。于是亲率大军，对李筠发动猛烈攻击，把李筠包围在泽州（今山西晋城），激战几十天，泽州城破，李筠赴火死，其子降宋。等到这年七月，李重进在淮南起兵时，赵匡胤已不存在南北受敌、两面夹击的威胁。他又率领大军，直扑扬州，到十一月，扬州城破，李重进全家自焚。

制定"先南后北"的战略方针

李筠、李重进举兵反抗赵匡胤之被扑灭，是在赵匡胤取代后周、建立宋朝的过程中完成的。然而，唐末以来的藩镇割据局面并没有结束。当时与宋朝并立的割据政权，北方有强大的辽朝；在山西太原，还有得到辽朝支持的北汉；在南方，有南唐（辖今江苏、安徽南部及江西），与宋朝隔江相望；在福建的漳州、泉州地区有陈洪进的割据；在两广地区有南汉政权；在湖湘地区，有周行逢、高保勖两个割据势力；在四川还有后蜀政权。他们中间，多数对宋朝持敌对立场。面对这种现实，赵匡胤时刻考虑着怎样才能把周世宗柴荣统一中国的斗争进行下去；如何加强中央集权专制主义统治，以杜绝五代以来靠发动兵变来改朝换代的问题。

960 年八月，赵匡胤刚刚扑灭李筠的反抗回到都城开封后，便开始向大臣们反复征询意见。宰相魏仁浦认为若先征北汉，则欲速不达，因为北汉有辽朝的支持。赵匡胤认为他的意见可取，便打消了先解决北汉问题的想法。后来，在一个雪夜，赵匡胤因为考虑统一战争如何进行而失眠，于是干脆起床冒雪出门，和他的弟弟赵光义一道登门去找老谋深算的心腹大臣赵普。赵普开门时，看见是赵匡胤兄弟二人立在雪地里，赶忙迎进大堂，以酒相待，并问道："夜久寒深，为何还出来找我？"赵匡胤说："我睡不着，现在是一榻之外，都是他人地盘，所以来找你商量。"赵普回答说："陛下现在还是个小天下耶？南征北伐，今天是时候了，不知陛下打算怎么办？"赵匡胤试探性地又问："吾想收复太原。"赵普半天不说话，最后讲："这就不是我所料到的了。"赵匡胤忙问其故。赵普分析说："太原地处南、北二边，如果一举攻下，那么，辽朝南下的边患就要由我们宋朝独当了。如果暂时留着北汉作为屏障，等到平定南方诸国之后，像太原这块弹丸之地，还有处可逃吗？"赵匡胤一听此言，正中下怀，笑着说：

"吾意正是如此，故意试探一下你的看法罢了。"这样，一个"先南后北"的战略方针，就这样制定出来了。

"杯酒释兵权"

为了顺利实行"先南后北"的封建统一战略方针，赵匡胤考虑到必须消除宋朝内部的隐患。首先应当解决的问题，就是军队的统帅、指挥权，尤其是禁军的统帅权。因为，历史的经验表明，握有禁军最高指挥权的将领，常常是发动军事政变的头目。因此，当赵匡胤扑灭扬州李重进的反抗之后，便立即着手解决禁军指挥权问题。961年闰三月，赵匡胤便以自己曾担任过这个职务，应当避嫌为由，免除了慕容延钊殿前都点检的职务，从此取消了这个禁军最高统帅的职务。同年七月的某一天，赵匡胤召集石守信、王审琦、高怀德等禁军高级将领举行了一次酒会。正当大家酒兴正浓之际，赵匡胤忽然屏退左右侍从，对石守信等人说："朕若不是卿等出力，到不了当皇帝这个地步。但是，做天子也太艰难，实在不如当节度使快活。朕整个晚上从未敢安枕而卧也。"石守信等人忙问为什么。赵匡胤继续说："这不难明白，皇帝这个宝座，谁不想坐呢？"石守信等人一听大惊，吓得魂不附体，赶忙跪下，边磕头边说："陛下为何出此言？今天命已定，谁还敢有异心呢？"赵匡胤说："不然，卿等虽然没有异心，但是卿等怎知你们的麾下不想富贵呢？一旦有人以黄袍加在你们身上，你们虽然不想当皇帝，也推脱不掉呀！"石守信等人听了这一席话，知道赵匡胤是对他们很不放心，便哭诉："臣等愚昧，没考虑这个问题，请求陛下开恩，指一条生路。"赵匡胤于是缓和一下紧张气氛说："人生好像白驹过隙，所谓好富贵者，不过想多积金钱，厚自娱乐，使子子孙孙永不受贫罢了。卿等何不释去兵权，到外地去镇守，选择好田宅买下来，为子孙建立永远不可动之产，再多置歌儿舞女，日夜饮酒相欢，以终天年？我且与你们结成儿女亲家。这样，君臣之间，两无猜疑，上下相安，不是更好吗？"石守信等人马上都拜谢说："陛下替臣等想得如此周到，真是生死骨肉的感情啊！"第二天，石守信等人上表称病，乞求解除兵权。赵匡胤一见大喜，立即答应了他们的请求。这就是历史上有名的"杯酒释兵权"。

加强中央集权制统治

961 年，有一天赵匡胤召精通治道的大臣赵普谈话。赵匡胤问道："天下自唐季以来，数十年间，帝王凡易八姓，攻伐不已，干戈不息，生灵涂炭，是什么原因呢？"赵普答道："此非别的原因，就是因为方镇太重，君弱臣强造成的。今后若想改变这种状况，也没有别的奇巧办法，只有削夺他们的权力，控制他们的钱谷，收夺他们的精兵。这样，天下就自然而然安定了。"

赵普的一席话，使赵匡胤喜出望外，于是他全盘接受赵普的意见，一步一步地剥夺地方节度使的兵权、财权和司法权，从而把地方的权力都收归中央，使唐末以来那种割据称霸一方，动辄与中央抗衡的节度使职务，变成一种没有实际权力的荣誉虚衔。与此同时，在中央，则用分散事权的办法，通过对行政机构及其权限的调整，将兵权、财权、司法权、政权统统集中到皇帝手里。例如军权，把禁军分属殿前司、侍卫马军司、侍卫步兵司三个互不统属的机构，使三个统兵机构互相牵制。这三个机构称作"三衙"，只有统兵权力，兵籍和调发军队的权力则归枢密院。"三衙"统兵长官与枢密院使彼此牵制，都直接对皇帝负责。结果是没有皇帝的命令，谁也调动不了任何一支军队。与此相适应，赵匡胤为了削弱地方的兵力，还下令从地方厢兵中挑选精壮兵丁组成中央禁军。同时，又立更戍法，把禁军派往外地，三年一轮换，使兵无常帅，将不识兵，兵将互不了解，以此来杜绝将领拥兵谋反。

又如，赵匡胤还改革中央政府的组成，设参知政事为副相，设枢密使掌管军政，置三司使管理财政。这样，"一人之下，万人之上"的宰相的权力，也被分割。形成宰相、参知政事、枢密使、三司使相互制约，都直接对皇帝负责的局面，从而加强了封建专制主义中央集权的统治。中央政府如此，地方政府亦不例外。962 年以后，赵匡胤又下令在各州设置通判，来分割知州的权力，同时推行文官制，派文官，京、朝官担任地方知县、知州等，以彻底取代军人掌握地方政权。此外，又设转运使负责监察地方官，掌握地方财政。为了控制司法权，赵匡胤还特地颁布了《宋刑统》。诸如此类，不一而足，都是为了一个目的，即把一切权力收归皇帝，从而把封建专制主义中央集权制统治推向一个更高的历史阶段。

　　赵匡胤在加强封建专制主义中央集权制统治的同时，还注意兴修水利，奖励农桑。961 年就着手在开封周围进行大规模水利建设，首先开挖蔡河，从开封到通许镇。第二年，又调京畿、陈、许等州数万农民，从新郑引闵水与蔡河汇合，增加蔡河水量，从开封南经陈、颍，直达寿春。同年，又在开封城北，开五丈河与金水河。965 年，还从长社（今河南长葛）引溴水与闵水汇合。这条水渠开通之后，从长社到开封之间，不仅可以漕运，而且百姓再也没有水灾之忧了。966 年，赵匡胤还曾发布诏令说："自今百姓有能广植桑枣，开荒田者，并令只纳旧租，永不通检。"这些措施，无疑对宋初社会经济的恢复与发展起了积极的作用。

实施"先南后北"的战略方针

　　自从"杯酒释兵权"，解决了中央禁军头目的兵权之后，赵匡胤就着手实施"先南后北"统一战争的战略方针。当时宋朝的西、北二边，与夏、辽朝、北汉接壤。赵匡胤十分注意这些边境州郡的防务，派遣将领把守，对这些将领住在京城开封的家属予以优抚。同时，还把他们所把守地区的"榷之利"，也通通交付他们，听任边将贸易取利，使他们用所得财富养募一些敢于潜入敌境的兵士，以打探敌方用兵的动向。还允许边将自行招募爪牙亲兵。总之，一应边务，授权边将全权处理。每当这些边将回城，赵匡胤倍加恩宠，并予以赏赐。从而，使边将们人人愿为他效力。这就保证了西、北二边的安全，使赵匡胤实施"先南"方针，而无后顾之忧。

　　对于南方诸国及割据势力，赵匡胤采取选择时机、利用矛盾、先弱后强、各个击破的方针，一一平定。963 年，首先平定荆南和湖南的封建割据势力；965 年，又消灭了后蜀政权；接着，在 971 年九月，一举消灭了南汉政权；975 年消灭了南方诸国势力最大的南唐政权。南唐灭亡后，南方剩下的吴越和福建漳州、泉州等地方割据势力，已对宋朝不能构成威胁。"先南后北"的封建统一战争的"先南"部分，基本告一段落。于是，赵匡胤转而实施"后北"的部分。969 年，亲率大军征讨北汉。由于赵匡胤在"斧声烛影"之中，于 976 年十月突然死去，"后北"的战略方针没能在他手中实现。然而，宋朝结束唐末五代以来分裂割据的局面，实现部分地区的统一的基础，却是赵匡胤奠定的。

赵匡胤以兵变起家，取后周而代之，建立宋朝，在位 17 年。他所进行的封建统一战争和加强中央集权制的专制主义统治，以及推行的恢复和发展社会生产的某些措施，在历史上曾经起到了进步作用。作为宋朝的开国皇帝，他不仅是一位雄才大略的军事统帅，而且也是一位杰出的政治家。

参考文献

［1］《宋史》，中华书局校点本，1977 年版。

［2］《资治通鉴》，中华书局标点本，1956 年版。

［3］张家驹：《赵匡胤传》，江苏人民出版社 1959 年版。

原载李祖德主编《中国历代开国帝王传》，

黄山书社 1987 年版

金太祖完颜阿骨打

从很早的时期起，在我国东北的长白山和黑龙江流域，就居住着一个古老的民族叫"肃慎"。契丹建国以后，这个民族被辽朝征服，汉人文献上也正式确定了"女真"的译名，是为女真族。在今天黑龙江阿城县境内有条阿什河，在历史上称作"按出虎水"。按出虎，女真语的意思是"金"，被认为是女真族的发祥地。1078年的一天，辽朝的使者出使女真，来到按出虎水边，坐在女真族的帐殿内，望见一位10岁的儿童，手持弓矢，弯弓射群鸟，连发三箭，三只飞鸟应声落地。辽朝使者不禁失声惊呼："真奇男子也！"这位身怀绝技的儿童不是别人，正是后来显赫一时的金朝开国皇帝完颜阿骨打。他不仅是一位骁勇善战的军事家，而且是一位雄才大略的政治家。

出类拔萃的骁将

阿骨打，姓完颜，汉名完颜旻。1068年，出生于女真族完颜部的一个显贵家族。阿骨打的先辈和兄长，历任完颜部的部落酋长。从他的祖父乌古迺起，阿骨打家族里的人又连续当上了部落联盟的首领，同时接受了辽朝授予的节度使称号。

在辽朝统治时期，女真族是契丹统治者的榨取对象。他们每年都要向契丹贵族贡献大量的名马、良犬、珍珠、貂皮、桦木等。此外，契丹贵族还采取压价强买的方式，掠夺女真族的土特产。倘若拒不服从，轻则受到侮辱和谩骂，重则就要遭到毒打。至于辽朝派遣来的使者，更是趁机敲诈勒索。最不能容忍的是，有一种名为"银牌天使"的高级使者，他们每次来到女真部落，都要从女真族各部落中挑选美女陪他们睡觉。甚至连部落贵族妇女也不能幸免。辽朝对女真族的这种残暴统治，在女真族人民心中埋下了仇恨的种子。完颜阿骨打从小就在这种环境中长大。虽然他的祖、父、兄辈，都做过女真族部落联盟的首领，并被辽朝袭封为节度使，但是，他目睹了辽朝契丹贵族对他们的欺侮，所以，他自幼就心怀异志，决心练武习艺，以待将来报仇雪恨，推翻辽朝所强加给女真族的残酷的民族压迫。

阿骨打还是幼儿的时候，常常同一群小孩游戏，他就能力敌数人，成为小孩王。由于他举止端重，因而受到了他的父亲的喜爱。从 10 岁时，开始练习武艺，使得一手好弓矢。15 岁时，阿骨打就练就一身绝技，成为一名罕与匹畴的射手。据说，有一天，阿骨打曾宴请纥石烈部活离罕家，饭后散步门外，看到南面有块高坡，便让群射手分别射之。其中，宗室谩都诃最善于远射，但他射出的箭，也不过百步之远。这时，阿骨打拿出一把强弓，只见他拉弓发箭，一量射程，竟有 320 步之遥。观者无不惊服。后来，到 1151 年，还专门立了一块射碑以作纪念。

阿骨打 23 岁那年，第一次领兵打仗。他只披短甲，不戴头盔，纵马扬鞭，号令诸军，俨然一名骁勇的青年指挥官。后来，阿骨打受他父亲的委托，到辽朝去办交涉，也办得很出色。从此，阿骨打深受父兄的赏识和器重。他父亲临终前，拉着阿骨打的手，抱着他的脖子，爱抚地摸着他的头发说："只有这个孩子，足以对付契丹。"

后来，在阿骨打的叔叔和哥哥担任部落联盟首领期间，各部落间的相互掳掠和斗争十分激烈。为了巩固部落联盟的统治，阿骨打曾经建议禁止各部自置牌号，"一切治以本部法令"，也就是以完颜部的牌号作为女真族联盟各部落的统一法令，从而巩固了联盟。与此同时，阿骨打还在多次作战中，大获全胜。这样，阿骨打的政治威望大大提高，成为女真贵族中一名众望所归的军事领袖。

杰出的部落联盟长

1113 年十月，女真族部落联盟首领、阿骨打的哥哥乌雅束死去。这时，45 岁的阿骨打继任了联盟首领，称都勃极烈。第二年，他又继任了辽朝的节度使的官职。于是，反对辽朝契丹贵族残酷的民族压迫的重任，自然而然地落到阿骨打的肩上。

还是 1114 年六月，辽朝天祚帝派使臣授予阿骨打节度使称号的时候，心计超凡的阿骨打便派习古迺等去辽朝，以打探辽朝内部的虚实。习古迺回来后，向阿骨打汇报了辽朝天祚帝的骄奢淫逸及国内混乱状况。从当时女真与辽朝双方的形势比较上看，形势对阿骨打十分有利。就女真方面来说，内部叛乱得以平息，部落联盟制得以扩大，阿骨打本人的军政权得以巩固，形成了"号令乃一，民听无疑"的统一局面，而且"富庶之余，兵马强壮"。虽说这时的女真族社会已从氏族社会进入奴隶制阶段，但是，仍然残存着原始社会末期军事民主的遗风。打起仗来，"将勇而志一，兵精而力齐"，具有较强的战斗力。与女真社会相反，辽朝政治上日趋腐败，统治集团内部争权夺利，相互倾轧；社会生产力遭到严重破坏，"上下穷困"。由此而导致了各族人民的反抗斗争，此起彼伏。特别是当权的天祚帝，荒淫无度，终日沉醉于声色犬马之中，不理朝政，甚至连各地来的奏章也不管不问，对下赏罚不明。军队士气低落，指挥混乱。士兵们都说："战则有死而无功，退则有生而无罪。"因而，在战场上，一旦与敌军对阵列，便作鸟兽散。辽朝外强中干的虚弱本质，已经掩饰不住了。1102 年，辽朝外戚萧里海叛辽，率部逃入女真境内。辽朝派遣甲兵数千人，前来追捕，不能取胜，只得求助于女真。女真趁机募兵千人，形成一支前所未有的强大队伍，阿骨打信心十足地说："有了这样一支强大的部队，还有什么事情办不到啊！"女真兵迅速投入战斗，阿骨打纵马追杀了萧里海，大获全胜。经此一战，女真更加强大，从前畏惧契丹的心理发生根本性变化，辽兵的纸老虎面目也暴露无遗了。

阿骨打任女真部落联盟首领之后，充分认识到辽朝外强中干的虚弱本质，决定利用这种有利形势，把攻掠目标指向辽朝。为此，他采取了一系列积极措施，加紧战备。首先，他组织女真族人民"力农积谷，练兵牧马"；其次，加强修筑城堡，打造兵器；最后，派遣使者出使辽朝，以办交涉为幌子，打探辽朝的虚实。阿骨打通过这些行动，为发动反辽战争做好了准备。

阿骨打的积极备战活动，引起了辽朝某些大臣的警觉。他们向天祚帝建议，应当在阿骨打未动手之前，先发制人，赶快发兵把他干掉；或者尽快找个借口杀死阿骨打，以免后患。然而，昏庸腐朽的天祚帝却不以为然，反而说什么纵使阿骨打有反叛之心，也成不了气候。因此，根本不予重视。直到阿骨打反辽战争准备就绪的时候，天祚帝才慌忙于 1146 年秋天，命统军萧挞不野率领契丹、渤海兵 800 人，进抵宁江州（今吉林省扶余县南石头城子）防备。

阿骨打获知辽军的动向，迅即调集女真各部落兵共 2500 人，以迅雷不及掩耳之势，于同年九月间，直扑宁江州辽营。阿骨打出师前，按照传统的仪式，祭天告地，执梃誓师说："大家同心尽力，凡是立功者，奴婢可以升为平民，平民可以做官。原先有官职的，可以根据功劳大小晋升。如果违反誓言，一定要处死，而且家属也不赦免。"这一誓词，鼓励了女真兵将士的战斗勇气。随着发兵到达辽界，与渤海军相遇。阿骨打一马当先，不畏矢石，一箭射死辽将耶律谢十。顿时战场上喊杀声四起，全军士气倍增。辽兵在金军的强大攻势下，溃不成军，相互践踏，死者十之七八。十月，阿骨打率部一举攻克了宁江州城。

阿骨打既是一名骁勇善战的军事统帅，又是一名雄才大略的政治家。首战告捷之后，他从政治角度，利用战斗空隙，为了扩大战果，首先提出了"女真、渤海本同一家"的具有战略意义的口号，派人到了辽朝境内，宣传反辽战争只是为了讨伐辽朝统治者，绝不滥杀无辜，加害人民，以此来争取原来在辽朝统治之下的东北地区各族人民的同情与支持。其次，他改革女真族传统的"猛安谋克"制度，整编军队。在部落联盟时代，"谋克"是氏族的头目，"猛安"是部落的军事统领。打仗的时候，他们分别负责率领各自的氏族、各自的部落参战。但是，因为各个氏族或部落的大小差异很大，所以各个猛安、谋克的甲兵数量也多少不等。这就不能适应战争中攻击和守卫的需要。宁江州首战告捷之后，阿骨打意识到现有的猛安谋克军事编制的弱点，便着手进行改编。他规定：所有女真各部兵丁，按三百户为一谋克，十谋克为一猛安的原则，重新进行整编。这一措施，一方面改革了女真社会的行政编制，削弱了氏族社会以血缘关系为纽带的旧传统；另一方面，又使军事编制得以改善，对于提高战斗力具有积极意义。接着，阿骨打又把女真社会的这种军政合一的猛安谋克制度，推广到东北其他各被征服民族中去，从而加强了对被征服地区的行政管理，扩大了兵源，使他的军事力量大增。

辽军在宁江州的惨败，当然不会使辽朝统治者善罢甘休。1114 年十一月，辽军十万主力，在辽朝都统萧乣里、副都统挞不野的率领下，集结在鸭子河（今松花江）北岸，企图一举扑灭女真。阿骨打在大军压境的情势下，镇定自若率领 3700 名甲兵，冒着严寒御敌。这时，辽兵正准备渡河，女真兵迎头痛击，连夜鸣鼓举着火把乘胜渡河登岸，两军在出河店

（今黑龙江肇源附近）遭遇。适巧狂风大作，尘埃铺天蔽日。阿骨打率女真兵乘风势进击，辽兵大败，俘获大批车马、兵甲和武器，珍玩不计其数。阿骨打立即将俘虏的辽兵改编入女真军，使阿骨打的军队扩大到一万人。

出河店一战，阿骨打大获全胜，表现出阿骨打杰出的军事指挥天才，这是一次以少胜多的战役范例。对于女真来说，具有决定性的意义。女真军军威大震，辽朝显然已不是对手了。阿骨打抓住战机，乘胜分兵前进。先后攻克辽朝的宾州（今吉林德惠北）、祥州（今吉林农安北）等地，这时又有两路辽军投降，女真军越战越勇。接着，他们又包围了辽朝北方边陲重镇黄龙府（今吉林农安），然后挥戈直捣咸州（今辽宁开原），终于占领了辽东地区。

建立金朝　　完成灭辽大业

由于一连串的军事上的胜利，女真的占领区也迅速扩大。伴随而来的奴隶制生产关系也日益发展。这样，要对被征服地区各族人民实行有效的统治，原来的女真族部落联盟组织，已经远远不能适应需要了。建立奴隶制的国家，为时势所迫，条件已经成熟了。

早在 1113 年，就有人向阿骨打谏言立国称帝。1114 年，阿骨打统军连克辽朝宾州、咸州后，他的弟弟吴乞买和撒改、辞不失等便拥戴他建国。1115 年夏历正月初一，阿骨打即皇帝位，以上京会宁府（今黑龙江阿城南白城子）为国都，阿骨打说：辽以镔铁为号，取其坚也。镔铁虽坚，最终也要锈坏，唯有金不变不坏。金之色白，完颜部色尚白。于是，定国号为"大金"，立年号为"收国"，正式建立起奴隶制国家。阿骨打建立金国，是在对辽作战中完成的，当然这个国家，只能是初具规模，各项典章制度也不可能完备。但是，阿骨打也着手进行了一系列改革，力图逐步完善国家制度。例如，阿骨打自称皇帝，确立了皇权统治，废除了原来的部落联盟制；在中央，设立勃极烈，辅佐皇帝统治全国；在地方，保留猛安谋克制的同时，设置路一级地方政权，各路置都统或军帅，统领当地军兵。1116 年二月，下令由平民沦为奴隶者，可用两个奴隶赎一人为平民。同年五月，又下令"除辽法，省税赋"。此外，在 1119 年，阿骨打命欢都子完颜希尹创造女真字，并于八月下令正式颁行。毫无疑问，阿骨打所采取的这些措施，在金朝历史上，都起到了积极作用。特别是女真字的制成与颁行，促进了汉族、契丹族与女真族的文化交流，也是值得肯定的。

金朝的建立，标志着女真族从原始社会向奴隶制社会过渡的完成。但是，奴隶制的本性，就是要不断地发动对外的侵掠战争，来填塞奴隶主们永远也填不平的对奴隶和财产的欲壑。阿骨打既然是金朝奴隶制国家的开国皇帝，必须充当女真奴隶主贵族的代表，去完成他们所赋予他的使命。这样，为彻底打败辽朝而继续展开一系列军事行动，就是势在必行的了。

1115 年八月，阿骨打便率领全军渡过混同江（即黑龙江从同江县到入海口一段）。九月，攻克了黄龙府城。辽朝天祚帝听说北边重镇黄龙府失守，大惊失色，预感情势不妙。遂统领契丹、汉军十余万人，亲征大金。阿骨打领兵两万迎战。在敌众我寡的情况下，阿骨打毫无惧色，登高观望辽兵阵容，像连云灌木一样，散乱无章。于是他对身边大将说："辽兵心贰而情怯，虽多不足畏。"在一个名叫护步答冈的地方，两军相遇。阿骨打遂令部下占领高地摆开阵势，经过艰苦的搏战，辽军大败，死者无数。天祚帝逃跑。金军缴获大批兵器、财物、牛马。原来，辽人本欲屯田，且战且守，结果数以千计的耕具也成了金军的战利品。天祚帝在一天一夜之间逃跑了 500 里，金军乘胜追击，所向披靡。辽将纷纷投降。金军很快占领了包括东京辽阳府（今辽宁辽阳）在内的辽朝大片土地。阿骨打又打了一场以少胜多的大胜仗。

在阿骨打建立大金国以前，辽朝与宋朝处于对峙状态。从 1118 年起，辽、宋双方都多次遣使入金国，宋朝使者的目的是联金灭辽；而辽朝的使者则受命于危难之际，企图向金朝求和。在此情况下，阿骨打选择了联远攻近的战略方针，决定联宋灭辽。金、宋双方，经过反复磋商，于 1120 年达成协议。宋、金两国南北同时夹击辽朝。金军直取辽朝中京大定府（今内蒙古宁城境内）。攻占了原属辽朝的长城以北各州县；宋军则直取燕京析津府（今北京）；灭辽后，长城以南州郡归宋管辖；宋朝把原来每年缴纳给辽朝的币绢 30 万匹、银 20 万两，如数交给金朝。协议达成的这一年是宋徽宗宣和二年（1120），根据这个盟约，金朝从中可以得到很大的利益，这是显而易见的。而对于辽朝使者的求和，阿骨打认定不过是一种缓兵之计，所以断然拒绝，下令出征。辽朝灭亡已成定局，只是个时间问题了。阿骨打进一步整肃军纪，责令各路伐辽金军，一定要做到赏罚分明，备足粮饷；不得扰乱降服的部落族人，严禁俘掠百姓。同时，授予各路伐辽军的指挥官"事有从权，毋须申禀"的权力。接着，金军在阿骨打的指挥之下，分别于 1120 年五月，1122 年正月、四月，先后攻破辽朝的上京临潢府（今内蒙古尼林左旗南）、中京大定府、西京大同府（今山西大同）。1122 年，与金军在北线的攻势相呼应，宋军按照海上盟约，在南线也向辽朝发起了进攻。然而，由于宋军主帅童贯是个骄恣专横、势倾一时的六贼之一，临阵胆怯，指挥无方，结果宋军反而被辽军挫败。童贯密使金人图燕。阿骨打率领精兵，一举攻克燕京，至此，辽朝的五座京城，全部沦于阿骨打之手。辽朝的统治基本上被摧毁。1123 年，金军将燕京的工匠和财宝掳掠一空，并按照"宋金宣和海上之盟"，把燕京六州之地分给宋朝。阿骨打派兵继续追击辽朝天祚皇帝。这年八月，阿骨打在返回上京的途中病死，终年 55 岁，庙号太祖，谥武元皇帝。

金太祖完颜阿骨打虽然死了，但是他作为女真奴隶贵族的政治、军事领袖，建立了奴隶制国家，成为延续 118 年，与南宋王朝相抗衡的金朝开国皇帝。他一生在戎马中度过，终于完成了灭辽大业，从而使女真族的历史进入一个新的历史时期。因此，他不愧为女真族的民族英雄，杰出的政治家和军事家。

参考文献

[1] 宇文懋昭撰，崔文印校证：《大金国志校证》，中华书局 1986 年版。

[2]《金史》，中华书局校点本，1975 年版。

[3] 李有棠：《金史纪事本末》，中华书局 1980 年版。

原载李祖德主编《中国历代开国帝王传》，

黄山书社 1987 年版

成吉思汗

　　我们伟大的祖国，是一个统一多民族的国家。国内各少数民族与汉族一样，都有悠久的历史，都对祖国的历史发展做出过贡献。在纷若群星的古代政治家、军事家中，有汉族的，也有少数民族的。其中蒙古族的成吉思汗，被后人称作"一代天骄"，是大蒙古国的开国大汗。

历尽艰辛的青年铁木真

　　成吉思汗原来并非人名，而是统一蒙古各部、建立大蒙古国的蒙古族领袖铁木真的称号。13 世纪，铁木真统帅蒙古奴隶主贵族的军事活动，震动了欧、亚大陆，成吉思汗这个称号也遐迩闻名，后来人们就习惯地用这个称号来代替铁木真了。

　　铁木真，姓孛儿只斤，蒙古乞颜部人。他的父亲叫也速该·把阿秃儿（把阿秃儿意为"勇士"），是蒙古乞颜部的首领，母亲叫诃额仑。1162年铁木真出生时，也速该刚好俘获了两名塔塔儿部人回来，其中年长的一个叫铁木真。也速该按古代蒙古人的命名习惯，就把刚生下来的儿子叫作铁木真了。

　　铁木真九岁时，他父亲也速该带他到翁吉剌部去求亲。按照蒙古人古老的习惯，定亲后就把铁木真留在岳父特薛禅家里。也速该在回本部的路上，经过塔塔儿部人的营盘，被认出是他们的仇敌，便将毒药下在酒里给也速该喝。也速该一回到家，就毒发而死。临终前，留下遗言，让铁木真回归本部来。

　　也速该死后，造成了乞颜部的分裂。泰赤乌部首领本来就忌恨他的势力，觊觎他的部众，因而，也速该一死，他们便乘机夺走了他的部众。铁木真的家庭，一时陷入了困境。他的母亲诃额仑带着铁木真的兄弟和妹妹，以及少数忠实的部众，在今天鄂嫩河上源肯特山旁，"拾着果子，掘着草根"，过着十分困苦的生活。铁木真兄弟们逐渐长大后，也能捕鱼、打猎，和母亲一起度过了艰难的岁月。

除了生活艰辛之外，铁木真还不断遭到邻近部落的袭击。泰赤乌部首领担心铁木真长大后要找他们报仇，就带人来逮他。有一次，铁木真为了躲避泰赤乌部首领的捕捉而逃进山林，后来忍受不住饥饿，下山来寻找食物，还是被俘虏了。铁木真被套上木枷，到处示众。铁木真乘泰赤乌人举行筵会之机，用木枷打倒看守人，机敏地逃跑了，几经周折，回到家中。不久，泰赤乌部的贼人，盗走了铁木真家的马匹。铁木真不顾日落天黑，上马追击贼人，一直追踪了六天，在路上又遇到了一个名叫孛斡尔出的青年人，并得到了他的帮助，终于奇迹般地追上了贼人，夺回了失马，并击退尾随而来的泰赤乌人。铁木真与特薛禅的女儿孛儿贴结婚以后，蔑儿乞部又在一天早晨对铁木真发动了突然袭击，诃额仑和铁木真兄弟们上马赶紧逃到附近的山里去了。孛儿贴无马可骑，被蔑儿乞部掳获而去，并匹配给了该部的人为妻。

青少年时代的铁木真，历尽艰辛，不止一次大难临头。但是，他始终不灰心、不气馁，在磨难中锻炼了自己的意志。他机敏而慎重，具有坚忍不拔、百折不挠的毅力。他决心积聚力量，振兴自己家族的势力。为此，他采取了一系列行动，着手统一蒙古诸部。

统一蒙古诸部

铁木真认识到，要抵抗泰赤乌部贵族的压迫，振兴自己家族的势力，不是一件容易的事，必须寻找一个更强大的势力作庇护。于是，他来到土兀剌河黑林（今蒙古人民共和国乌兰巴托南）地方，向他父亲也速该的"安答"（意为结义兄弟）——克烈部首领王罕寻求支持。他把结婚时妻子的嫁妆黑貂裘，奉献给王罕，并尊奉王罕为父。王罕十分高兴。王罕与蔑儿乞人有仇，表示支持。铁木真又召集过去属于自己家族的部众，并约会了自己的"安答"——札答剌氏族首领札木合。三方联合发起对蔑儿乞部的进攻。他们总共有四万人，采取迂回到蔑儿乞部背后，趁其不备，进行突然袭击的战略战术，大败蔑儿乞部首领脱脱。铁木真夺回了妻子孛儿贴和被掠的家人，杀了蔑儿乞部许多成年男子，并将他们的妇女儿童掳为奴隶。

经过这次战争，铁木真的力量迅速壮大。一两年后，他便从斡难河中游的札木合营地迁到克鲁伦河上游的桑沽儿小河（也就是今天的臣赫尔河），独立建营了。一些过去在困难时刻离异铁木真家族的乞颜部贵族，纷纷向铁木真靠拢。铁木真势力的迅速增强，引起了他的"安答"札木合的怀疑。大约在 1189—1196 年，这对结义兄弟，终因两部之间争夺马群的纠纷，而彻底决裂。双方各率十三部三万军队，会战于答兰版朱思之野，这就是蒙古历史上著名的"十三翼之战"。由于铁木真的势力还处在初起阶段，他在这次战役中败北。然而，札木合在胜利中表现得极其凶残。他曾命令用 70 口锅，烹煮归附铁木真的赤那思地方的贵族。结果，大失人心，使一些归附札木合的部落成员，离心离德，反而倒向铁木真一边。

十三翼之战，铁木真虽然失败了，但是，他并不气馁，积极收集部众，积聚力量，准备卷土重来。1196 年，塔塔儿部蔑古真薛兀勒图叛变金朝，金兵大举征讨。铁木真获悉后，联合克烈部王罕，配合金兵的行动，大败塔塔儿部，杀死了蔑古真薛兀勒图。王罕和铁木真都掳掠了许多奴隶和财物。王罕被金朝封为王，铁木真被封为招讨使。接着，铁木真又陆续战胜了主儿乞部、蔑儿乞部、乃蛮部、泰赤乌部等，力量比起十三翼之战以前更加强大了。

1200 年，铁木真与王罕联合消灭泰赤乌部之后，铁木真就向呼伦贝尔地区进取。居住在那里的合答斤、撒勒只兀惕、朵儿边、塔塔儿、翁吉剌等部联合起来，共同对抗铁木真与王罕。铁木真得到他的岳父、翁吉剌人特薛禅的密报，联合王罕，进军至捕鱼儿海子（今贝加尔湖），与合答斤部激战，合答斤部力屈败亡，其部众、牲畜多被铁木真和王罕分掳。

1201 年，札木合不甘心坐视铁木真力量的日益强大，联络了一些败散的旧贵族，即塔塔儿、翁吉剌、合答斤、撒勒只兀惕、泰赤乌、朵儿边、豁罗剌思等十一部首领，在也里古纳河与刊河（今根河）、秃律别儿河（今得尔木尔河）交汇处集合，推举札木合为"古儿合罕"，打算秘密地进袭铁木真。铁木真获得情报之后，立即起兵迎战，联合王罕把他们打败。札木合向王罕投降，翁吉剌部归附了铁木真。1202 年，铁木真再次发兵征讨塔塔儿部，将塔塔儿部消灭。这样，西起鄂嫩河上游，东至兴安岭，蒙古高原的东部地区，都归并到铁木真号令之下了。

　　从 1189 年，铁木真被推为乞颜部首领以来，他一直与克烈部王罕结盟，巧妙地凭借王罕的势力来壮大自己。然而，铁木真势力的逐渐强大，也使王罕日益感到威胁。于是，以父子相称的王罕与铁木真之间，终因利害冲突而彻底决裂了。1202 年春，王罕密谋请铁木真赴宴，想借机杀害铁木真。不慎谋泄，只得发兵攻打铁木真。铁木真仓促应战，终因寡不敌众，被击败，部众溃散，只率领十九骑落荒而逃。途经一片沼泽地——"班朱尼河"（又名黑河，意为"沼泽"），什么吃的都没有了，正好有一匹野马走来，他们射死野马，汲河水煮野马肉充饥。铁木真举手仰天立誓说："如果我建树大业，定与你们同甘苦。违背这话，有如河水。"这就是蒙古史上有名的"班朱尼河之誓"。后来凡"同饮班朱尼河水者"，均被封为功臣。铁木真并不灰心，相反他又重整人马，乘王罕父子由于打了胜仗而防守懈怠之际，派自己的兄弟先去诈降，然后发动突然袭击，经过三天三夜的苦战，反而完全战胜了克烈部，王罕在向西逃亡中被乃蛮部人杀死。消灭克烈部，是铁木真有史以来取得的最大胜利。至此，蒙古高原的 2/3，已经为铁木真所有了。

　　王罕的覆灭，震惊了蒙古高原西部的乃蛮部首领。乃蛮部是当时在蒙古高原上唯一还有力量与铁木真抗衡的部落。乃蛮部首领太阳罕，一向瞧不起乞颜部人，也有称霸蒙古高原的野心。当他得知铁木真把克烈部消灭时说："天上只有一个日月，地上如何有两个主人？"自恃强大的太阳罕，夸下海口，要把蒙古人"生得好的妇女掳来，将他们的弓箭夺来"，"有甚难！"他派人与南边的汪古部联络，要一起攻打蒙古。汪古部首领不同意，还将情报告诉了铁木真。铁木真立即召集将帅们商量，决定主动出兵。在出征前，铁木真对军队进行了整编，建立了千户制和护卫军制。他下令将所有军队按千户、百户、十户统一组编；委派各级"那颜"（意为贵族官人），设立扯儿必官（统领），任命亲信那可儿（意为同伴，这里可以解释为军事侍从）六人为扯儿必；成立护卫军，设八十宿卫、七十散班、四百箭筒士；从千户、百户那颜和白身人的子弟中拣选身材好的做护卫；命阿儿孩合撒儿选一千名勇士管着，此外，还规定了轮番宿卫制度。

　　铁木真通过千户制和护卫军制的建立，进一步健全了军事组织，提高了他的权力。比起过去贵族联盟时代那种每家"一圈子"各自为政的组织形式，大人提高了作战能力。1204 年春天，铁木真下令将军马散开，并让每人烧五堆篝火以虚张声势。乃蛮部前哨一见火光四起，吓得赶忙回去向太阳罕报告，说："铁木真的军马已塞满了萨里川地面，想是每日增添，只见夜里烧的火，一如星般多了。"

太阳罕本以为铁木真春天进军，必然马瘦，人也不会多。听到前哨的报告，却惊疑畏怯起来。铁木真的军队步步逼近，双方在纳忽昏山遭遇。铁木真自己打前锋，太阳罕一见来势凶猛，就指挥军马从山前撤到山顶上，被铁木真军团团围住。当天晚上，不少乃蛮部众从山崖摔下来，自相践踏，死伤惨重。第二天，太阳罕无力抵抗，被活捉了。铁木真乘胜进抵阿勒台山（今译阿尔泰山）前，征服了太阳罕所属的乃蛮部众。接着，当时在乃蛮地方的札木合，也被他的随从抓了送给铁木真，被铁木真处死。追随札木合的合答斤、朵儿边、塔塔儿等残部，纷纷向铁木真投降。南面的汪古部首领也归顺了铁木真。至此，西起阿尔泰山，东至兴安岭的整个蒙古高原各部落，几乎全部成了铁木真家族的属部。

"一代天骄"的成吉思汗

1206 年，蒙古的贵族、功臣们，在鄂嫩河边举行"忽里台"（大聚会），一致推举铁木真为全蒙古的大汗，并上尊号为"成吉思汗"。"成吉思"来源于突厥语汇"海洋"，意思是像海洋一般广阔而强大。这一年，铁木真 44 岁，大蒙古国就宣告建立了。蒙古初起时，成吉思汗曾经同弟兄们商量好："取天下了呵，各分地土，共享富贵。"大蒙古国建立后，他逐步实行了分封制。他把全体蒙古牧民划分和固定在 95 个千户中。千户下设百户、十户。千户那颜都是成吉思汗的功臣，各千户内的牧民不能任意离开千户组织，对那颜有人身隶属关系。成吉思汗把一部分千户作为领民分给诸弟、诸子，形成左右手诸王。又以木华黎、博尔术为左右万户那颜，即两个最大的军事长官。把原来只有 150 人的怯薛扩充到一万人，征调千户那颜、百户长、十户长的子弟充当怯薛，以此控制全国。设札鲁忽赤掌管户籍、词讼等行政、司法事务。

在这之前，蒙古高原东西南北散居的各个部落，都有自己的名称，蒙古部只是其中的一部。大蒙古国建立之后，蒙古高原各部均统一于这个政权之下，共同使用"蒙古"作为它们的总名称。蒙古族作为一个新的民族共同体正式形成了，并在成吉思汗及其子孙的率领下，走上世界历史舞台。

成吉思汗完成了蒙古诸部的统一，并奠定了自己对蒙古高原的统治后，便积极准备力量，向外扩张。

成吉思汗对外扩张，是从攻打西夏开始的。早在 1204 年，他在纳忽昆山打败太阳罕时，其势力范围就已经与西夏北界接壤。第二年，成吉思汗就以太阳罕的儿子逃入西夏，西夏收纳他的仇人为借口，发兵攻打过西夏，破西夏边城力吉里寨，进而破落思城，掳掠了大批人口和骆驼、羊马而还。1207 年，成吉思汗又以西夏不肯称臣纳贡为理由，第二次率兵侵入西夏，遭到西夏的顽强抵抗。次年春天，因军粮不继而撤退。1209 年春天，成吉思汗第三次大举进攻西夏，一路势如破竹，直逼贺兰山中的克夷门。克夷门是西夏都城的屏障。成吉思汗力战不克，双方对峙达两月之久。七月间，成吉思汗设伏诱战，遂破克夷门，铁骑直逼中兴府城下，包围了中兴府城。九月，成吉思汗下令筑堤，引黄河水灌中兴府城。十月，西夏襄宗李安全遣使突围，向金朝求援，遭到拒绝。到十二月，河堤决裂，水势四溃。中兴府城危在旦夕，蒙古军营也被河水倒灌，无法继续围城。成吉思汗便遣使入城谕降。李安全以纳女称臣为条件，向成吉思汗乞降。成吉思汗才下令撤军。

成吉思汗三次攻打西夏，把西夏从金朝的盟友变成依附于自己的属邦，从而解除了攻金时可能出现的侧后威胁，于是便肆无忌惮地转而向金朝进攻了。

先前，蒙古高原诸部，大都归金朝管辖。金朝通过对蒙古高原诸部首领委以官职、收取岁贡的方式，控制蒙古高原。为了防止各部强盛起来，金朝还曾实行"减丁"政策，每隔三年，派兵北上剿杀人口。对于金朝的残暴统治，成吉思汗的曾祖合不勒汗，就曾率领蒙古部进行过反抗。合不勒汗死后，堂弟俺巴孩汗继立，被塔塔儿人捉住献给金朝。金朝皇帝将俺巴孩汗残酷处死。从此，蒙古与塔塔儿成了世仇，并且在心中埋下了仇恨金朝的种子。后来，金朝攻打塔塔儿，成吉思汗出兵配合金朝作战，因此接受了金朝的封号，并向金朝纳贡。然而，成吉思汗却想为俺巴孩汗报仇，便利用向金朝纳贡的机会打探金朝的虚实。有一次，成吉思汗到净州（今内蒙古呼和浩特东北）送贡品。金朝派卫王完颜永济去接收。成吉思汗见他懦弱无能而看不起他，不按规矩行礼。完颜永济怀恨在心，归朝后曾请出兵攻打蒙古。1208 年末，金章宗完颜璟病逝，完颜永济继位，派使者向蒙古颁布诏书。成吉思汗一听是永济当了皇帝，便使劲向南方啐了一口唾沫，骂道："我以为中原皇帝是天上人做的，像这样的懦夫难道也可以吗？还拜他做什么？"骂完就翻身上马，扬鞭而去。金使回报永济，永济大怒，加筑边城乌沙堡，图谋待成吉思汗再次进贡时，设计杀害他。成吉思汗得知这个情报后，立即与金朝断绝关系，决意对金作战。

1211年三月，成吉思汗亲自率领大军，南征金朝。在出征前，他誓告"长生天"帮助他为先祖俺巴孩汗复仇雪恨。同年七月，成吉思汗率领大军以大将哲别为前锋，攻克乌沙堡。金军在蒙古铁骑突袭下仓皇后退。八月，成吉思汗驻营于抚州（今河北张北），下令强攻金朝重兵把守的野狐岭（今河北张家口西北），金军大败。

与此同时，成吉思汗还派他的三个儿子术赤、窝阔台、察合台率领另一支人马，攻掠金朝西北沿边诸州。1212年，成吉思汗移军攻打金朝西京（今山西大同），中流矢负伤，撤军退到长城外。

1213年，成吉思汗调集大军，再次由野狐岭入长城，先击溃金军30万于浍河堡（今河北万全南）。七月，大军直指居庸关。金朝在居庸关外布铁蒺藜百余里，冶铁固关门，派重兵守御。成吉思汗避实就虚，留部将与金兵对峙，自己却率精锐，兼夜从小道奔袭紫荆关。黎明时分，蒙古铁骑兵抵紫荆关，金军从酣梦中惊起，仓促应战，遂大败。成吉思汗从紫荆口入关。金朝的都城中都（今北京）便成为成吉思汗下一个攻击目标。

这年秋天，成吉思汗兵分三路，攻取了山西、河北、山东和东北许多地方。随后，三路人马在中都附近会师。1214年春，成吉思汗驻营于中都北郊。这时金朝统治集团内部矛盾爆发，永济被杀，继位的金宣宗完颜珣向成吉思汗献出永济之女岐国公主，以及大批金帛，童男、童女各五百，骏马三千，成吉思汗才率蒙古军撤出居庸关。这年五月，金宣宗害怕成吉思汗重新入关，赶忙迁都南京（今河南开封）。六月，金朝留守中都南郊的乣军哗变降蒙。成吉思汗闻讯遣军南下，复围中都。经过一年多的围城，到1215年五月，中都终于攻破，俘获了赫赫有名的耶律楚材。

蒙古军攻占华北地区之后，成吉思汗便把他的注意力转向蒙古高原西北地区。他封木华黎为太师国王，专事经略华北，自己则专意于准备西征。

早在成吉思汗攻金以前，畏兀儿（今译维吾尔）政权已归附了蒙古。1218年，成吉思汗利用西辽内乱的机会，派大将哲别灭亡了被乃蛮太阳罕之子屈出律篡夺王位的西辽。西辽，是金灭辽时，契丹贵族西逃所建立的政权。疆域包括今天新疆西部和新疆以西的部分地区。这样，成吉思汗便与当时中亚的一个强大国家花剌子模发生了接触。花剌子模的疆域，包括今天苏联的中亚部分、阿富汗和伊朗的部分地区。1218 年，成吉思汗曾派遣一支商队去西方经商，被花剌子模的将领抢劫精光，商人也被杀。成吉思汗便以此为借口，于 1219 年秋天，率领 20 万大军向花剌子模发动了侵略战争。在蒙古铁骑的冲击下，花剌子模 40 万军队迅速瓦解。成吉思汗的蒙古骑兵一直踏到申河（今印度河）。其中一支蒙古军，在哲别和速不台的率领下，奉命追赶花剌子模国王，越过太和岭（今高加索岭），进入钦察草原（今波罗夫赤草原），长驱直入斡罗思（今译俄罗斯）境内。

成吉思汗的西征，出现了历史上罕见的大屠杀、大破坏，给中亚各族人民带来了极大的灾难。1225 年，成吉思汗由中亚返回蒙古。1226 年，成吉思汗以西征时，西夏不肯出兵为借口，再次出征西夏。1227 年七月，西夏国王向成吉思汗投降。成吉思汗这时已因病逝世于六盘山，终年 65 岁。1265 年元世祖忽必烈上庙号太祖；次年追谥号圣武皇帝。

成吉思汗临终前，对幼子拖雷和诸大将交代了联宋灭金的方略。后来窝阔台灭金，基本上遵循了他的遗嘱。

成吉思汗作为蒙古族的军事统帅，有杰出的军事才能。他战略上重视联远攻近，力避树敌过多。用兵上，注重详探敌情、分割包围、远程奇袭、佯退诱敌、运动中歼敌等战法。但是，他所发动的战争，具有游牧部落战争所带来的野蛮残酷的特点。成吉思汗统一蒙古诸部，对于蒙古族的形成和发展做出了重大贡献，是蒙古族的民族英雄、大蒙古国的开国大汗。他打破了当时地方政权林立的局面，对于我国的统一也起过有益的作用。

参考文献

[1]《元朝秘史》，《四部丛刊》三编本。

[2]《圣武亲征录》，《海宁王静安先生遗书》本。

[3] 志费尼：《世界征服者史》，何高济译，内蒙古人民出版社 1980 年版。

原载李祖德主编《中国历代开国帝王传》，

黄山书社 1987 年版

耶律楚材

耶律楚材，字晋卿，契丹人。辽太祖耶律阿保机的九世孙。生于金章宗明昌元年（1190），卒于大蒙古国乃马真后三年（1244），是大蒙古国的著名的政治家。

耶律楚材的父亲叫耶律履，以其学行事金世宗，逐渐受到重用，金章宗时，官至尚书右丞。耶律楚材世居中都（今北京），三岁丧父，在母亲杨夫人的哺育下，"继夜诵诗书，废时毋博弈"，刻苦学习。及长，博览群书，旁能天文、地理、律历、术数及释老、医卜之说。金章宗泰和六年（1206），楚材16岁，经过面试，步入仕途，不久当上了开州同知。金宣宗贞祐二年（1214），为了逃避成吉思汗南侵的威胁，金宣宗迁都南京（今开封），以完颜承晖留守燕京行尚书省，楚材被辟为左右司员外郎。蒙古兵很快围困燕京，城中绝粮六十余日。1215年5月，城被攻陷。楚材遂拜万松老人（行秀）为师，遁入佛门。脱俗三年，悟出了"穷理尽性，莫尚佛法；济世安民，无如儒教"的道理。

1218年，成吉思汗出于征战的需要而延揽人才，听说耶律楚材博学多艺，就派人把他召至漠北。耶律楚材身长八尺，美髯宏声。成吉思汗十分喜欢，便说道："辽、金世仇，我为你报了仇。"楚材答道："从我祖父、父亲起，就已经入侍金朝了，既然做了臣子，怎敢与君为仇呢！"成吉思汗很满意楚材的回答，便将其处之左右。成吉思汗不叫他的名字，而是亲切地叫他"吾图撒合里"（蒙古语"长胡子"，即"美髯公"）。成吉思汗宠信耶律楚材，引起他的另一个亲信——善造弓的常八斤的嫉妒。常八斤当着耶律楚材的面对成吉思汗说："现在正是用武之际，耶律楚材不过是个儒生，对打仗一窍不通，有何用处？"耶律楚材不卑不亢、从容不迫地反问道："治弓尚且须用治弓匠，难道治天下就不须用治天下匠吗？"成吉思汗觉得有理，从此更加信任耶律楚材了。

第二年，成吉思汗发动了西征，用兵中亚花剌子模等国，耶律楚材随驾西征，追随成吉思汗多年（1219—1225），虽为亲信，但只被作为"必阇赤"（意为书记官）和占卜星相家使用，并未得到充分施展才能的机会。正如他的诗句所说："西征万里亵銮舆，高阁文章束石渠。"

1226年，成吉思汗以西征时，西夏不肯出兵为借口，再次出征西夏。及下灵武，诸将争先恐后地掳掠子女金帛，而耶律楚材却只收集图书及大黄药材，人们都以为无用。不久军中病疫流行，耶律楚材用收集来的大黄药材治愈了患流行病的士卒，大家又都以为神奇。1227年七月，成吉思汗死于六盘山，"赢得飘萧双鬓雪"的耶律楚材，又回到了燕京，等待时机，施展他的才能。

成吉思汗死后，拖雷监国，耶律楚材逐渐受到重用。拖雷派他负责搜集燕京的图书，他出色地完成了任务。成吉思汗时代，忙于东征西讨，没来得及制定必要的规章制度，因此，州郡长吏，生杀任情，挈人妻女，掠取财货，兼并田地，无所不为。其中燕蓟留后长官石抹咸得卜，尤为贪暴，杀人盈市。耶律楚材得知后，不禁凄然泪下，立即入奏，请求发出禁令，各州郡若无奉到盖有大汗印玺的文书，不得擅自向人民征发；囚犯应判死刑的必须上报，违者罪死。于是各地贪暴之风稍有收敛。当时燕京的社会秩序很不安定，强盗横行。天还没黑，这些强盗就驾着牛车闯入富家，抢其财物。如果反抗不让抢，就杀人。拖雷派中使塔察儿和耶律楚材前往穷治。耶律楚材经过仔细调查，了解到这伙强盗的姓名，原来都是留后亲属及势家子弟。耶律楚材不畏强暴，将这伙强盗全部逮捕下狱。而强盗的家属却贿赂中使，中使准备从轻发落。耶律楚材晓以祸福，中使害怕了，只得听从耶律楚材的意见，从重发落，将16名首恶斩首示众。从此，强盗敛迹，燕民始安。

1229年秋，拖雷监国已经两年了，决定召集"忽里台"推举大汗。根据成吉思汗的遗嘱，应由窝阔台继承汗位，但是，宗亲都到会，但议犹未决。耶律楚材对拖雷说："这是宗社大计，应当早定。"拖雷说："意见尚未统一，可否另外择日再定？"耶律楚材说："过了明天，就没有吉利的日子了。"于是决定明日举行。耶律楚材拟定了登基大典的仪制，并对亲王察合台说："你虽是窝阔台的长兄，但位在臣之列，礼当拜。你拜了，其余的人就不敢不拜了！"察合台觉得耶律楚材说得极是。等窝阔台即汗位，察合台率领皇族及臣僚依次在帐下跪拜，大典进行得很顺利。察合台对耶律楚材说："你真是宗稷的功臣呵！"

窝阔台即位后，为了树立自己的威望，准备对那些没有如期前来朝拜的王公大臣处以死刑。耶律楚材闻讯后马上奏曰："陛下新即位，应当宽大为怀，以求安定。"窝阔台汗采纳了他的建议。从此，耶律楚材日益受到重用。1231 年，窝阔台汗任命耶律楚材为掌汉文字的必阇赤长，汉人称为中书令或中书侍郎。于是，他在政治、经济、文化等方面，向窝阔台汗提出了一系列有利于中原地区封建经济恢复与发展的政策与措施，并付诸实践。

在政治上，耶律楚材主张废止屠城政策。1223 年，速不台攻打金朝的南京（今开封）时，曾以该城抗拒不降为由，派人奏请窝阔台："待城破之日，当尽屠之，以示严惩。"耶律楚材马上对窝阔台汗说："我军在外征战数十年，所想要得到的不过是土地和人民。如果得了土地，却没有人民，又有何用呢？"窝阔台犹豫不决，耶律楚材又说："制造弓矢甲仗、金玉器皿的能工巧匠和官民富贵之家，都聚在这个城里，如果都杀了，我们将一无所得，那这个仗不就白打了吗？"窝阔台觉得有理，下令"除皇族完颜氏罪大不赦外，其余皆免罪不问"。于是避乱聚居在南京的 147 万余人，幸免于难。

耶律楚材还主张改变蒙古诸王功臣"裂土分民"的分封制；主张限制割据各地的汉人军阀的政、军、司法、财政大权；制定和实行诸如定君臣之礼、五户丝制（即每五户出丝一斤，以供诸王功臣汤沐之资）、军民分治制（即各州郡置长吏专管民事，设万户府点领军政，不相统摄）等加强中央集权的措施，均收到了较好的效果。

在经济上，耶律楚材针对近臣别迭等提出的"汉人无补于国，可悉空其人以为牧地"的动议，为阻止中原封建经济遭到更大的破坏，他通过在中原地区奏立十路课税所，每年为大蒙古国征收到大量的财赋，来引导大蒙古国剥削方式的转变。耶律楚材还建议把汉人地主武装私占的奴隶、农奴以及蒙古贵族强占的驱口，收为国家编民，从而解放了大量社会劳动力。此外，耶律楚材还反对蒙古贵族的苛征暴敛，反对西域商人对人民的高利贷剥削，反对汉、回商人的扑买课剥削制度。他的这些主张，不同程度地得到实施，使多年遭到战争破坏的中原地区社会经济得到初步恢复。

在文化上，耶律楚材极力推行保护、优待、任用儒士的政策，提出

"制器者必用良工，守成者必用儒臣"的论断，得到窝阔台的认可。1230年，因他所奏请而得到任用的十路课税所正副使共 20 员，都是儒士。1238 年，他又奏请在中原诸路举行儒士考试，以经义、词赋、论分为三科，儒人被俘为奴者，亦令就试，共得儒士 4030 人，其中免为奴者占1/4。这些中选的儒士有不少人后来成为元世祖忽必烈时的名臣。

由于耶律楚材的一系列改革蒙古旧制的主张，不断遭到蒙古贵族的反对。窝阔台晚年，就开始不那么信赖他了，甚至发生听信蒙古贵族的诬陷，而下令将耶律楚材捆绑起来的事情。1241 年窝阔台汗死后，乃马真后称制，宠信奥都剌合蛮，排斥和疏远耶律楚材。耶律楚材目睹政事日非，奸邪当道，终于在乃马真后三年（1244）五月"愤惋"而死，终年54 岁。耶律楚材死后，蒙古贵族中有人诬陷他，说："其在相位日久，天下贡赋，半入其家。"乃马真后命近臣麻里扎去查勘，结果"唯琴阮十余，及古今书画、金石、遗文数千卷"。

参考文献

［1］《元文类》卷 57 宋子贞《中书令耶律公神道碑》，《四部丛刊》本。

［2］《元史》卷 146《耶律楚材传》，中华书局校点本。

［3］王国维：《耶律文正公年谱》，《王国维遗书》第 11 册，上海古籍出版社1983 年版。

［4］韩儒林：《耶律楚材在大蒙古国的地位和所起作用》，《江海学刊》1963 年 6月号。

原载肖黎等主编《影响中国历史的一百个男人》，

广东人民出版社 1992 年版

元世祖忽必烈

　　自从唐朝末年藩镇割据以来，我国历史上先后出现了五代十国的分裂，辽与宋、金与宋的南北对峙，以及西夏、蒙古、高昌、西辽、吐蕃、大理等民族政权的长期并存。这种分裂割据局面，延续了三个多世纪。直到 1279 年，元朝的开国皇帝忽必烈灭南宋，我们伟大的祖国才复归于统一。在这场封建统一战争中，元世祖忽必烈表现出卓越的政治才干和杰出的军事才能，不愧为叱咤风云的一代英豪。

信用汉儒的蒙古王子

　　忽必烈是成吉思汗的幼子拖雷的第二个儿子，生于 1215 年。他的母亲唆鲁忽帖尼，受汉文化影响较深。她经常从她的"汤沐邑"——真定（今河北正定）征召儒士到漠北去。汤沐邑，也就是份地。忽必烈自幼受到母亲的严格教育，并接受了中原汉文化的影响。步入青年以后，他已经"思大有为于天下"了。1242 年，忽必烈召海云禅师到藩邸。忽必烈问他："佛法有安天下之法吗？"海云答道："若问古今兴亡之道，你应当寻求天下的大贤硕儒，他们会告诉你安天下之法。"于是把随行的徒弟僧子聪，即刘秉忠，推荐给忽必烈。刘秉忠应对称旨，对答如流，博得忽必烈的青睐。同一年，忽必烈又从怀仁（今山西怀仁）召儒士赵璧到藩邸，并委托赵璧罗致四方文学之士，访问治道。在他们的影响下，忽必烈对中原文明十分倾慕，逐渐意识到治理汉地必须"附会汉法"。

　　1251 年，忽必烈的哥哥蒙哥即大汗位，成为大蒙古国的第四代大汗。因为忽必烈是蒙哥诸弟中最大的一个，而且十分贤能，便被蒙哥委任主管漠南汉地的军国庶事。次年，忽必烈移藩府于金莲川（今内蒙古正蓝旗东），继续延请汉族儒士和官员，组成金莲川幕府，辅佐他治理汉地。他先后任用汉人儒士整饬邢州（今河北邢台）吏治，立经略司于汴梁，整顿河南军政，屯田唐、邓，都收到了积极的效果。

1252 年六月，忽必烈奉蒙哥汗之命征大理。他带刘秉忠、姚枢等随行，而由蒙古名将速不台之子兀良合台统帅军队。十二月过黄河。第二年春，经盐州（今陕西定边）出萧关（今宁夏固原东南），来到六盘山。不久，蒙哥又把京兆（今陕西西安）分封给忽必烈作份地。于是忽必烈让姚枢经营京兆，整顿吏治，立屯田，恢复农业生产，兴学校，使关陇地区出现大治的局面，成为忽必烈南下的重要基地。忽必烈任用汉人儒士治理汉地所取得的成效，加深了忽必烈对"附会汉法"的认识，同时，也因此而得到了北方汉族地主阶级的拥护与支持。1253 年八月，忽必烈率兵进抵临洮，开始转战川滇，对南宋进行战略迂回。

转战川滇　南下攻宋

忽必烈指挥蒙古大军，离开临洮，进入藏族地区，到达忒剌（又译作塔拉，今甘肃迭部县与四川若尔盖县交界处之达拉沟），然后兵分三路前进：

西路军由兀良合台率领，自忒剌西进，入吐蕃境，沿草原大道向大理挺进。1253 年秋，兀良合台自旦当岭（今云南中甸境内）进入大理境内，在金沙江附近降服了大理以北的摩些二部，酋长唆火脱因、塔里马等投降。

中路军由忽必烈亲自统帅，从忒剌出发，经阿坝草原，沿大渡河西岸南下，自泸定东渡大渡河，进入宋界黎州、雅州境内。1253 年九月，攻打黎州，过飞越岭（今四川汉源县西北），抵满陀城（今四川汉源县西北）。这时，兀良合台遣使来报摩些各部投降，要求忽必烈入滇主持战争。于是忽必烈将中路军辎重留在满陀城，自富林渡口，再次渡过大渡河南下，"经行山谷二千余里"，于十一月间到达金沙江。忽必烈"乘革囊渡江"，自北胜府汫头（今云南永胜境内），进入大理境内。

东路军由诸王抄合、也只烈率领，从忒剌南出，沿宋朝缘边州县南下，出岷江故道，经成都，进攻与四川南境相邻的大理白蛮（今天白族的祖先）。

三支蒙古大军，一路节节胜利，大理国危在旦夕。1253 年十月，忽必烈遣使入大理招降，使臣被杀。大理国是五代后晋天福二年（937）白蛮首领段思平所建，辖今天云南全境及四川西南境。当时大理国王段兴智，大权却操在高祥、高和兄弟之手。忽必烈的使臣就是高祥杀死的。1253年十二月，三路蒙古军并力攻打大理城，十二月十五日城破，国王段兴智逃奔善阐（今云南昆明），高祥逃往统矢逻（今云南姚安）被蒙古军追杀。接着，忽必烈指挥蒙古军四面出击，迅速占领了除善阐以外的大理国八府、四郡、三十七部。忽必烈攻克大理城，采纳刘秉忠、姚枢、张文谦等人建议，裂帛为旗，下止杀之令，分号街陌，由是居民得以完保，军士无一人敢于乱抢者。忽必烈此次奉命征大理，亲自统帅三路大军由北而南，越过了大渡河、大雪山、金沙江，是中国古代军事史上的一大壮举。这年年底，他留兀良合台继续经略大理，自己则班师回到金莲川。

1256年，忽必烈命刘秉忠在金莲川滦水北的龙冈，营建了开平府。同时，他奏请继续签括中原地区的汉军，以扩大军力。但是，忽必烈附会汉法，治理汉地，损害了一部分蒙古贵族和西域商人的利益，一部分宗王大臣便在蒙哥汗面前挑拨说，"忽必烈赢得了中原的人心"，指责忽必烈王府的人奸利营私。结果导致了蒙哥对忽必烈的猜疑。1257年，蒙哥解除了忽必烈的兵权，同时派阿兰答儿、刘太平等到陕西、河南钩考钱谷，罗织罪名，迫害忽必烈的幕僚及属下。忽必烈听从姚枢等人的劝告，把妻子、儿子送到汗廷作为人质，以表明自己没有异志。这年十一月，他又亲自谒见蒙哥。兄弟相见，蒙哥消除了疑虑，不让忽必烈再说什么而表示谅解。但仍将忽必烈在汉地所设置的行部、安抚、经略、宣抚、都漕诸司，通通罢掉。这样，忽必烈以谦恭忍让，免除了一场大祸，重新取得了蒙哥的信任。不久，又重军在握，在征南宋的战争中，独当一面。

1258年初，蒙哥发动了三路大军进攻南宋。他让幼弟阿里不哥留守和林，由阿兰答儿辅佐，而自己亲率主力军进入四川，是为西路军；同时，他命塔察儿、张柔率东路军进攻长江中游；又命已由大理攻入交阯的兀良合台率军北上，攻打潭州（今湖南长沙）。由于塔察儿所部东路军在前线失利，蒙哥改派忽必烈统领东路军，攻打鄂州（今湖北武昌）。这年十一月，忽必烈从开平出发南下。

蒙哥统帅的西路军以长江上游的重庆为主要目标。先攻上利州（今四川广元）及其附近州县，然后，沿嘉陵江南下。1258年底，蒙哥主力部队进抵合州（今四川合川）。合州地处嘉陵江和涪江的汇合处，隔嘉陵江以东有一个钓鱼城。城上山下，地势险要。南宋合州守将王坚调集 17 万人增筑城墙御敌，军民抗蒙情绪高涨。蒙哥进驻城东的石子山，切断钓鱼城的外援，从 1259 年二月发动猛攻，直到五月底，始终未能得手。六月初，蒙哥亲临前沿阵地视察，宋军炮石将蒙哥击中，回到营中，于七月去世。

率师北上，争夺汗位

当蒙哥攻钓鱼城时，忽必烈自邢州向鄂州（今湖北武昌）进发。八月初渡过淮河，入大胜关，抵黄陂（今湖北黄陂北），到达长江北岸。九月，他的异母弟末哥遣使者向他报告蒙哥去世的消息，并转达了末哥的意见，请忽必烈回漠北去，"以你的威望维系天下人心"。忽必烈企图攻下鄂州后再北上夺取汗位，因而率军渡江，派兵攻打鄂州。

这时，兀良合台也已从交阯，经邕州（今广西南宁）、桂州（今广西桂林），北指潭州，并与忽必烈取得联系。南宋当局十分震惊，急令贾似道以右丞相兼枢密使的身份，驻军汉阳，援助鄂州。但是，这时忽必烈已经得知其弟阿里不哥在和林（今乌兰巴托西南）正谋继汗位。于是，便采纳幕僚郝经的建议，决定与南宋议和，班师北上；同时派一支军队去堵截蒙哥的灵车，收大汗印玺；遣使通知旭烈兀、阿里不哥、末哥诸王会丧和林；派官抚慰诸路，令王子真金驻守燕京（今北京）。适巧，南宋贾似道又派人来求和，双方便签订了以长江为界，南宋每年纳银 20 万两、绢 20 万匹给蒙古的密约。忽必烈与南宋议和后，立即班师江北，自己率轻骑迅速北上，于 1259 年底，到达燕京。

此刻，阿里不哥派往漠南的脱里赤正括兵。忽必烈问他为什么括兵？他却假托是按蒙哥的遗言办的。忽必烈察知其中有诈，便将他括的兵全部遣散。阿里不哥又通知忽必烈去漠北参加忽里台，会葬蒙哥；同时，派亲信刘太平、霍里怀行尚书省事于京兆。忽必烈根本不予理睬，派廉希宪先到开平去摸清阿里不哥的动向。廉希宪说服了有实力的塔察儿拥戴忽必烈。

1260 年三月，忽必烈到达开平，召集忽里台，在诸王塔察儿、也先哥、大合丹、末哥等以及赤因铁木儿、爪都、木华黎之后忽林池等人的支持下，登上大汗的宝座，后来改开平府为上都。

四月，阿里不哥得知忽必烈先发制人，抢先宣布继汗位，于是便在和林召集另一个忽里台，在另外一些支持他的诸王的拥戴下，也宣布继汗位。这样，一场争夺汗位的斗争，便在忽必烈与阿里不哥兄弟二人之间展开，为此爆发了长达四年之久的战争。

双方争夺战的第一个回合，在甘陕地区展开。在当时的蒙古诸王中，以塔察儿、也先哥为首的东道诸王，是拥戴忽必烈的。西道诸王态度不一，处于分裂状态。忽必烈又控制了中原地区，得到了汉地军阀的支持。这样，阿里不哥只能在偏西地方谋求发展。于是，他派阿兰塔儿发兵漠北后，又派刘太平、霍里海到关中去拘收钱谷。驻在六盘山的浑都海，倒向阿里不哥，又约驻守四川的密里霍者、乞台不花一起发动反对忽必烈的暴乱。

与此同时，忽必烈任命廉希宪、商挺、八春为京兆、四川等路宣抚使。六月，廉希宪捕杀了刘太平、霍里海；又命刘黑马、汪惟正捕杀了密里霍者、乞台不花。八春、汪良臣以及大合，与浑都海、阿兰答儿，在甘州（今甘肃张掖）附近大战。浑都海、阿兰答儿兵败被杀。

1260 年冬，忽必烈决定亲征和林，阿里不哥闻讯撤到西北的谦谦州（今叶尼塞河上游南）一带，忽必烈的人马占领了和林，留也先哥镇守，自回开平。

1261 年秋，阿里不哥伪装愿意归顺，采取突然袭击的办法攻占了和林，并南下骚扰。忽必烈闻讯大怒，随即率军亲征。十一月，双方在昔木土脑儿（今蒙古人民共和国苏赫巳托省南部）遭遇，阿里不哥大败，逃回谦谦州。他的不少部下向忽必烈投降。阿里不哥陷于困境。1262 年，原阿里不哥派往察合台汗国主持国事的阿鲁忽倒戈，同阿里不哥发生了武装冲突，宣布支持忽必烈。这时，西北诸王中，旭烈兀、别儿哥也倒向忽必烈。阿里不哥营垒里的玉龙答失，也转向忽必烈。面对这种众叛亲离的局面，阿里不哥走投无路，不得不于 1264 年七月，率领他周围的支持他的诸王大臣到开平，向忽必烈投降。

忽必烈与阿里不哥争夺汗位的战争，由于忽必烈依靠中原汉地人力、物力的支持，最后取得了胜利。它在实质上，是主张"附会汉法"的蒙古贵族对守旧派的胜利。忽必烈获胜的结果，使漠北与中原地区归于统一，从而奠定了忽必烈统一全国的基础。

建立元朝　改革旧制

忽必烈在开平即汗位，标志着大蒙古国开始向元王朝的嬗变。他建元中统，确立了"祖述变通"的建国方针。在即位诏中，明确表示要在不损害蒙古贵族既得利益的前提下，加强"文治"，即所谓"稽列圣之洪规，讲前代之定制"。换言之，就是以继承祖宗的陈规为前提，附会汉法，建立与中原经济基础大体相适应的中央集权制的封建专制主义国家。在中央设中书省，以王文统为平章政事，在各地分设十路宣抚司，任汉人儒士为使。1262年二月，山东军阀李璮乘阿里不哥叛乱之机，在山东发动叛乱，攻占了益都和济南。忽必烈令诸王合必赤总督河南、河北、山东各地的蒙古军、汉军，迅速镇压了这次叛乱。但是，李璮叛乱，引起了忽必烈对汉人的猜忌，于是采取了果断措施，废除汉人诸侯的世袭制度，削弱这些诸侯的军权，在地方上实行军民分治，等等。忽必烈以此来加强中央集权和对汉人的防范，同时在各级政权中，征用色目人分掌事权，以与汉人官僚相互牵制。1264年八月，忽必烈又下诏改"中统五年为至元元年"。1271年十一月，下诏"建国号曰大元，盖取《易经》'乾元'之义"。同年，又改中都（今北京）为大都，与上都相呼应，实行两京之制。至此，由大蒙古国向元王朝嬗变的基本过程，大体完成。忽必烈以元王朝开国皇帝的面目，出现在中国历史舞台上。

忽必烈建立元朝的过程，也就是他"变易旧章，作为新制"的过程。除了上述属于体制方面的革新以外，还在生产方式与剥削方式方面也采取了一系列措施，诸如劝课农桑以富民；行仁政、不嗜杀，保护社会生产力；整顿户籍和赋役制度；立司农司，垦荒屯田，兴修水利，限制抑良为奴，等等。这对促进社会经济的恢复与发展，以及促进边疆地区的开发，都起过积极的作用，以致有些地方出现了"户口增，田野辟"的景象。但是，忽必烈的革新，是以不损害蒙古贵族的既得利益为前提的，因此，为了保护蒙古贵族的特权，坚持民族压迫，防止大权旁落，他有意识地保留了一些蒙古旧制，诸如食邑制度、达鲁花赤（镇守官）的设置、蓄奴制度、斡脱制度（即官商制度）、科差制度、军事长官的世袭制以及"撒花"（无事向百姓白要的钱，叫撒花钱）制度，等等。另外，由于忽必烈的革新，是属于适应被征服地区经济情况的一种变革，因而随着征服时间的先后，在不同时间征服的地区所推行的制度也不同。蒙古征服金朝在先，统治时间较长；忽必烈征服南宋在后，占领南方时间较短，结果北方多承金制，南方则多循宋制，呈现出南北异制的局面，诸如税粮制度、军人待遇、刑法制度等。全国典章制度不能划一，说明忽必烈革新的不彻底性，并且必然束缚生产力的发展，激化社会矛盾。

灭南宋平叛乱　完成统一大业

忽必烈在建立元朝、稳定对北方统治的同时，便把统一战争的攻击目标，集中到南宋方面来。

早在 1259 年，忽必烈从鄂州撤回北上夺取汗位时，贾似道就将他与忽必烈签订的密约掩盖起来，谎报"诸路大捷，鄂围始解"，向昏庸的宋理宗邀功请赏。1264 年四月，忽必烈派郝经为国信大使去南宋宣告自己即位的消息，并要求南宋当局履行称臣纳币的密约。贾似道唯恐劣迹败露，将郝经长期拘禁在真州（今江苏仪征）。宋理宗居然下诏褒奖贾似道"再造之功"，加封少师、魏国公。贾似道更加有恃无恐，在朝廷内外打击和排斥异己，把主张积极抗击蒙古侵袭的大臣或逐出朝外，贬到两广；或罗织罪状予以罢官；或多方构陷打入死牢。以致朝廷内外、将帅之间，离心离德，相互猜疑。当时负责守卫四川的骁将刘整，因与主帅俞兴不睦，竟以泸州等 15 郡 30 万户投降蒙古。南宋王朝在贾似道的操纵下，出现了一片亡国景象。

1267 年，忽必烈便以南宋当局扣留使臣郝经为口实，大规模举兵攻打南宋。这年 11 月，刘整向忽必烈献策说："攻宋方略，应当是先图襄阳，如果襄阳攻下，由汉水进入长江，就可以平定南宋了。"忽必烈采纳了刘整的建议，任命阿术为主帅，从 1268 年起，猛攻襄阳，经过五年攻击，最后，襄阳守将吕文焕投降。忽必烈任命吕文焕为襄汉大都督。1274 年六月，忽必烈发布伐宋诏书，任命左丞相伯颜和平章政事阿术统帅 20 万大军，水陆并进，大举伐宋，临行时，忽必烈向伯颜讲述了宋初曹彬取江南，不杀一人的故事，希望伯颜此次领兵伐宋，能做到不乱杀。1276 年初，攻下南宋都城临安（今浙江杭州）。1279 年，最后消灭了流亡到崖山的南宋残余势力，完成了全国的大统一，从而初步奠定了我国疆域的规模，为国内各民族经济文化的交流与发展，开拓了道路。

不过，忽必烈所建立的元王朝的大统一之中，仍然隐含着分裂的因素，那就是蒙古贵族之中守旧的西北藩王。他们仍以争夺汗位的名义，继续发动叛乱。其中以窝阔台的孙子海都的势力最大，作乱时间最长。从1272年察合台汗国八剌汗去世，他策立其子笃哇为汗起，海都便与笃哇一起，不断在西北地区闹事。1275年，忽必烈命皇子那木罕率诸王镇守西北。蒙哥之子昔里吉、诸王脱脱木等随行。那木罕驻守阿力麻里（今新疆霍城西北）。但脱脱木一直与忽必烈不睦，1277年，他勾结阿里不哥的儿子药木忽儿、察合台的儿子撒里班发动叛乱，劫持了那木罕，立昔里吉为帝，并率军攻打和林。忽必烈调正在攻南宋的伯颜率土土哈等北征，大败叛军。1278年，昔里吉败走也儿的石河，叛军内讧，脱脱木又立撒里班为帝，药木忽儿不服，执脱脱木至昔里吉处，脱脱木被杀。撒里班又执昔里吉送交忽必烈，忽必烈将昔里吉流放到海南岛。

正当昔里吉等发动叛乱时，海都又乘机占领阿力麻里，骚扰天山南北。忽必烈设别失八里、和州等处宣慰司，派兵戍守。

1268年，东北诸王乃颜、哈丹作乱，海都答应率十万军队前来会合。忽必烈派伯颜驻守和林，以阻止海都东来，自己亲征乃颜。1287年乃颜战败被俘，忽必烈将其处死。第二年，忽必烈又派皇孙铁木尔率军讨伐哈丹，哈丹逃往高丽，不久兵败被杀。忽必烈遂设辽阳行省，并在叛王封地内置万户府，以保证东北地区的稳定与统一。

东北诸王叛乱，使海都、笃哇有机可乘，于是又大肆活动起来。忽必烈以74岁高龄于1289年再次挂帅亲征。海都闻讯逃往阿尔泰山以外。平定诸王的叛乱，宣告结束。忽必烈平定西北诸王及东北诸王的战争，对于维护国家的统一，保护西北和东北广大边疆地区的安全，无疑是有积极意义的。

尽管如此，忽必烈在灭亡南宋统一全国之后，本来在他身上所表现出来的改革旧俗、附会汉法的积极因素逐渐在减退，而保守、嗜利、黩武等消极因素却逐渐增长。当初投奔忽必烈，并在元王朝建立过程中起过重大作用的汉人儒士、官僚，不是相继谢世，就是逐渐被冷落。回回人阿合马却受到重用，从主管中央财政，1275年后，发展到独擅朝政，引起了汉人官僚的不满。忽必烈始终偏袒阿合马，终于在1282年，大都发生了王著、高和尚刺杀阿合马的事件。此后，忽必烈又先后任用卢世荣、桑哥理财，均以失败告终。这时，忽必烈又热衷于征战，总想通过武力降服新的国家。于是，他把攻击矛头指向日本、占城、安南、缅甸和爪哇，接二连三地派遣军队远征。这一系列对外侵略战争，不仅给邻国造成破坏，给邻国人民带来了痛苦；而且，劳师费财，也给本国人民带来了极大的灾难，因而受到人民的反对，最后无不以挫败而告结束。就在忽必烈派出远征爪哇的军队无功而还后两年，即1294年，忽必烈病死在大都，终年79岁。蒙古语尊号薛禅皇帝，庙号世祖，谥圣德神功文武皇帝。

参考文献

[1]《元史》卷4—7《世祖本纪》，中华书局校点本。

[2]〔波斯〕拉施特主编：《史集》第2卷，余大钧、周建奇译，商务印书馆1985年版。

[3]周良霄：《论忽必烈》，《中国社会科学》1981年第2期。

[4]白钢：《忽必烈的"治国安民"之道简论》，《光明日报·史学》1980年7月15日。

原载李祖德主编《中国历代开国帝王传》，

黄山书社1987年版

马可·波罗

马可·波罗，是元世祖忽必烈时来到中国的意大利著名的旅行家，
1254 年出生于威尼斯商人之家，卒于 1324 年。他把旅行东方各国的见
闻，特别是中国的真实情况，介绍给欧洲人，在东、西方文化交流史上传
为佳话。

马可·波罗的父亲叫尼柯罗，叔父叫马菲奥，都是威尼斯的商人。在
马可·波罗出生前不久，到东方经商，大约在 1265 年夏天，来到元朝上
都（今内蒙古正蓝旗东）。忽必烈热情地接见了他们，详细询问了欧洲各
国的情况，决定派使臣出使罗马教廷，并令尼柯罗、马菲奥兄弟二人充当
副使随行。途中，元朝使臣因病留下，把国书交给尼柯罗兄弟继续西行。
1269 年尼柯罗兄弟到达地中海东岸的阿克拉城（今海法北），适逢老教皇
死，新教皇未立，仅向教廷报告后，就回到威尼斯。

1271 年，马可·波罗 17 岁这年的夏天，尼柯罗与马菲奥带着马可·
波罗，去谒见罗马教廷新上任的教皇格黑戈里十世，要求回元朝复命。教
皇派尼古勒与吉岳木两名教士带着给忽必烈的信，和他们一起东来。半道
上，两名教士畏惧路途艰辛而不肯前行，便将教皇致忽必烈的信，以及出
使特许状交给尼柯罗等人，要求他们代为转达。马可·波罗与父亲、叔父
三人取道伊利汗国境，经都城桃里寺（今伊朗阿塞拜疆大不里士），至波
斯湾港口忽里模子。开始想走海路，后来又改行陆路，沿古代丝绸之路，
越过巴达哈伤高原和帕米尔高原，进入元朝辖境的可失哈耳（今新疆喀
什）。然后由南道继续东行，经斡端（今和田）、罗布泊等地，至沙州
（今甘肃敦煌西）；又经肃州（今酒泉）、甘州（今张掖）、凉州（今武
威）、宁夏（今银川）、天德军（今呼和浩特东白塔）、宣德州（今河北
宣化）、察罕脑儿行宫（今河北沽源县北）等地，一路跋山涉水，历尽千
辛万苦，花了三年半的时间，终于在 1275 年到达上都。

马可·波罗一行三人来到上都之后，受到忽必烈的热情欢迎，并任命他们三人做了元朝的官吏。马可·波罗聪明、谦恭，很快学会了蒙古语和骑射，熟悉了蒙古人的风俗习惯，而且擅长辞令，办事干练，所以很受忽必烈的赏识。忽必烈曾多次派他去巡视各省或出使外国，借此，他游历了中国许多地方。他曾去过今天的山西、陕西、四川等省，深入川藏少数民族地区，到过云南和缅甸北部。据说他在扬州奉令"担任这个城市的总督达三年之久"。后来，他又奉忽必烈之命出使南洋，到过安南、爪哇、苏门答腊，还到过印度各地与僧伽剌（今斯里兰卡）。

马可·波罗等三人，在元朝整整侨居了17年。因久寓异乡而怀恋故土，于是请求回国。这个时候，碰巧发生了一件事，使马可·波罗等人如愿以偿。1289年，伊利汗阿鲁浑因元妃伯岳吾氏去世，遣使者兀鲁歹、阿卜失哈、火者三人来元朝请求忽必烈选赐前妃同族之女为妃，忽必烈便以伯岳吾氏贵族之女阔阔真赐之。当时正值西北诸王叛乱，陆路不安全，他们想走海路回伊利汗国。兀鲁歹等三名使者见马可·波罗等熟悉海路，便要求忽必烈派马可·波罗等一同护送阔阔真回伊利汗国。忽必烈答应了这一请求。马可·波罗等三人遂获准随阔阔真西行还家。忽必烈还命马可·波罗等回到欧洲后，转送他给罗马教皇和英、法等国国王的信。

大约在1291年初，他们从泉州乘船出发，过南海，穿过马六甲海峡，越印度洋，在海上航行了两年零两个月，生活困顿，多数同行人员死于途中，三使者中也只剩下火者一人。但是马可·波罗与父、叔却坚持了下来，终于到达忽里模子。这时阿鲁浑汗已死。其弟乞合都在位，1293年，马可·波罗等人奉乞合都之命，将阔阔真送到阿八哈耳，与阿鲁浑之子合赞成婚。马可·波罗等人从桃里寺动身回国，于1295年回到威尼斯。据说因远亲不认识他，曾被拒于家门之外。

1296年，马可·波罗随舰队参加了威尼斯与热那亚的作战，不幸战败被俘，被关押了一年多。在狱中，他讲述游历东方各国的见闻，引起热那亚人的极大兴趣，因而受到优待。同狱的小说家比萨人鲁思梯切诺，把马可·波罗口述的内容，笔录成《马可·波罗游记》一书，于1298年完成。同年威尼斯与热那亚议和，马可·波罗获释回家，娶妻生女，安度晚年。这时，他因游历东方而声名大振，并且成为富翁。1324年死于家中。

《马可·波罗游记》在欧洲被誉为"世界一大奇书"。全书分成四个部分。

第一部分，记述马可·波罗来时沿途所经历过的一些国家和地区的见闻；

第二部分，记述了在元朝的所见所闻；

第三部分，记述了元朝一些邻国与地区的情况；

第四部分，记述了成吉思汗之后的蒙古诸王之间的战争及俄罗斯的情况。

就中，关于元朝前期的重大事件、典章制度，如海都、乃颜叛乱、阿合马被杀事件、两都制度、宫廷宴飨、各地城市建筑、风土人情、物产、社会状况、发达的驿站，以及使用纸币、用煤炭作燃料、制糖工艺等内容的记述，价值极高，使欧洲人为之惊奇不已。马可·波罗描述了上都、大都、京兆（今西安）、成都、昆明、大理、济南、扬州、杭州、福州、泉州等数十个城市的情况。例如，对元大都（汗八里城）有这样的记述：

"城内以及十二个城门相对应的十二个近城居民之多，以及房屋的鳞次栉比，真非想象能知其梗概。凡世界上最为稀奇珍贵的东西，都能在这座城市找到。这里出售的商品数量，比其他任何地方都多。根据登记表明，用马车和驮马载运生丝到京城的，每日不下一千辆次。丝织物和各种丝线，都在这里大量生产。

"皇宫大殿宏伟壮丽，气势轩昂，能容纳一大群人在这里举行宴会。宫中林立许多不相连续的建筑物，设计合理，布局相宜，非常美丽，建筑术的巧夺天工，可以说达到了登峰造极的地步。"

又如，关于杭州，马可·波罗说：

"此城周围广有百哩（意大利里，下同），内有一万二千石桥，桥很高，大舟可以通行。城里有十二种行业，每个行业有一万二千户，每户至少有十人。人们非常勤劳，产品丰富，还供应其他城市。工厂的主人和他们的家属都不劳动，过着国王一样奢侈的生活。城里的西湖，周围广三十哩，沿湖有极其美丽的宫殿和华丽的住宅，都是城中的富户贵人所占有的。有一大河流到大海，因此，船舶来往频繁，附近有澉浦城，是一个海港，种种商货都由此运往印度和其他国家。"

再如，关于苏州城，马可·波罗说：

"其城甚大，周围有六十哩，人烟稠密，简直不知其数。这些人大多是商人和手工业者，也有文人和医生，假如他们都是战士的话，一定可以占领世界的其他地方。这座城市有桥六千，都是用石砌成的，两艘船可以并排从桥孔中通过。城内工商业发达，尤其以产丝最多，丝织品极其丰富。"

此外，马可·波罗在记述元朝的炼糖工艺时说：永春城（今福建永春县）未归大汗前，人民不知道提炼精糖，仅将汁煮而去其秽，结晶后，仍成黑块。自归大汗后，有埃及开罗人在大汗朝廷中，来此邑，教民用树灰净糖之法。

诸如此类，不胜枚举。马可·波罗所记述的元朝状况，在当时相对落后的欧洲，引起了轰动，使欧洲人对东方十分向往。然而，马可·波罗临终前却告诉同乡说：他还没有说出自己见闻的一半。

《马可·波罗游记》对后世产生了很大影响。14—15 世纪欧洲的一些地理学家根据这本游记提供的资料及其他资料，绘制出早期世界地图，其中中亚部分，基本上是取材于《马可·波罗游记》。著名的航海家哥伦布，曾经熟读过这本书，向东寻找印度，就是促成他决心出航的因素之一。《马可·波罗游记》是中意文化交流史上的一颗璀璨的明珠，它把中国及东方诸国的文明介绍给欧洲，大大开阔了欧洲人的眼界，对中国历史乃至世界历史都产生了深刻的影响。

参考文献

［1］《马可·波罗行纪》，冯承钧译本，商务印书馆 1935 年版。

［2］杨志玖：《关于马可·波罗离华的一段汉文记载》，《文史杂志》第 1 卷第 12 期，1941 年，重刊于《南开大学学报》（社会科学版）1979 年第 3 期。

［3］余士雄主编：《马可·波罗介绍与研究》，书目文献出版社 1983 年版。

原载肖黎等主编《影响中国历史的一百个男人》，

广东人民出版社 1992 年版

伊本·拔图塔

伊本·拔图塔，是元顺帝时代来中国的伊斯兰世界最著名的旅行家。他是非洲摩洛哥丹吉尔港人，出身于法官家庭，信奉伊斯兰教，卒于1377年。晚年口述一生见闻，成书《伊本·拔图塔游记》，把他在元朝的所见所闻，介绍给摩洛哥人，在中非文化交流史上占有重要地位。

伊本·拔图塔在1325年离乡赴麦加（在今沙特阿拉伯）朝圣以后，开始了周游世界的经历。数年之中，他先后三次到麦加，并游历了阿拉伯、非洲、伊利汗国、钦察汗国的许多地方。1333年秋，他到达印度，在德里侨居了八年之久。德里算端十分信任他，授予哈的大师之职，给予优厚的待遇。

1342年，元顺帝遣使到印度德里通好，德里算端任命伊本·拔图塔率领使团，随元朝使臣回访中国。使团从古里（今印度半岛西南岸的科泽科德）启航后，遇到大风，乘船被淹没。幸好伊本·拔图塔没来得及上这条船，才得幸免于难。元朝使臣脱难后，到达俱兰（今印度西海岸的奎隆），搭乘商船回国。伊本·拔图塔因失去随员和礼物，不敢回德里复命，便辗转游历于马尔代夫群岛、僧加剌（今斯里兰卡）、马八儿（今印度半岛东南岸一带）等地，两三年以后，又从朋加剌（今孟加拉）乘商船到苏木都剌（今苏门答腊岛的西北部），并且从这里航海到达泉州。

伊本·拔图塔在泉州，十分幸运地遇到了先已回国的元朝使臣，使臣把他介绍给地方官，地方官奏报朝廷。在候旨期间，伊本·拔图塔又到广州游历，回泉州后，即奉旨北上大都觐见皇帝。然而，他大概只是到了杭州，就折回泉州，乘船西还。1347年到达印度，决定返回故乡。大概在1349年底回到摩洛哥都城非斯。此后他又去西班牙和中非、西非各地旅行。1354年，奉摩洛哥国王之命回到非斯，口述其旅行见闻，由国王派书记官伊本·术札伊用阿拉伯文笔录，著成《伊本·拔图塔游记》一书。

伊本·拔图塔在游记中，对泉州、广州、杭州的风貌，元朝各种类型的海船及其构造，元朝与印度、波斯湾和阿拉伯半岛的海运贸易，中国的烧瓷、烧炭、排灌、发行纸币等细节，都作了详细的记述。例如，关于对中国的总体印象，伊本·拔图塔说：中国幅员辽阔，土产甚丰，有水果、五谷、金银等，在世界各国中是无与伦比的。大马士革的李子是世界上最好的，但我到中国后看到的李子，不亚于大马士革；又有西瓜，与花剌子模的相似。总之，我们家乡所出产的，中国都有，甚至比我们的更好。

关于中国瓷器的制法及运销情况，伊本·拔图塔说：中国的瓷器产于泉州和广州。详细制法，愿请得而述之。瓷土稍加该地所产之矿物，烧三天，取出，倾水于其上。全体如洗，使之发酵。最佳之瓷，须发酵满月，但不可过久。若短期发酵，至十日者，其品质甚似吾国之陶器。亦有较佳者。中国人将瓷器转运出口，至印度诸国，以达吾乡摩洛哥，真世界最佳者。

关于中国的风俗、养蚕、丝织、纸币、烧煤等情况，伊本·拔图塔说：中国人信奉异端，崇拜偶像，死后火葬。中国的皇帝是蒙古人，都是成吉思汗的后裔。在城市中，到处都有回教人民居住，有教堂。中国人很富裕，安居乐业。中国的养蚕业很发达，丝织品很多，即使是穷人也穿丝料。但棉织品很贵。中国通用钞币，纸币大如手掌，上面印着皇帝的玉玺。居民用煤土作燃料，这种土是地下的天然物产，燃烧时火力比炭更旺。

关于中国的艺术技巧，伊本·拔图塔说：中国人富有技艺天才，艺术精美异常。绘画之高超，世界上没有人可以与之比拟。有一次和我的朋友去皇宫的途中，经过一个卖画的地方，到晚上我们从皇宫出来再经过卖画的地方时，我们的肖像已绘在纸上、贴在墙上了。而且画得丝毫不差，实在令人敬佩。

关于中国的驿站制度，伊本·拔图塔说：中国的驿站制度好极了。只要携带证明，沿路都有住宿之处，而且有士卒保护，既方便又安全。

此外，伊本·拔图塔还说：泉州是世界上最大的港口，港中有大船百余艘，小船不可胜数。这里出产的绸缎，较杭州及大都更好。中国产糖之多，一如埃及。其糖之质，比埃及尤佳。所有到这个国家的金银都熔化成块。正如我刚才所说的，买卖都用纸币，大如手掌，上面印着皇帝的玉玺。

关于中国的海船及其构造，伊本·拔图塔说：印度、中国之间的交通，都操在中国商人手里。中国船舶，共分三等。最大者称舰，中等的称舟，三等的称客舠。最大的船有 3 帆至 12 帆，皆以竹制成，织如席状。每艘可载 1000 人，其中水手 400 人，士兵 600 人。另附小艇 3 艘，这种用途的船只造于泉州和广州。这种大船分 4 层，无风则用 10—30 人摇橹，一条船有 8—10 根橹，有时也用纤夫拉纤。中国的航海技术是很高的。有指南针和航海气象等知识。

伊本·拔图塔关于中国的记载还很多，其中也有许多是传闻，不一定准确。但是，毋庸否认，他的游记中，确实记录了元代诸多方面的情况，为我们研究元代的某些问题，提供了阿文资料。更为可贵的是，他把中国高度发达的封建文明介绍给北非摩洛哥人，在中非之间架起友谊的桥梁，因此，他是 14 世纪中非文化交流史上的重要人物。

参考文献

[1]《伊本·拔图塔游记》（*Ibn Battuta in Black Africa*，edited by Said Hamdun & Noel King，London，1975）。

[2] 伊本·拔图塔：《亚非游记》（Ibn Battuta，*Travels in Asia and Africa*，London，1929）。

[3] 张星烺：《中西交通史料汇编》第 3 册。

[4] 张铁生：《中非交通史初探》，三联书店 1965 年版。

原载肖黎等主编《影响中国历史的一百个男人》，

广东人民出版社 1992 年版

札马鲁丁

札马鲁丁，又译作札马剌丁，生卒年月不详，是元世祖忽必烈时代应召来中国供职的波斯（今伊朗，当时归伊利汗国统辖）天文学家。

忽必烈即位前，曾下令征召"回回为星学者"，于是札马鲁丁应召来到忽必烈的金莲川藩府（今内蒙古正蓝旗东），受到了忽必烈的重用。中统年间（1260—1264），元廷设有西域星历之司，札马鲁丁及其他一些伊斯兰学者即在此司供职。

至元四年（1267），札马鲁丁撰写了一部《万年历》，进奉给朝廷，忽必烈遂下令颁行全国。同年，札马鲁丁又制造了七种"西域仪象"，即天文观测仪。它们的阿拉伯语名称与汉译名称如下：

（1）咱秃哈剌吉，汉译"混天仪"，即多环仪；

（2）咱秃朔八台，汉译"测验周天星曜之器"，即双股仪；

（3）鲁哈麻亦渺凹只，汉译"春秋分晷影堂"，即春秋分晷；

（4）鲁哈麻亦木思塔余，汉译"冬夏至晷影堂"，即冬夏至晷；

（5）苦来亦撒麻，汉译"浑天图"，即斜丸浑天图；

（6）苦来亦阿儿子，汉译"地理志"，即地球仪；

（7）兀速都儿剌不，汉译"昼夜时刻之器"，即星盘。

这七种天文观测仪器的形制与用途，与当时伊利汗国天文学家纳速剌丁·途昔，在蔑剌合天文台所造的大致相同。这些仪器，开拓了中国学者的眼界。其中有些仪器设计精巧先进，是第一次在中国出现。例如，地球仪是用木头做成的一个大圆球，圆球的表面，七分为水，绘成绿色；三分为地，绘成白色。又"画江河湖海，脉络贯穿于其中"。此外，还"画作小方井，以计幅员之广度，道里之远近"。我们知道，现代地球仪上的水陆比例，是 70.8∶29.2，而札马鲁丁绘制的地球仪的水陆比例与之大体接近，足见其科学价值。

　　至元八年（1271），元朝设立"回回司天台"，以札马鲁丁为"提点"，相当于今天的国家天文台台长。由于回回司天台建在上都（今内蒙古正蓝旗东），所以又称北司天台。札马鲁丁制造的"西域仪象"，就放在这里使用。当时，北司天台分左、中、右三台。

　　至元十年（1273），元朝政府设立秘书监。回回司天台划归秘书监管辖。札马鲁丁即以司天台提点兼知秘书监事。在秘书监里，藏有二十几种札马鲁丁等波斯学者带来的回回书籍。均为阿拉伯文，内容涉及天文、历算、地理、历史、医学、哲学、文学、相学、机械学、占金术和占卜学等许多方面。其中，像《麦者司的造司天仪式十五部》《积尺诸家历四十八部》等，都是当时伊斯兰世界最重要的天文、历算著作。据著名的英国研究中国科技史的专家李约瑟的研究，札马鲁丁带到中国来的历书，是两种鲁哈马日晷图，它是阿拉伯世界刚刚编成不过 12 年的历学巨著《开始和终结之书》，作者是摩洛哥天文学家阿卜·阿里·哈桑·马拉库西。札马鲁丁把这些阿拉伯世界最新科学成就带到中国来，无疑为元朝的天文、历算的发展提供了借鉴。札马鲁丁来到中国后，见到了天文学家郭守敬。至元十三年（1276），郭守敬负责改治新历的时候，已经知道这些阿拉伯的历书了。俄罗斯普尔科沃天文台，藏有两份日、月、五大行星运行表的手抄本，一份是阿拉伯文或波斯文的；一份是汉文的，它们都是从 1204 年算起的日、月、五大行星运行表，写成于 1261 年前后，有关天文史专家推断，很可能是札马鲁丁与郭守敬合作完成的遗物。

　　至元二十二年（1285），札马鲁丁向元廷奏请由秘书监主持编修地理图志。同年七月获准，并奉命主其事。后来，札马鲁丁又请以所存西域地理图册与各省图志合编，并推荐陈俨、虞应龙等参与编修。至元三十一年（1294）成书，定名《至元大一统志》。札马鲁丁在元朝极受尊崇，累进阶嘉议大夫、中奉大夫，授集贤大学士，仍知秘书监事。

　　札马鲁丁是 13 世纪伊斯兰世界杰出的天文学家、地理学家，他来到元朝，不仅把伊斯兰世界的天文、历算等科学技术介绍到中国来，传播了伊斯兰文化，而且与中国学者合作，在天文、历算、地理等方面，都做出了重要贡献，他的业绩，成为中国与伊斯兰世界文化交流史上的一段佳话。

参考文献

［1］《元史》卷 48《天文志一》、卷 52《历志一》，中华书局校点本，1976 年版。

［2］《元秘书监志》卷 7，广仓学窘《学术丛编》第 7 册，上海，1916 年。

［3］李约瑟：《中国科学技术史》（天学部分），科学出版社 1975 年版。

原载肖黎等主编《影响中国历史的一百个男人》，

广东人民出版社 1992 年版